영자신문으로
잉글리시
파워리딩
트레이닝

영자신문으로
잉글리시 파워리딩 트레이닝

지은이 정득권 (David Chong)
펴낸이 안용백
펴낸곳 (주)넥서스

초판 1쇄 발행 2016년 1월 5일
초판 2쇄 발행 2016년 1월 10일

출판신고 1992년 4월 3일 제311-2002-2호
04044 서울시 마포구 양화로 8길 24
Tel (02)330-5500 Fax (02)330-5555

ISBN 979-11-5752-612-3 13740

저자와 출판사의 허락 없이 내용의 일부를
인용하거나 발췌하는 것을 금합니다.
저자와의 협의에 따라서 인지는 붙이지 않습니다.

가격은 뒤표지에 있습니다.
잘못 만들어진 책은 구입처에서 바꾸어 드립니다.

ⓒ The Economist Newspaper Limited, London (2016. 1. 5)

www.nexusbook.com

영자신문으로
잉글리시
파워리딩
트레이닝

이코노미스트 칼럼으로 영문 독해 훈련

정득권 David Chong 지음

The Economist

〈이코노미스트〉에 실린 20개의 기사를 통한 고급 독해 정복
논리 분석 이론과 적용을 통한 논리적 독해 능력 향상
칼럼 독해에 필요한 필수 요소 및 문법 총정리

The chaebol conundrum

PERHAPS it is the result of being sandwiched between the imperial dynasties of China and Japan. It may have something to do with having a nuclear-armed hermit to the north. Whatever the reason, South Koreans nurture a deep sense of insecurity. That makes them good capitalists. So good, in fact, that if any rich country can claim to have done well in the recent global crisis, it is theirs. Last year, despite its dependence on exports world trade.

South Korea's remarkable resilience is partly down to clever economic management. The government provided lashings of stimulus. But it was not just domestic demand that kept the economy going. The export prowess of those peculiar corporate beasts, called the chaebol, was also responsible. The export prowess of those peculiar corporate beasts, called the chaebol, was also responsible. In the years after the Asian financial crisis of 1997-98, these unwieldy conglomerates, known disparagingly

transparency increased and co
the years after the Asian financia
conglomerates, known disparagi
villains, because of their habits of c
Since the global economic crisis t
in South Korea. Though the ce
companies, such as Samsung B
gobbled up market share from c
America. Granted, they benefite
made a fine job of selling things
fast-growing emerging markets t
in the West. Samsung's profits th
billion, and its sales at $130 bill
over Hewlett-Packard as the worl
revenue. Since the global econom
saviours in South Korea.

넥서스

추천사

이 책이 베스트셀러가 되기를 기원하며

어떤 책이 베스트셀러가 될까. 출판계 사람들을 만나 들어보면 다양한 이야기가 나온다. '알 수 없다', '책은 제목 장사다', '손바닥으로 하늘을 가릴 수는 없다. 결국에는 콘텐츠다'…….

콘텐츠라는 잣대로 보면 이 책 또한 베스트셀러가 될 가능성이 있다. 그런데 콘텐츠가 좋은 책이란 무엇일까. 그 책의 목적에 맞는 지식의 집합을 효율적으로, 또 선택과 집중으로 구성해낸 책이 아닐까. 이 책이 바로 그런 책이다.

독자와 필자는 책을 매개로 만나 인연을 맺는다. 지금 이 책을 집어 든 독자의 목적은 '영어를 더 잘하는 것'일 것이다. 저자 정득권의 목적은 그의 수십 년 영어 학습 노하우를 전달하는 것이다.

저자와 독자가 물리적으로 만나는 일은 드물다. 하지만 둘은 보이지 않는 끈으로 연결돼 있다. 손발이 맞아야 한다. 독자-저자 간에 손발이 잘 맞는 협업 없이는 목표에 도달할 수 없다. 협업이 성공하려면 독자가 저자를 신뢰해야 한다. 또 저자의 '요구'에 따라 실천도 해야 한다.

저자 정득권은 신뢰할 만하다. 이 책의 원료가 되는 명품 시사 주간지 〈The Economist〉의 영어를 20여 년간 연구했다. 연구 결과를 압축해 그는 방법론을 제시한다. 그의 방법론은 읽기를 중시한다. 왜 읽기인가. 널리 알려진 것처럼 영어 학습 방략에는 여러 가지가 있다. 최고는 영어로 읽고·듣고·말하고·쓰는 환경으로 예컨대 이민이나 어학연수를 떠나거나 그런 환경을 내 주변에 조성하는 것이다. 편식이 나쁘듯이 영어 듣기만, 영어 말하기만 공부하는 것 또한 나쁘다. 영어로 읽기·듣기·말하기·쓰기를 골고루 해야 한다.

그러나 우리가 영어를 공부하다 보면 적어도 '일시적인' 영어 학습 편식이 필요한 경우가 닥친다. 해방 후부터 1980년대까지는 영어 학습이 지나치게 읽기 중심이었다. 90년대부터는 듣기·말하기로 편중됐다. 그 결과 우리나라 TOEIC, TOEFL 수험생의 듣기 실력과 읽기 실력이 역전됐다. 듣기는 많이 나아졌지만 독해 능력이 추락했다. 상당히 심각한 문제. 많은 영문 텍스트가 하루 이틀

내로 번역된다. 하지만 완역이 안 되는 경우가 대부분이다. 또 아예 번역이 안 되는 경우도 많다. 조금이라도 빨리 영문으로 된 정보를 읽고 소화하고 대처하는 게 국가 경쟁력이자 개인 경쟁력이다. 외국인에게 우리의 생각을 말로 전달해야 하는 경우가 많아졌지만 아직은 문서화된 정보를 읽고 분석하는 능력이 더 중요하다고 생각한다. 또 쓰기는 영어를 비롯해 모든 언어의 최종적인 프런티어인데 읽기는 쓰기 수준을 올릴 수 있는 유일한 방법이다. 독자 여러분이 상당한 야심가라면 이 책에 나오는 예문 수준으로 영어 쓰기를 하는 것이 최종 목표가 돼야 한다.

이 책의 정체성, 목적이나 제시하는 학습법은 차원이나 방향이 다른 책들과는 좀 다르다. 우선 초급이나 중급용이라기보다는 상급 수준의 학습자를 위한 책이다. 특히 초급용 학습서가 지나치게 비중이 높은 현 상황에서 이 책의 출간은 아주 반가운 일이다. 중급에서 고급으로 갈 수 있는 길을 제시하는 책들이 부족하다. 이 책은 그 갭을 메울 것이다.

그런데 왜 하필 〈The Economist〉인가. 경제뿐만 아니라 국제정치 분야의 수준 높은 영어 글쓰기의 표준을 제시하는 책이기 때문이다. 이 책을 읽고 난 독자들은 영·미식, 서구식 사고에 대한 이해가 깊어질 것이다. 이 책은 우리와 그들 사고의 차이를 친절하게 설명한다.

한국신문협회 회장이기도 한 송필호 중앙일보 발행인은 최근 대학 신문 기자들에게 이런 취지의 말을 했다. 우리는 기자들에게 육하원칙(六何原則), 즉 누가(who)·언제(when)·어디서(where), 무엇을(what)·어떻게(how)·왜(why)에 맞도록 글을 쓰라고 강조한다. 하지만 그전에 중요한 것은 논리다. 논리의 핵심은 필요조건·충분조건 같은 것들이다. 서양 사람들은 어려서부터 논리에 친숙하다. 우리는 다른 언어 문화권에 속하기 때문에 서양 언어생활의 논리적 배경을 따로 공부해야 한다.

정득권은 송필호 회장이 강조한 바로 그 논리의 문제를 이 책에서 정면으로 다룬다. 내가 그를 처음 만난 것은, 내가 〈National Geographic〉 한국판 편집장으로 일할 때였다. 그는 그때 이미 영어 학습계에서 유명한 논객이었다. 이제 그는 더 큰 무공을 과시하며 여러분에게 이 책을 선보인다.

이상하게도 우리 사회에서는 사실은 영어를 못하는 영어계의 명사들이 영어교육을 책임지고 있다. 정득권은 아주 소중한 예외다. 이 책을 숙독하고 나면 우리말 텍스트를 읽는 데도 큰 도약이 있을 것이다.

중앙일보 심의실장 겸 논설위원　김환영

머리말

언어는 공부라는 말보다는 습득, 체화라는 말이 잘 어울립니다. 우리는 모국어인 한국어를 '공부'한 것이 아니라 태어나 성장하면서 자연스럽게 '익혀서' 모국어답게 우리말을 구사하고 있는 것입니다. 그렇지만 당장 한국어를 전공으로 삼지 않는 이상, 일상 속에서 한국어를 공부한다는 것은 드문 일입니다.

이 책은 그러한 고민에서 출발했습니다. 영어를 정확하게 공부하려면 어떻게 공부해야 할까. 그리고 영어를 왜, 어떠한 이유에서 공부해야 할까. 영어를 공부하는 솔루션과 영어를 관통하는 원리를 제시하고자 이 책을 기획하게 되었습니다.

잉글리시 파워리딩 트레이닝 English Power Reading Training이라는 제목의 핵심은 '파워리딩'과 '트레이닝'입니다. 여러분에게 글을 관통하는 힘, 스트렝스 strength를 알려 주고자 만들어진 책입니다. 세계적으로 가장 논리적인 매체로 알려져 있는 영국 정론지 〈The Economist〉의 기사를 엄선하여 글을 관통하는 논리를 분석하고 해체하고 다시 종합하였습니다. 여러분이 지금껏 접한 책들과는 사뭇 다른 느낌일 수 있습니다. 논리를 통해서 영어를 익히고 가르치면서 하나둘 모은 저의 개인적인 깨달음을 이론화해서 정리한 책이기 때문일 것입니다.

제가 강의를 하면서 자주 하는 이야기를 소개합니다. "낯섦과 어려움은 다르다. 처음에 익숙하지 않다고 해서 그것을 어렵다고 착각하는 경우가 많다. 우리가 어렵다고 생각하는 대부분의 일은 낯설고 익숙하지 않아서 어렵다고 생각하는 것이다." 낯설다고 어려워하지 말고, 조금씩 익숙해져서 자유를 느껴 보는 것이 어떨까요. 영어뿐 아니라 어떠한 일이든 익숙하지 않다고 겁내지 말고 도전하여 자기 것으로 만들어가기 바랍니다.

이 책은 여러분의 영어 공부에 도움이 될 수 있는 교본인 동시에 제게는 영어를 중심으로 제 삶의 흔적들이 압축되어 있는 공부의 역사입니다. 이 책을 몇 년간 준비하면서 제게는 크고 작은 많은 일들이 있었습니다. 논리라는 객관적인 틀 안에서 체험을 통한 가장 주관적인 이야기를 할 수밖에 없었기 때문에 책의 기획부터 집필, 마지막 탈고까지 어려움의 연속이었습니다. 불의의 사고로 삶과 죽음의 경계에서 인생을 돌아보는 시간을 가지기도 했습니다. 책 준비 과정 가운데서 신체적, 정신적으로 많은 변화를 통해서 개선과 발전을 확인하였습니다. 이제는 여러분이 이 책을 통해 발전하고 개선되는 것을 확인할 차례입니다.

책이 나오기까지 많은 분들의 도움을 받았습니다. 인내와 격려를 통해서 원고의 완성도를 높여준 넥서스 편집부에 마음을 담아 감사드립니다. 여러분이 없었다면 이 책은 세상의 빛을 보지 못했을 것입니다. 귀한 기회를 마련해 주셔서 감사드립니다.

수년 전 귀한 인연으로 지금까지 따뜻한 격려와 한없는 영감을 주시는 중앙일보 김환영 심의실장 겸 논설위원께 이 자리를 빌려서 깊이 감사드립니다. 〈National Geographic〉 편집장으로 재직하셨을 때 인연이 닿아 지금까지 학문하는 방법과 인생을 사는 지침을 알려 주시는 멘토가 되어 주셨습니다. 앞으로도 한결같은 귀한 가르침, 부탁드리겠습니다. 추천사까지 주신 덕분에 천군만마를 얻은 기분입니다. 앞으로 가열차게 노력해서 주신 관심에 미력하나마 보답하겠습니다.

철없는 아들 한없는 사랑으로 품어 주시는 어머니, 사랑합니다. 자식된 도리로서는 도저히 부모님의 은혜를 갚지 못하겠지만 감당할 수 없는 사랑으로 지켜봐 주세요. 항상 지금처럼 밝게 웃으시고 앞으로 건강하시기 바랍니다. 지금도 살아 계신 듯 제 곁에서 지켜 주시는 아버지, 존경합니다. 생각하면 늘 미안하고 고마운 동생에게 이 자리를 빌려서 정말 고맙고 미안하다고 말하고 싶습니다. 우리집 서열 1위 히로(a.k.a. HERO), 이제 집필 작업이 끝났으니 함께 여유로운 시간을 보낼 수 있어서 기뻐할 듯합니다.

가까운 친지분들, 선배님들과 후배들에게 감사의 마음을 전합니다. 평창동의 김동수 로이병원장님, 쌍문동의 조성호 조이병원장님, 어릴 때부터 지금까지 한결같이 친형처럼 아껴 주셔서 진심으로 감사드립니다. 고등학교, 대학교 직속 선배이신 황순성 선배님께 감사드립니다. 부족한 후배에게 주신 아낌없는 배려와 격려에 감사드리고 있습니다.

제 인생 그 어느 때보다 신체적으로 발전하는 데 도움을 주신 MOVE 대표 노진규 코치께 깊은 감사의 마음을 전합니다. 오랫동안 늘 한결같이 대해 주는 든든한 주치의 이평원 동부병원 과장께도 이 자리를 빌려 고마운 마음을 전합니다.

끝으로 지금까지 저를 거쳐간 많은 제자들, 학생들에게 오랜만에 이 책으로 소식을 전하고 싶습니다. 오랫동안 기다려 주셔서 정말 감사드립니다. 멀리서도 마음으로 들려오는 소식을 통해 기쁨을 느끼고 있습니다. 삶 속에서 몽상가와 같은 상상력과 냉정한 현실 인식을 겸비할 것을 감히 주문하고 싶습니다. With imaginary creativity and practical availability, life will be full of joy and happiness! 하나님, 감사합니다.

여의도에서 정득권

왜 〈이코노미스트〉인가?
Why The Economist?

영어 공부를 해본 사람들은 영자신문의 권위를 잘 알 것입니다. 심지어 영어를 싫어하는 사람들조차도 영자신문이 고급 영어 학습의 지름길이라는 것은 인정합니다. 제대로 영어를 공부하고자 하는 사람들에게 영자신문은 꼭 거쳐가야 할 통과의례와도 같습니다. 그 유익함을 생각해 볼 때 가장 효과적으로 영어를 접근하는 방법이라는 것에 이견이 없으리라 믿습니다.

영자신문의 장점은 무엇일까?

1. 기사를 통해서 세상을 바라보는 통찰력과 시대감각을 기를 수 있다.
2. 영미인들을 포함한 세계인들이 가장 선호하는 문장과 표현을 익힐 수 있다. 영자신문을 통해서 가장 살아 있는 문장과 논리 전개를 익힐 수 있다.
3. 영어 학습에 있어서 가장 중요한 문어체를 학습하고, 이를 기반으로 쓰기와 말하기 능력을 직간접적으로 배양할 수 있다.
4. 영어는 언어이고 언어는 커뮤니케이션을 전제로 하는 수단이기 때문에 양질의 자료를 통해서 감각을 익히는 데 훌륭한 자료가 된다.
5. 직업, 취미, 관심사를 직접 찾아보면서 다양한 분야의 지식을 넓히고 전문적인 통찰력을 기를 수 있다.
6. 단편적 생각이 넘쳐나는 SNS, 인터넷 시대에 생각의 긴 호흡을 유지할 수 있는 유일한 방법이다.
7. 논리적인 사고 능력을 배양하고 자신의 생각을 덧붙이고 필자와 논박하며 창의적인 생각을 기를 수 있는 스트렝스 트레이닝 센터가 된다.

⟨The Economist⟩를 읽어야 하는 이유는 무엇일까?

1. 주간지의 특성상 일간지에 비해서 주제에 대한 상당한 리서치와 깊은 호흡의 고찰, 그리고 다각도의 시각을 접할 수 있다.
2. 1843년 창간된 이래 가장 영향력 있는 저널리즘으로 평가받고 있으며 전 세계 지도자, 오피니언 리더, 유명 인사들에게 가장 널리 읽히는 잡지이다.
3. 논조는 중도 보수를 지향하고 자본의 논리를 긍정한다. 합리적인 보수주의, 건전한 자본주의를 표방하는 잡지이다.
4. 다소 현학적인 표현을 쓰지만 영어에 대한 권위와 합리적이면서도 보수적인 논조, 경박하거나 중언부언하지 않고 간결하고 논리적인 전개, 엄정하고 객관적인 시각으로 전 세계적으로 인정받고 있다.
5. 정치, 경제, 사회, 문화, 종교, 철학, 예술 등 다양한 분야에 대한 깊은 관심과 폭넓은 수용을 통해서 해당 분야에 심도 있는 통찰력을 함양할 수 있다.
6. 필자가 따로 표기되지 않고 이코노미스트라는 이름으로 통일성을 가지고 있기 때문에 편향되지 않고 균형 있는 생각을 유지하고 발전시킬 수 있다.
7. 선정적인 저널리즘을 지양하고 사안에 대한 객관적이고 사실적인 시각을 일관되게 유지하기 때문에 영자신문을 통해서 논리력을 기를 수 있는 가장 좋은 자료가 된다.

실제로 한국에서는 예전부터 최상위권 학생들과 일선에서 이들을 지도하는 선생님들, TOEFL, TEPS, GRE, GMAT 등을 준비하는 수험생들, 그리고 세계의 트렌드를 실시간으로 접해야 하는 비즈니스맨들이나 애널리스트들에게 널리 읽혀 왔습니다.

이 책에서는 ⟨The Economist⟩에서 20개의 기사들을 엄선하여 철저하게 분석하였습니다. 다양한 주제의 기사들로, 글의 전개 방식이 다양하지만 ⟨The Economist⟩라는 논리의 구조와 관점은 동일합니다. 자신컨대, 지금까지 나온 어떠한 영자신문 책보다 자세하고 친절할 것이며, 가장 효과적인 학습방법론을 제시합니다. 이 책을 통해 글을 구조적으로 분석, 조감하고 투시하는 '블루프린트'를 제공받으실 수 있으리라 확신합니다.

왜 '잉글리시 파워리딩 트레이닝'인가?
Why English Power Reading Training?

이 책의 장점

1. 신호어(Signal Words)를 통해서 독해를 구조적으로 할 수 있는 방법을 제시합니다. 글의 내용을 담는 구조와 형식에 대한 이해를 통해, 논리가 가지는 스트렝스를 기르고 나아가 논리적 사고 능력을 신장시킬 수 있습니다.

2. 원인-결과 분석, 대안 분석, 최적대안 제시, 전제의 타당성 검증 등 고급 독해와 대부분의 고급 시험에서 요구하는 '비판적 독해'의 틀을 제시합니다. SAT, TOEFL, TEPS, GRE, GMAT에서 요구하는 기준을 최대한 반영하여 분석하였습니다.

3. 단순한 독해를 하는 것이 아니라 글쓴이의 관점, 태도가 보편적이고 타당한지, 그리고 그 논리가 합리적이고 일관적인지를 판단할 수 있는 장치를 마련하였습니다. 문제상황, 원인분석, 기존대안, 대안평가, 최적대안, 전망 등의 논리 분석 이론을 제시해서 어떠한 글도 분석해낼 수 있는 기준을 제시합니다.

4. 사실명제, 가치명제, 당위명제로 글을 재구성하여 사실에 근거한 가치 판단을 바탕으로 주장을 전개하는 논리적 글의 전형을 제시하였습니다.

5. 영자신문 독해에 대한 수요가 점점 증가하고 있는 만큼, 외국 언론을 정확한 관점에서 분석하고 영어 학습자가 어떻게 공부할 수 있는지에 대한 가이드라인 제공합니다. 이 책을 통해서 〈The Economist〉뿐 아니라 어떠한 영자신문도 읽어낼 수 있게 될 것입니다.

6. 국내 정치, 경제, 문화뿐 아니라 해외 정세를 균형 있게 다루어서 국내외 시사 문제를 읽어내는 방법을 제시합니다. 해외 언론이 한국에 대해 가지는 객관적인 관점을 접할 수 있는 좋은 기회일 것으로 믿습니다.

7. 트렌디하고 시사적인 글보다 보편성 있는 기사를 엄선하여 학습자가 다양한 독해에 적용할 수 있는 패러다임을 제시하였습니다. 다루고 있는 내용은 물론이거니와 글의 형식과 논리에 집중해서 어떠한 글도 읽어낼 수 있는 구조적인 통찰력을 제시합니다.

이 책을 활용하고자 하는 대상과 방법

1 영어 실력을 신장시키고자 하는 대학생
- 논리적인 구조를 제시하는 것을 중심으로 학습합니다.
- 제시된 어휘를 중심으로 글을 읽고 주제문을 중심으로 단락별로 내용을 정리합니다.
- 논리분석과 명제분석을 중심으로 글을 다시 요약해 봅니다.

2 SAT, TOEFL, GRE, GMAT을 준비하는 수험생
- 신호어를 중심으로 한 진술방식 파악, 주제문, 논리분석을 통한 인과관계 분석, 대안평가, 최적대안, 전망을 꼼꼼하게 공부하는 것이 가장 중요합니다.
- 주제문을 중심으로 글을 요약하고, 글의 전체 주제를 사실명제, 가치명제, 당위명제를 바탕으로 다시 요약합니다.
- 복습할 때는 Focused Reading을 중심으로 학습하고 논리분석과 명제분석을 통해서 글을 정리하고 글을 역으로 구성해 보고 나만의 새로운 관점으로 다루는 사안에 접근합니다.

3 현장에서 영어를 구사해야 하는 비즈니스맨, 애널리스트
- 논리분석을 통한 인과관계 분석, 대안평가, 최적대안, 전망 등을 익힙니다. 글을 구조적으로 읽는 훈련이 최우선이 되어야 합니다.
- 평소에 영자신문을 읽을 때 신호어를 중심으로 빠르고 정확하게 읽어내는 습관을 기릅니다. 시간을 다투는 비즈니스맨에게는 이것이 생명이기 때문입니다.
- 가장 주안점을 두어야 할 곳은 주제문 선정입니다. 글 전체를 단락별로 요약할 수 있는 힘을 길러야 합니다. 신호어를 중심으로 어느 문장에 가장 힘이 실리는지, 그 주제문이 되는 근거는 무엇인지를 학습합니다.

4 일선에서 강의하고 수업하는 선생님, 교수님, 강사님
- 이 책를 통해서 강의를 할 때의 핵심은 글을 논리분석과 명제분석으로 정리하는 것입니다. 이를 위해서 진력하시기 바랍니다.
- 명제분석은 국내에서 최초로 시도되는 것입니다. 강의력을 증명할 수 있는 가장 효과적인 장치일 것이라고 믿어 의심치 않습니다.
- 글에 대한 다각적인 접근을 통해서 모든 글을 다룰 수 있는 사고력과 논리력, 강의력을 배양할 수 있을 것입니다.

구성과 특징

PART 1

글을 읽어내는 힘, '스트렝스'를 기르는 방법부터 글을 구성하는 핵심 원칙들을 설명하여 효율적인 독해 학습 방법을 제시합니다.

'문제 상황', '원인 분석', '기존 대안', '대안 평가', '최적 대안', '전망' 등의 논리 분석 이론을 공부하고, 논증이 갖추어야 할 조건들을 글에서 찾아보는 연습을 합니다.

헤드라인의 특징을 통해 글의 논조를 빠르게 파악할 수 있도록 하고 독해에 필요한 문법 사항들을 꼼꼼하게 제시하여 심화 독해에 적용해 볼 수 있도록 했습니다.

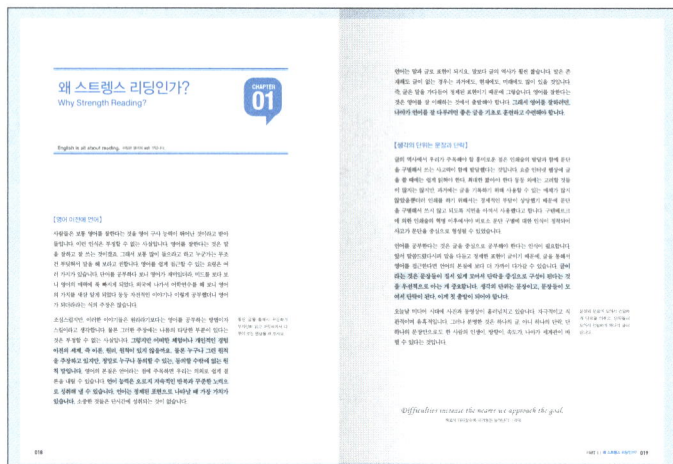

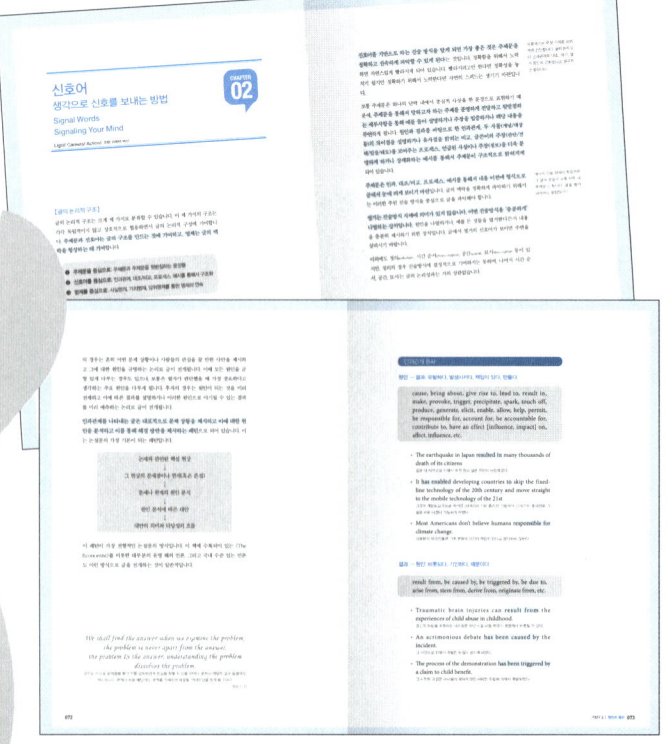

PART 2

대상을 판단하는 4가지 기준을 바탕으로 명제 간의 논리적 관계를 배우고 이것을 토대로 명제 분석에 구체적으로 적용해 보는 연습을 합니다.

글의 필수적인 논리 요소인 주제문, 신호어, 명제를 심화 학습하고 신호어는 어떤 것들이 있는지 꼼꼼하게 정리했습니다.

원인과 결과를 파악할 수 있는 인과관계 신호어를 집중적으로 공부하여 글의 상관관계를 파악할 수 있도록 했습니다.

기사에 대한 간략한 정리와 함께 기사에 나온
신호어를 중심으로 브레인스토밍 할 수 있도록 구성했습니다.
아래에는 부제를 통한 기사의 논점을 정리하여
기사의 전반적인 내용을 미리 볼 수 있게 했습니다.

기사를 한 문단씩, 그리고 서론, 본론, 결론으로 나누어
문단 내에 들어 있는 주제문과 신호어를 파악할 수 있게 했습니다.

우측의 '진술방식'에서는 글에 주로 쓰인 진술방식에는 어떤 것들이 있는지
신호어를 통해 확인할 수 있게 했습니다. 지문에 표시되지 않은 신호어라도,
글의 흐름에 따라 '진술방식'을 표시했습니다.

Key Point에서는 글에서 쓰였던 주요 구문 및 문법적인 요소들을 학습할 수
있도록 정리했습니다.

Focused Reading에서는 각 문단별로 중요한 논점이나 이슈가 되었던 사항
들을 정리하여 흐름을 알 수 있도록 제시했습니다.

마지막으로 기사를 마무리하면서 앞서 이론에서 배웠던
논리 분석 이론으로 기사를 분석해 보며
기사의 중요 논점을 정리해 보는 페이지를 마련했습니다.

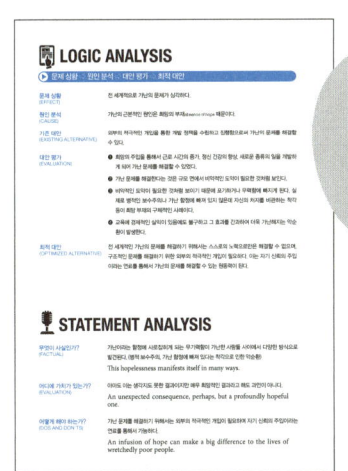

목차

Strength Skills
스트렝스 스킬

- 001 왜 스트렝스 리딩인가? … 018
- 002 스트렝스 리딩 3대 원칙 … 021
- 003 논리 위의 논리적 사고 … 024
- 004 한눈에 들어오는 헤드라인 … 030
- 005 독해 스트렝스 수칙 … 034

Signals & Statement
시그널 & 스테이트먼트

- 001 명제 분석 … 060
- 002 신호어 … 066
- 003 원인과 결과 … 071

PART 3

Start & Study
스타트 & 스터디

001 Hope springs a trap	079	
002 Too much buzz	089	
003 The attraction of solitude	101	
004 The chaebol conundrum	113	
005 Never the twain?	123	
006 Gendercide	131	
007 No killer app	145	
008 The limits of leapfrogging	155	
009 A question of judgment	163	
010 Enterprising oldies	173	
011 Simplify and repeat	185	
012 Clicks and bricks	197	
013 Little steps	207	
014 Older and wiser?	219	
015 Pay, peers and pride	229	
016 Empty bowls, heads and pockets	237	
017 Young, gifted and blocked	247	
018 New-year irresolution	259	
019 Henmania	273	
020 Careful what you write	283	

영자신문으로
잉글리시
파워리딩
트레이닝
이코노미스트 칼럼으로 영문 독해 훈련

PART 1
Strength Skills
스트렝스 스킬

The Economist

The chaebol conundrum

PERHAPS it is the result of being sandwiched between the imperial dynasties of China and Japan. It may have something to do with having a nuclear-armed hermit to the north. Whatever the reason, South Koreans nurture a deep sense of insecurity. That makes them good capitalists. So good, in fact, that if any rich country can claim to have done well in the recent global crisis, it is theirs. Last year, despite its devastated world trade,

South Korea's remarkable resilience is partly down to clever economic management. The government provided lashings of stimulus. But it was not just domestic demand that kept the economy going. The export prowess of those peculiar corporate beasts, called the chaebol, was also responsible. The export prowess of those peculiar corporate beasts, called the chaebol, was also responsible. In the years after the Asian fin

transparency increased and co improved. In the years after the A of 1997-98, these unwieldy con disparagingly as Korea Inc, were because of their habits of crony c Since the global economic cri regarded as saviours in South country's exports slid, its biggest Samsung Electronics and Hyun up market share from competit and America. Granted, they ben won. But they also made a fine like electronics, chips and shi emerging markets to make up fo lost in the West. Samsung's p forecast at a record $10 billion, billion, which would confirm it Packard as the world's biggest te by revenue. Since the global ec

왜 스트렝스 리딩인가?
Why Strength Reading?

CHAPTER 01

English is all about reading. 리딩은 영어의 모든 것입니다.

【영어 이전에 언어】

사람들은 보통 영어를 잘한다는 것을 영어 구사 능력이 뛰어난 것이라고 받아들입니다. 이런 인식은 부정할 수 없는 사실입니다. 영어를 잘한다는 것은 말을 잘하고 잘 쓰는 것이겠죠. 그래서 보통 많이 들으라고 하고 누군가는 무조건 부딪혀서 말을 해 보라고 권합니다. 영어를 쉽게 접근할 수 있는 요령은 여러 가지가 있습니다. 단어를 공부하다 보니 영어가 재미있더라, 미드를 보다 보니 영어의 매력에 푹 빠지게 되었다, 외국에 나가서 어학연수를 해 보니 영어의 가치를 새삼 알게 되었다 등등 자전적인 이야기나 이렇게 공부했더니 영어가 되더라라는 식의 주장은 많습니다.

조심스럽지만, 이러한 이야기들은 원리라기보다는 영어를 공부하는 방법이자 스킬이라고 생각합니다. 물론 그러한 주장에는 나름의 타당한 부분이 있다는 것은 부정할 수 없는 사실입니다. 그렇지만 어떠한 체험이나 개인적인 경험 이전의 세계, 즉 이론, 원리, 원칙이 있지 않을까요. 물론 누구나 그런 원칙을 주장하고 있지만, 정말로 누구나 동의할 수 있는, 동의할 수밖에 없는 원칙 말입니다. 영어의 본질은 언어라는 점에 주목하면 우리는 의외로 쉽게 결론을 내릴 수 있습니다. 언어 능력은 오로지 지속적인 반복과 꾸준한 노력으로 성취해 낼 수 있습니다. 언어는 정제된 표현으로 나타날 때 가장 가치가 있습니다. 소중한 것들은 단시간에 성취되는 것이 없습니다.

> 좋은 글을 통해서 꾸준하게 부지런히 읽고 머릿속에서 다루어 보는 연습을 해 보세요.

언어는 말과 글로 표현이 되지요. 말보다 글의 역사가 훨씬 짧습니다. 말은 존재해도 글이 없는 경우는 과거에도, 현재에도, 미래에도 많이 있을 것입니다. 즉, 글은 말을 가다듬어 정제된 표현이기 때문에 그렇습니다. 영어를 잘한다는 것은 영어를 잘 이해하는 것에서 출발해야 합니다. 그래서 영어를 잘하려면, 나아가 언어를 잘 다루려면 좋은 글을 기초로 훈련하고 수련해야 합니다.

【생각의 단위는 문장과 단락】

글의 역사에서 우리가 주목해야 할 흥미로운 점은 인쇄술의 발달과 함께 문단을 구별해서 쓰는 사고력이 함께 발달했다는 것입니다. 요즘 인터넷 웹상에 글을 쓸 때에는 쉽게 읽혀야 한다, 최대한 짧아야 한다 등등 외에는 고려할 것들이 많지는 않지만, 과거에는 글을 기록하기 위해 사용할 수 있는 매체가 많지 않았을뿐더러 인쇄를 하기 위해서는 경제적인 부담이 상당했기 때문에 문단을 구별해서 쓰지 않고 되도록 지면을 아껴서 사용했다고 합니다. 구텐베르크에 의한 인쇄술의 혁명 이후에서야 비로소 문단 구별에 대한 인식이 정착되어 사고가 문단을 중심으로 형성될 수 있었습니다.

언어를 공부한다는 것은 글을 중심으로 공부해야 한다는 인식이 필요합니다. 앞서 말씀드렸다시피 말을 다듬고 정제한 표현이 글이기 때문에, 글을 통해서 영어를 접근한다면 언어의 본질에 보다 더 가까이 다가갈 수 있습니다. 글이라는 것은 문장들이 질서 있게 모여서 단락을 중심으로 구성이 된다는 것을 우선적으로 아는 게 중요합니다. 생각의 단위는 문장이고, 문장들이 모여서 단락이 된다, 이게 첫 출발이 되어야 합니다.

오늘날 미디어 시대에 사진과 동영상이 흘러넘치고 있습니다. 자극적이고 직관적이며 유혹적입니다. 그러나 분명한 것은 하나의 글, 아니 하나의 단락, 단 하나의 문장만으로도 한 사람의 인생이, 방향이, 속도가, 나아가 세계관이 바뀔 수 있다는 것입니다.

문장과 문장이 모여서 긴밀하게 단락을 이루고, 단락들이 모여서 긴밀하게 하나의 글이 됩니다.

Difficulties increase the nearer we approach the goal.
목표에 다가갈수록 어려움은 늘어난다. -괴테

【스트렝스가 중요한 이유】

이 책에는 제가 주장하는 스트렝스 리딩Strength Reading의 핵심이 담겨 있습니다. 문단을 중심으로 글을 읽어야 한다는 것, 그 힘을 기르는 것이 중요하다는 것이지요. 글을 다 읽고 나서도 무슨 말인지 기억이 나지 않는 것은 글의 핵심을 읽어내는 스트렝스가 부족해서 머릿속에 의미 있는 정보로 각인시키지 못하기 때문입니다. 해석을 한다는 것은 실은 영어를 인식하고 이해하는 Reading Comprehension, 즉 독해 능력이 전부라고 해도 과언이 아닙니다.

글을 정확하게 읽기 위해서는 문단을 중심으로 이해해야 한다는 것이 이 책의 핵심입니다. 잘 쓰인 글들은 문단 하나하나가 독립성을 가지고 필자가 주장하거나 설득하려고 하는 중심 사상을 전달하기 위해서 힘을, 스트렝스를 담아 쓰여 있습니다. 그래서 우리는 각 단락을 성실하게 읽어내는 힘이 필요합니다. 그 힘이 바로 스트렝스라는 것이지요. 글을 쓰는 사람이 힘을 주는 만큼, 그만큼의 작용·반작용의 힘이 필요하고, 그런 긴장이 있다는 것을 아는 것이 중요합니다.

공부 따로, 시험 따로, 회화 따로, 교양 따로 공부하는 것이 아니라 한 몸으로, 글로 읽어내는 것입니다. 코어 스트렝스를 통해서 언어를 접근하는 것이지요. 어떤 글이든 얼핏 보면 겉으로는 복잡해 보이지만 그 안에 씨앗과 같은 핵심이 존재합니다. 그것이 바로 단순함의 미학입니다. 오늘날 화두가 되는 미니멀리즘의 핵심입니다. 핵심만을 생각하고 핵심만을 알아가는 것, 그러한 힘을 기르는 것이 우리의 목표가 되어야 합니다.

> 글에서 필자와 독자가 끊임없이 긴장을 느끼면서, 긴장의 끈을 놓치지 않도록 연습하는 것이 중요합니다.

Self-conquest is the greatest of victories.
Mighty is he who conquers himself.

자신을 이겨내는 것이야말로 가장 큰 승리이다. 자신을 정복한 사람이야말로 강한 자라 할 수 있다.
―플라톤

스트렝스 리딩 3대 원칙
Three Rules for Strength Reading

Still water runs the deepest. 고요한 물은 가장 깊게 흐르기 마련입니다.

【고요한 물은 깊게 흐른다】

생명은 항상성을 유지하려고 합니다. 생명이 있는 모든 것들은 변화보다 현상을 유지하려는 성향이 있습니다. 지금의 모습을 유지하려는 생명의 반응은 게으름이 아니라, 생명에게 타고난 본질이자 속성입니다. 생명을 유지하고, 강화하고, 발달하기 위해서는 스트렝스가 필요합니다. 생명은 기본적으로 강함을 추구하게 되어 있습니다. 생명이 있는 것들에는 코어가 단단하게 자리 잡기 마련입니다. 튼튼한 코어에는 스트렝스가 뒷받침되어야 합니다.

글을 이끄는 원동력은 무엇일까요? 글도 필자의 생각이 담긴 하나의 생명입니다. 필자의 분신이라고 해도 과언이 아니죠. 글의 중심 사상, 논제를 효과적으로 전달하기 위해서 필자는 반드시 독자를 염두에 두고 힘있게 자신의 논지를 전개해야 합니다. 그것이 바로 스트렝스입니다. 그것이 바로 다루고자 하는 논제를 일관되게 유지하는 힘입니다. 우리가 잘 알고 있다고 생각하는 논리적 사고 능력이라는 것이 바로 스트렝스입니다.

> 논지는 글 안에서 필자가 주장하고 강조하는 핵심적인 내용입니다.

Logic will get you from A to Z;
imagination will get you everywhere.

논리는 당신을 A에서 Z까지 데려다준다. 상상력이 데려다줄 수 있는 곳에는 제한이 없다.

―알버트 아인슈타인

【논리는 나의 힘】

논리적 사고 능력이라는 것은 결국 힘있게 생각하는 능력과 같은 말입니다. 힘이 있다면 그 안에 논리와 질서, 체계가 있겠지요. 핵심적인 생각을 분명하고 낭비 없이 머릿속에서 다루어 보는 힘입니다. 논리라고 하면 흔히들 골치 아픈 것이라고 생각하기 쉽지요. 그러나 논리적인 사고 능력이 경제적, 효율적, 그리고 효과적으로 파악하는 사고력이라고 한다면 그것은 역시 힘처럼 훈련을 통해서 기를 수 있는 것입니다. 글을 읽다가 핵심을 파악하지 못하고 헤매는 이유는 글을 쓴 필자의 책임일 수도 있지만, 한편으로는 글을 읽는 독자의 스트렝스 부족에도 책임이 있을 수 있습니다.

> 논리적 사고 훈련을 통해서 다양한 주제를 정확하고 신속하게 파악하는 독해 능력을 길러야 합니다.

글의 스트렝스를 구성하는 기본적인 원칙을 안다면 어떠한 글을 만나도 필자의 의도에 가깝게 읽을 수 있습니다. 왜냐하면 필자 역시 논리적인 사고 능력을 가지고 글을 쓰고, 또 그렇게 쓰려고 하기 때문입니다. 늘 그렇듯 기본이 되는 원칙은 단순합니다. 레오나르도 다빈치가 '단순함이야말로 궁극의 복잡함Simplicity is the ultimate sophistication'이라고 말했던 것을 생각해 봅니다. 흔히 이야기하는 헬스, 보디빌딩이나 요즘 주목받고 있는 파워리프팅, 크로스핏 등에서 스트렝스 훈련을 이야기할 때 벤치 프레스, 데드리프트, 스쿼트를 3대 운동이라고 하는 것처럼 저도 스트렝스 리딩에 대해서 3대 원칙을 세워 봤습니다.

Simplicity is the ultimate sophistication.
단순함이야말로 궁극의 복잡함이다. -레오나르도 다빈치

【스트렝스 리딩 3대 원칙】

 한 단락에는 반드시 주제문general이 존재한다.
주제문이 복수로 존재할 경우에도 내용은 하나의 주제문이어야 한다.

단락이 사고의 최소한의 단위라고 가정할 때 그 안에는 반드시 주제문이 존재하게 되어 있습니다.

 주제문을 돋보이게 하는 세부사항specifics이 존재한다.
세부사항에는 이유, 구체화, 예시가 있다.

주장이나 결론을 제시하면 그에 대한 전제 혹은 이유를 제시하거나, 상세하게 설명하거나, 알기 쉽게 예를 들어 뒷받침하게support 되어 있습니다.

 글의 논리 구조를 나타내는 신호어signal words가 존재한다.
신호어만 읽어내도 글의 성격이 파악된다.

글이 설명적인 글인지, 비교와 대조를 이루는 글인지, 인과관계를 다루는 글인지, 주장이나 방법론을 다루는 글인지 등은 신호어를 통해 알 수 있습니다.

> 글을 읽을 때는 주제문, 세부사항, 신호어, 이 세 가지를 유념해서 보아야 합니다. 이 세 가지가 이 책이 주장하는 전부라고 해도 과언이 아닙니다.
>
> 신호어 ▶ 66쪽

【독해 직진 신호, 리딩 그린라이트】

우리가 운전을 할 때 그린라이트에 직진하고 레드라이트에 멈추고 황색 신호에 주의하는 것처럼 글에도 신호어가 존재합니다. 신호어를 통해서 글의 구조가 만들어지고 글의 성격이 정해집니다. **글을 구성하는 각 단락은 주제문과 세부사항으로 구성되어 있는데, 이들은 필자의 궁극적인 주장, 즉 주제 의식을 향해 일관되게 나아가는 하나의 건축물과 같습니다.** 건물을 지을 때 설계도가 있는 것처럼 신호어와 주제문, 세부사항을 통해서 필자는 글이라는 하나의 건축물을 만들어 나가는 것입니다.

글을 읽어내는 힘은 바로 주제문, 세부사항, 신호어 이 세 가지를 중심으로 길러야 합니다. 우리가 운동을 할 때 어떤 부분이 운동이 된다는 것을 생각하면서 운동을 해야 그 효과가 극대화되는 것처럼, 글을 읽을 때에도 이 세 가지를 중심으로 스트렝스 훈련을 해야 합니다.

논리 위의 논리적 사고
Logical Thinking on Logics

Fly me to the moon. Fly your reading to the full. 논리로 영어에 날개를 달아 보세요.

【폐활량, 그리고 뇌의 유산소 호흡】

리딩에서 가장 중요한 것은 글을 쓴 사람과 같은 호흡으로 나란히 글을 읽어내는 것입니다. 유산소 운동을 하면서 심폐 지구력을 기르고 폐활량을 높이는 것처럼 글을 잘 읽어내고 글을 잘 쓰기 위해서는 생각의 호흡, 이른바 '뇌활량' 혹은 '사고 지구력'이 향상되어야 합니다. **생각의 호흡을 유지하는 능력이야말로, 인간의 생존에 필수적인 심폐 지구력처럼 우리의 삶에 유용하게 기여하는 힘이기 때문입니다.**

공부하는 방법에 대해서 이야기할 때 꼭 나오는 이야기가 엉덩이로 공부하라는 것입니다. 최첨단을 구가하는 21세기에 언제까지나 엉덩이로만 글을 읽을 수는 없는 노릇이죠. 앞에서 글을 읽어내는 스트렝스를 길러내기 위해서는 주제문, 세부사항, 그리고 신호어를 중심으로 학습해야 한다고 했습니다. 이 모든 것은 결국 논리적 구조를 분석하기 위해 존재하는 것입니다. **그러니까 생각의 호흡이라는 것도 무작정 참으면서 읽으라는 말이 아닙니다. 체계적으로, 구조적으로, 최종적으로는 논리적으로 읽으면서 생각의 호흡을 가지런히 유지하는 것입니다.**

> 강한 힘을 폭발적으로 발휘하는 것이 중요하지만 그 힘을 일관된 호흡으로 유지하는 것도 중요합니다.

수많은 필자들이 다루는 가지각색의 내용이 있지만 그 내용을 담아내는 형식은 일치합니다. **내용은 달라도 그 내용을 담아내는 형식은 결국 같은 것입니다.** 글의 정확한 독해를 위해서는 무엇보다 글의 논리적 분석 능력 배양에 총력을 기울여야 합니다.

【논쟁이 아니라 논증】

논증의 최종 목적은 논쟁하기 위함이 아닙니다. 결론, 주장에 대한 설득력 있는 근거와 증거를 제시하고 이를 성실하고 충분하게 뒷받침해야 논리가 단단해집니다. 이러한 단단한 논리 형성, 로직 빌딩을 통해서 독자로 하여금 인식의 변화를 꾀하고 나아가 행동의 변화를 촉구하는 것에 있습니다.

특히 이 책에 실린 〈The Economist〉의 기사는 그러한 논리적 구조에 가장 충실한 글들입니다. 1843년에 영국 런던에서 창간된 〈The Economist〉는 경제, 정치 문제를 중심으로 평론하는 시사 주간지입니다. 해외 구독자가 반 이상을 차지하는 언론 매체로서 권위와 명성을 일찍이 인정받고 있는 언론입니다. 취재 기자가 전면에 드러나지 않고 익명을 유지하면서 '이코노미스트'라는 통일된 하나의 논조를 유지합니다. 이러한 편집 정책이 가능한 것은 바로 거대한 논리 구조의 틀, 플랫폼을 공유하고 있기 때문입니다.

논리 분석의 틀을 익히면 비단 〈The Economist〉뿐만 아니라 어떠한 영자신문, 나아가 어떠한 논설문이라도 읽어낼 수 있는 힘을 기를 수 있을 것이라고 감히 자신합니다. 운동을 통해 신체를 '보디빌딩'하듯 리딩 트레이닝을 통해 논리를 만들어가고 생각의 틀을 만들어가는 '로직 빌딩'이 필요합니다. 아직은 로직 빌딩이 익숙하지 않더라도 훈련을 통해 논리를 세우고 논지를 파악하는 능력을 기를 수 있습니다. 논리는 싸우기 위함이라기보다 핵심을 파악하기 위함이라는 것을 명심해야 할 것입니다.

이 책에서는 이코노미스트 기사 20꼭지를 엄선하였습니다. 글의 내용도 중요하지만 논리의 틀을 익히는 연습을 통해 영어 사고의 틀을 만들어 보세요.

To keep on going, you have to keep up the rhythm.
Once you set the pace, the rest will follow.
계속해 나가기 위해서는 리듬을 유지해야 한다.
일단 페이스가 정해지면 나머지는 자연스럽게 따라오게 되어 있다.
-무라카미 하루키

논리 분석 이론

문제 상황 (EFFECT)

논증의 중요한 목적은 현상에 대한 깊은 이해를 바탕으로 문제를 인식하는 것입니다. 문제 제기를 한다는 것은 일상적인 것에서 의미를 발견하고 이에 대한 근본적인 원인을 생각하는 것입니다. **문제 상황이 제시되는 것은 필연적으로 그것의 원인을 생각하는 구조로 이어지게** 됩니다. 이것은 인간의 자연스러운 생각의 흐름입니다.

원인 분석 (CAUSE)

문제점에 대한 원인을 분석할 때는 가장 결정적인 원인을 다루게 됩니다. 어떠한 문제든 간에 그 문제를 만든 원인이 하나만 존재하는 것은 아니지만, 가장 결정적인 원인은 있는 법입니다. 따라서 **가장 결정적인 원인을 밝혀내서 앞서 제기한 문제 상황에 대한 검증**을 하게 됩니다.

기존 대안 (EXISTING ALTERNATIVE)

기존 대안을 제시할 때에는 그 대안의 취약성을 가장 부각시켜야 합니다. 빈약하고 불충분한 근거를 부각시켜서 일반적인 인식이나 논박하고자 하는 주장을 약화시켜야 합니다. 지렛대 효과를 누리기 위해서는 우선 가장 약한 부분을 강조해야 나중에 큰 힘으로 기존 대안을 뒤집을 수 있는 것입니다.

대안 평가 (EVALUATION)

대안을 제시하면서 반드시 선행되어야 할 것은 가치 판단입니다. 다시 말해서 필자의 가치관이 드러나게 되어 있다는 말입니다. **무엇에 대해 당위적으로 이야기하기 위해서는 먼저 필자가 자신의 가치관을 직접적으로나 간접적으로, 혹은 암묵적으로 나타내게 됩니다.** 이러한 가치 판단은 보통 제시된 대안에 대한 평가를 통해서 주로 형성됩니다.

이외에도 **예상되는 반박을 잠재우거나, 반대 의견의 인과관계가 취약한 부분을 상대방 주장 중에서 충분하지 못한 논리적 근거로 공격**합니다. 글을 쓰는 입장에서는 예상되는 반박을 생각하며 자신의 글의 취약한 지점이 무엇인지 생각해야 하고, 공격을 받는 부분의 제시된 근거가 충분한지 사례의 대표성에 대해서 생각을 해야 합니다.

> 상대의 약점을 공격하고 나의 장점을 강화하는 것이 주장을 세워가는 필승법 중 하나입니다.

최적 대안 (OPTIMIZED ALTERNATIVE)

가치 판단을 바탕으로 한 대안의 다각도 검증을 통해서 필자는 최종적으로 최적화된 대안을 제시하게 됩니다. 앞서 논증의 타당성을 다각도에서 검증하고, **논증에서 명시적으로, 때로는 암묵적으로 제시된 전제들에 대해서 스스로 의문을 던지며 견뎌낸 대안은 최적 대안으로 제시됩니다.** 논증은 어떠한 견해나 주장이 다른 주장보다 더 낫다는 것을 증명하는 과정이기 때문에 그렇습니다.

최적 대안을 찾는 것이 글을 정확하게 읽어내는 척도가 됩니다.

전망 (PROSPECT)

인간은 현재를 중심으로 과거에서 교훈을 얻고 미래를 전망합니다. 항상 과거를 돌아보고 현재, 지금 이 순간에서 미래를 바라보게 됩니다. 인간은 시간의 구속을 받는 미래적 존재입니다. **최적 대안을 생각해 보는 것은 문제가 되었던 과거를 통해서 더 나은 미래를 예측하고 전망하는 것입니다.** 따라서 논증은 정적인 것이 아니라 동적인 것이며, 과거와 현재의 맥락에서 미래를 적극적으로 예측하는 가장 합리적인 장치가 됩니다.

잘못된 논증 공격하기

T. Edward Damer의 〈Attacking Faulty Reasoning: A Practical Guide to Fallacy-Free Arguments〉에 나오는 논증이 갖추어야 할 세 가지 조건을 제시하도록 하겠습니다. 논증이 결국 공격과 방어로 이루어진 논리적 싸움이라고 볼 때, 이 책이 제시한 세 가지 기준은 매우 도움이 될 것으로 믿습니다.

조건 1 관련성 (RELEVANT) 전제와 결론을 구분해서 우선 결론이 무엇인지 찾고, 전제와 결론이 얼마나 충분한 상관관계를 갖는지 분석해야 합니다. 각각의 전제가 결론과 합목적적으로, 그리고 충분하게 관련이 있는지를 파악해야 합니다. 그렇게 하기 위해서는 전제와 결론을 분리해서 독해해야 합니다. 그리고 전제와 결론의 인과관계를 파악해야 합니다. 원인과 결과가 단순한 상관관계가 아니라 충분한 관련성을 중심으로 한 인과관계임을 밝혀야 합니다. 이른바 필요조건, 충분조건의 관계입니다.

조건 2 전제의 수용성 (ACCEPTABLE) 전제가 참이 되어야 한다는 것은 논증에 있어 핵심이 되는 것입니다. 전제는 건강하고 충분히 용인될 수 있는 수준이어야 합니다. 즉, **전제로 설정되어 있는 것이 수용 가능한지를 비판적으로 판단하는 것이 중요**합니다. 전제 자체만으로 충분한 수용성이 확보되어야, 거기서 도출되는 결론 또한 인정할 수 있습니다. 신뢰할 만한 전제에서 출발해야 신뢰할 만한 결론을 내릴 수 있는 것입니다.

조건 3 충분한 근거 (GROUNDS) 전제는 결론의 충분한 근거가 되어야 합니다. 즉, **결론에 도달하는 데 있어 전제가 충분한 수준(충분조건)으로 제공되어야 한다**는 것입니다. 이를 위해서는 충분한 사전 조사와 정확한 팩트 제시가 필요합니다. 독해를 할 때에는 근거가 충분히 제시되었는가, 그리고 그 근거가 결론을 위해 유의미하게 작용하는가를 파악해야 합니다. 이 때 충분한 근거는 보통 원인으로 제시되며, 일반적으로 인과관계를 밝혀내는 논거로 제시됩니다.

> 충분조건, 필요조건, 필요충분조건에 대해서 기사 안에서 충분히 공부하게 될 것입니다.

논리 분석의 실제 (LOGIC ANALYSIS)

문제 상황 (EFFECT)

> 한국 젊은이들은 재능과 젊음을 활용하지 못하고 현실적인 안정을 추구한다.

위 글에서는 젊은이들의 재능을 발휘할 수 있는 기회의 박탈과 그로 인해 현실적인 안정을 추구하는 것을 문제 상황으로 제시하고 있습니다. 보통 문제 제기를 할 때에는 독자의 주의 환기, 논리적 간결성, 선명한 인식을 위해 최대한 간결하게 제시됩니다. 문제 인식을 위해서는 간결성이 핵심이라고 할 수 있습니다.

원인 분석 (CAUSE)

> 재벌의 독점, 자식들에 대한 부모의 기대 등이 한국 젊은이들이 정체된 이유로 보인다.

이러한 사회적 분위기에 대해서는 다양한 원인이 제시될 수 있습니다. 이 글에서는 대기업을 중심으로 한 사회적 독식 구조와 자식들에 대한 부모의 무조건적인 기대가 그 원인이라고 지적하고 있습니다. 원인 분석에서 중요한 것은 예상되는 반박에 대해서 가장 취약한 전제를 미리 방어해야 한다는 점입니다.

기존 대안 (EXISTING ALTERNATIVE)

> 한국 젊은이들은 대기업 취직, 공무원, 전문직 등을 선호하며 안정성을 추구한다.

기존 대안은 전제와 결론의 관련성, 전제의 수용성, 충분한 근거 제시 여부를 바탕으로 가장 취약하고 빈약하게 제시됩니다. 이는 다음에 이어질 대안 평가를 위해서 당연히 이루어지는 과정임을 알아둡시다.

대안 평가 (EVALUATION)

> 1. 청년 실업 문제가 대두되면서 창업이 필요에 의해 선호되고 있다.
> 2. 상상력 발휘가 유일한 진입 장벽인 IT 분야가 각광받고 있다.
> 3. 외국인 창업가들이 한국에 관심을 보이고 있다.
> 4. 서울시는 규제 완화 강좌, 청년 창업 프로젝트 등을 신설하여 젊은이들의 창업을 독려하고 있다.

대안 평가는 필자의 명시적, 암시적 가치관을 바탕으로 제시된 대안을 다각도로 평가합니다. 즉, 제시된 기존 대안의 취약함을 논리적으로 증명하고 이어질 최적 대안을 예비합니다. 이때 가지는 의문은 감정적이거나 편파적이어서는 안 되며, 대안을 합리적이며 다각도로 평가해야 합니다.

최적 대안 (OPTIMIZED ALTERNATIVE)

> 정작 문제의 핵심은 젊은이들 자신이나 국가가 아니라, 최고 수준의 젊은이들이 목표를 낮게 잡도록 몰아가는 사회적 분위기이다. 따라서 사회 전반에 깔려 있는 구조적인 분위기 해결을 위해 노력해야 한다.

최적 대안은 앞서 이루어진 대안 평가를 바탕으로 가장 강한 대안이 제시되어야 합니다. 취약한 점은 기존 대안을 평가하면서 논리적으로 자연스럽게 보완 및 강화를 하고, 전제와 결론의 충분한 관련성, 충분한 근거, 전제의 건전성과 수용성을 최대한 확보해야 합니다.

한눈에 들어오는 헤드라인
All Eyes on Headlines

Headline, a good head coach for your better reading 헤드라인, 당신을 위한 훌륭한 코치입니다.

【헤드라인은 글의 얼굴이자 이름】

이 세상에 있는 모든 것들은 이름이 있습니다. 존재하는 것들에는 이름을 붙일 수가 있습니다. 실체가 있기 때문이죠. 그래서 이름은 대상의 상징이며 얼굴입니다. 이 세상 모든 부모님은 우리가 울음을 터뜨리기 전에 고심 끝에 우리의 이름을 지어 두고 우리를 기다리고 계셨습니다. 우리의 얼굴을 보기 전에 우리의 얼굴을 상상하며 이름을 만들어 주셨습니다.

영자신문에서는 이름이 바로 헤드라인입니다. 헤드라인은 순간적으로 독자의 시선을 사로잡음과 동시에 단 몇 개의 단어로 기사 전체를 대표해야 합니다. 이러한 경제성, 상징성 때문에 필연적으로 고도의 압축적인 표현과 수사법을 동원하게 됩니다. 자연히 헤드라인에서는 단순화의 과정을 거쳐서 중요한 정보만을 채택하고 정리하여 표현합니다. 정보의 홍수 가운데서 짧은 순간에 독자의 시선을 붙들어 매고, 독자의 손가락이 화면을 넘기다가 눈길을 머물게 하려면 상당한 임팩트를 가져야 합니다.

> 헤드라인만 잘 봐도 그날 세상에 무슨 일이 일어났는지 파악할 수 있습니다. 임팩트가 중요합니다.

【눈길이 머무는 곳에 얼굴이 있다】

헤드라인이 시선을 사로잡기 위해서는 독창적이면서도, 한편으로는 누구나 직관적으로 이해할 수 있는 상식적인 수준이어야 합니다. 영자신문의 헤드라인은 기사의 캐치프레이즈이자 얼굴입니다. 영어 학습자의 입장에서 영자신문의 헤드라인을 재빠르게 파악하는 능력은 기사 전반에 대한 빠른 이해를 돕고 전체 글의 맥락을 예상할 수 있게 해 준다는 측면에서 상당히 중요합니다. 따라서 동일 사안에 대해 각기 다른 신문사들이 뽑아내는 다양한 헤드라인을 비교·분석하는 과정은 다양한 신문사들의 '논조'를 파악하는 데 도움을 줄 뿐만 아니라, 보다 다양한 근거를 통해 사고의 영역을 넓혀가는 데 더없이 유익합니다.

【헤드라인을 익히자】

be동사와 기능어 function words 는 대부분 생략한다.

- Ferry Overloaded in Bangladesh Disaster
  원래 문장: The ferry was overloaded in Bangladesh disaster.

헤드라인에서는 간결한 의미 전달을 위해 be동사와 관사를 생략합니다. 때로는 전치사도 생략됩니다.

현장감을 주기 위해 현재시제를 사용한다.

- Indian Jet Crashes into Office Building

사건을 전달할 때는 과거시제를 쓰지만 헤드라인에서는 생생한 느낌을 주기 위해 현재시제를 사용합니다. 이미 일어난 일이지만 독자가 기사를 읽는 시점에는 새로운 소식이므로 현재시제를 선호하게 됩니다.

현재완료 대신에 현재시제를 사용한다.

- Blind Girl Climbs Everest

역시 현장감을 주기 위함입니다. 특정한 시점이 나오지 않는 이상 현재시제를 선호합니다.

수동태와 현재진행형에서 조동사와 be동사는 생략된다.

- **Serial Killer Arrested**
  원래 문장: The serial killer was arrested by police.

간결한 의미 전달을 위해 수동태 문장에서 be동사와 by를 생략하기도 합니다.

- **Business Crisis Get Settled**
  원래 문장: The business predicament could get settled.

조동사는 could가 될 수도 있고 will이 될 수도 있습니다. 문맥에 따라서 달라질 것입니다.

부정사는 미래를 나타낸다.

- **Obama To Declare War Against Terrorism**
  원래 문장: Obama is to declare war against terrorism.

to부정사는 발생하지 않은 미래를 나타냅니다. 따라서 be동사를 생략해도 의미가 전달됩니다.

명사로만 이루어진 헤드라인도 있다.

- **More Wage Cuts**
- **Holiday Hotel Death Out of the Blue**

명사로만 이루어져도 그 안에 명사를 꾸며 주는 형용사가 서술어 역할을 하기 때문에 주어, 서술어 관계로 이해하면 쉽습니다.

과감한 생략 때문에 품사를 판별하기 어려운 경우도 있다.

- **US CUTS AID TO THIRD WORLD**
  원래 문장: The U.S. reduces its help…

여기서 CUTS는 동사이고, AID는 명사입니다.

- **CUTS AIDS REBELS**
  원래 문장: The reduction is helping the revolutionaries.

여기서 CUTS는 명사이고, AIDS는 동사입니다.

문장부호로 간결하게 전달한다.

- EXPRESSWAY CRASH: DEATH TOLL RISES

콜론(:)은 예를 들거나 자세히 설명하는 의미로 받아들이면 됩니다. 콜론(:)은 헤드라인과 논의되는 것을 분리시키고 싶을 때 사용합니다. say, read 등으로 해석하면 됩니다. 에세이를 잘 쓰기 위해서는 콜론(:)과 세미콜론(;), 마침표(.) 등의 구두점 punctuation 을 공부해야 합니다. 한국어와 매우 다른 부분입니다.

- CRASH DRIVER "HAD BEEN DRINKING"

"..." 인용 부호 quotation mark 는 신문 기사를 작성하는 기자가 확신을 가지지 못하고 인용할 때 사용합니다.

독해 스트렝스 수칙
Reading Strength Rules

Rules to help you with better reading strength 영어 독해 실력이 더 나아질 수 있는 몇 가지 방법

영어 학습자의 실력을 판단하는 '판별식'은 말할 것도 없이 독해 능력, 리딩 스트렝스입니다. 독해 능력을 좌우하는 요소로는 구문 파악 능력, 문장을 의미 단위로 읽어내는 의미 파악 능력, 그리고 글 전체 논리적 구조를 파악하는 논리적 사고 능력, 크게 이 세 가지를 생각할 수 있습니다. 여기에 더해서 무시하지 못할 사항이 있는데, 이는 바로 **영어가 가지는 언어 체계, 논리 질서를 알아야 한다**는 것입니다. 마치 안드로이드와 iOS 휴대폰의 운영 체제가 다른 것처럼 영어는 한국어와 다른 영어 고유의 운영 체계, 사고 체계가 있습니다. 영미인들만이 가지는 독특한 그들만의 사고방식은 한국인들과 다른 부분이 많아 보입니다. 따라서 영어를 영어답게 이해하지 못하고 모국어의 간섭 때문에 영어만의 멘탈리티를 흡수하지 못하는 사람들이 여전히 많습니다. 언어는 문화의 반영이며 사고의 전달 체계이다 보니 그렇습니다.

한국어와 달리 영어에서 두드러지게 발견되는 원리는 여러 가지가 있습니다. 전치사를 예로 들어 볼까요? 대표적 전치사인 at, on, in이 공간과 시간을 동시에 의미할 수 있다는 점을 보면 **공간과 시간을 전치사라는 개념을 통해 구체화하고, 동시에 추상적으로 개념화**했다는 것을 알 수 있습니다. 즉 전치사를 통해서 아주 섬세한 뉘앙스를 전달할 수 있지만, 한국어에는 이에 대응하는 품사가 없기 때문에(조사가 그에 해당하지만 전치사 자체는 한국어에 없으니까요.) 전치사는 영어를 매우 까다롭게 만드는 요소로 작용합니다. 또한 **확실함과 불확실함을 구별하고 말하는 사람의 거리감을 표시하기 위해서 시제와**

한국어와 영어는 언어라는 측면에서 보았을 때는 유사하지만, 실제로는 많은 차이가 있습니다. 컴퓨터의 운영 체제를 떠올려 보시기 바랍니다.

조동사가 발달했다는 점, 명사에 대한 인식을 정관사·부정관사를 통해서 나타낸다는 점, 주체와 객체를 구별하기 위해 능동태와 수동태를 발달시켰다는 점, 현실과 비현실을 구별하기 위해 직설법과 가정법을 발달시켰다는 점 등입니다. 이러한 원리는 영어 전체를 관통하는 문화적, 철학적 배경을 이루는 내용이기 때문에 영어 학습자들이 여러 맥락을 통해서 곰곰이 생각해 보아야 합니다.

ARTICLES

영어 학습자들뿐만 아니라 원어민들도 영어 사용에 있어서 가장 어렵다고 꼽는 것이 바로 관사articles입니다. 그러나 막상 관사의 사용에 대해서 원어민들에게 물어보면 돌아오는 답변은 '자연스럽게 들려야 한다'는 말이 대부분입니다. 관사는 '어색하지 않게' 구사하는 것, 그것이 최선의 길인 것입니다. 그러나 영어를 외국어로 사용하는 대부분의 EFL English as a Foreign Language 학습자들에게는 관사의 체계를 이론적으로 접근해야 이론을 바탕으로 익숙해지고 체화할 수 있습니다. 앞서 이야기한 대로 언어의 운영 체계가 다르기 때문입니다.

한국어에는 관사라는 품사 자체가 없습니다. 관사를 명사와 전혀 별개로 생각해야 원어민의 관사 감각에 더욱 가까워질 수 있습니다.

> 인식은 대상의 속성과 범위를 분명하게 하는 장치입니다. 관사는 그러한 인식 체계를 가장 잘 보여주는 품사입니다.

셀 수 있는가 (가산성)

정관사the와 부정관사a·an는 '확정'과 '불확정'에 따라 나뉘어집니다. 수학적으로 모든 것의 표준이 되는 1과 1 이상의 수 개념이 영어에 도입되어 정관사와 부정관사로 분화되었고 zero 관사, 즉 무관사 개념이 나타나게 된 것입니다.

부정관사나 정관사나 수 개념으로 하나라는 의미에는 차이가 없습니다. 그러나 부정관사는 '여러 개 중 하나'라는 느낌이고 정관사는 '하나밖에 없는 하나'입니다. 즉, 유일무이한 하나가 the이고 여러 가지 중 하나는 a·an인 것이죠. 둘 다 하나를 지칭하지만 다른 의미의 하나임을 인식하는 것이 관사를 이해하는 가장 중요한 열쇠입니다.

관사에서 가장 중요한 것은 '가산성countability'입니다. 셀 수 있느냐, 셀 수 없느냐에 따라서 그 쓰임새가 명확하게 달라집니다. 가산성도 한국어에서는 아예 없다고 생각되는 개념이기 때문에 한국인들이 어려워하지만, '셀 수 있다'는 것은 구체성, 개별성과 같은 의미라고 생각하시면 좀 더 이해하기 쉬울 것입니다.

개별성을 어디까지 인정할 수 있는가

추상명사가 보통명사로 쓰임새가 전성되는 것을 살펴보겠습니다. Can I ask you a favor?라는 문장에서 favor는 부정관사 a가 붙었기 때문에 favor(호의)라는 추상명사, 불가산명사에서 호의가 담긴 행동, 즉 a favor가 되어서 개별적, 구체적 의미를 가지게 됩니다.

추상명사에 관사가 붙거나 복수명사로 표현될 때 보통명사로 그 쓰임새가 바뀌는데, 이때 **추상명사가 갖는 일반성, 추상성이 보통명사로 바뀌면서 구체성, 개별성의 의미**를 가지게 됩니다. 그런데 우리가 주의해야 할 것은 모든 추상명사가 다 이런 식의 변화를 가질 수 있는 것은 아니라는 사실입니다. 영영사전에서 [U]/[C](불가산명사: uncountable noun/가산명사: countable noun)를 늘 확인하는 습관을 갖고, 의미가 바뀔 때 그 쓰임새가 어떤 식으로 바뀌는지를 확인하는 것이 중요합니다.

courtesy	[U] 예의	courtesies	[C] 예의 바른 행동
occurrence	[U] 발생, 산출	occurrences	[C] 일어난 일, 사건
wonder	[U] 경이, 경탄, 놀라움	wonders	[C] 불가사의한 일, 기적적인 사건
delight	[U] 유쾌함, 즐거움	a delight	[C] 즐거운 일, 즐거운 것
donation	[U] 기부, 기증	a donation	[C] 기증물, 기부금
irritation	[U] 짜증, 화	an irritation	[C] 자극하는 것, 짜증 나게 하는 것

A lot of times, people don't know they want until you show it to them.

사람들은 자신이 원하는 것을 보여주어야 비로소 자신이 원하는 바를 알게 된다.

―스티브 잡스

관사를 사용하는 7가지 원칙

1 관사는 명사 앞에 위치하여 명사의 의미를 한정한다.

'한정한다'는 것은 얼마나 구체적인지 범위를 확정하는 것입니다. 관사는 명사의 의미와 쓰임새에 따라서 부정관사, 정관사, 무관사 등과 결합하여 쓰입니다. 이때 의미와 쓰임새는 전적으로 뒤에 오는 명사의 수 개념인 단수, 복수, 가산, 불가산과 깊은 관련이 있습니다.

2 각각의 관사는 쓰임이 다르다.

the definite article [the]: 특정한 것을 지칭하는 관사
the indefinite article [a·an]: 특정하지 않은 것을 지칭하는 관사
zero article: 불가산명사와 결합하는 관사

> a와 the의 세계는 전혀 다릅니다. 관사라는 말에 사로잡혀 있기보다, a와 the는 전혀 다르다는 인식이 중요합니다.

3 부정관사는 반드시 가산명사와 결합한다.

부정관사는 '여러 개 중에서 특정하지 않은 막연한 하나'를 지칭합니다. 이는 a·an이 하나의 단위unit를 표시하는 장치가 됨을 의미합니다. 부정관사는 반드시 가산명사countable noun와 결합하고 복수명사와는 절대로 결합하지 않습니다. 추상명사, 물질명사가 단위화될 때 a·an이 선행하여 의미의 범위를 정하고 그 뒤에 해당 추상명사, 물질명사가 이어집니다.

4 불가산명사가 가산명사로 쓰임이 바뀐 경우에는 부정관사가 붙는다.

부정관사 뒤에는 반드시 가산명사가 이어집니다. 따라서 일반적으로 불가산명사로 알고 있는 추상명사나 물질명사가 부정관사 뒤에 따라온다는 것은 불가산명사가 가산명사로 그 쓰임새가 바뀌었음을 의미합니다. 이때 추상명사는 '개별적인 하나의 행동'을 의미하며 물질명사는 '하나의 규격, 단위, 상품'을 의미합니다.

5 정관사는 특정하고 유일한 대상을 나타내는 명사와 결합한다.

정관사는 특정하게 지칭 가능하고 유일한 대상을 나타내는 명사 앞에 붙습니다. 형용사의 최상급, 서수사, 명사 뒤에서 전치사구로 수식하는 형용사구나 절로 수식하는 관계사절이 따라올 때 수식을 받는 명사에 정관사를 붙이면 의미의 범위가 한정됩니다. 이때 한정되는 의미의 판단은 명사가 수식어에 의해서 수식을 받는지의 여부에 따른 것이 아니라 **특정한 대상을 수식할 때 '유일성'의 의미가 확보가 되면 the를 사용합니다.** 반드시 한정적으로 수식

을 받는다고 해서 the가 붙는 것이 아니라 유일하고 특정한 하나의 의미일 때 the를 사용합니다.

6 무관사는 추상적, 본질적인 의미를 나타내는 명사와 결합한다.

무관사는 관사를 사용하지 않는 것을 의미합니다. 무관사는 관사가 없다고 보기보다는 zero article, 즉 0의 개념이 있는 관사를 사용한다고 보는 것이 타당합니다. 무관사는 불가산명사, 즉 물질명사일 때나 추상명사일 때 사용되며, 가산명사도 추상적인 의미를 나타낼 때나 본질적인 의미를 나타낼 때는 무관사로 표현합니다. 그리고 무관사는 복수형의 명사 앞에서 구체성을 나타내는 관사의 의미를 가집니다.

7 관사는 친숙의 원리에 의해 좌우된다.

부정관사, 정관사, 무관사는 '친숙의 원리 theory of familiarity: Jespersen'에 의해 좌우됩니다. 관사의 사용에 있어서 친숙의 정도를 3단계로 구분합니다. 1단계는 '전혀 친숙하지 않은 단계 complete unfamiliarity'로서 부정관사를 사용합니다. 2단계는 '거의 완전한 정도의 친숙한 단계 nearly complete familiarity'로서 정관사를 사용합니다. 이때 정관사의 의미는 '서로 알고 있다는 전제'가 깔려 있습니다. 정관사를 함부로 사용하게 되면 상대방은 알지도 못하는 대상을 자꾸 알고 있다고 우기게 되는 셈이니 '도대체 무엇을 말하는 것이냐?'라고 오해할 수 있습니다. 특정한 것을 지칭하는 정관사이기 때문에 사용에 특히 유념하셔야 합니다. 3단계는 '완전한 친숙의 단계 complete familiarity'인데 이때는 무관사를 사용해서 본질적, 일반적, 개념적인 의미를 나타냅니다. 굳이 서로 알고 있다는 것을 구체적으로 이야기할 이유가 없으니 무관사를 사용하는 것입니다. 명사를 정관사, 부정관사 없이 단수형으로 사용하거나 복수형으로 이야기할 때는 의미하는 범위가 가장 넓습니다.

> 정관사는 서로 인식을 함께 공유하는 표시라고 생각하는 것이 중요합니다.

VOICE

영어에서는 화자(또는 필자)가 가장 중요한 것을 문장 맨 앞에 위치시켜서 청자(또는 독자)에게 자신의 의사를 전달합니다. 주어라는 것은 '주된 말'이라는 의미를 갖습니다. 영어에서 수동태와 능동태가 엄격하게 구별되어 사용되는 것은 주체와 객체를 구별하고 전경과 후경을 구별하여 사용하기 위함입니다. 마치 연극 무대에서 인물들을 조명에 의해서 달리 보여주는 것처럼 전경과 후경에서 의식적으로 능동태를 쓰기도 하고 수동태를 사용하기도 합니다.

의문문의 경우 의문문을 표시하는 신호어가 맨 앞에 등장해서 의문을 가지고 있다는 의사를 분명히 합니다. 부정문의 경우 I think he is not humorous.라고 하지 않고, I don't think he is humorous.라고 하여 자신의 부정적인 의사를 먼저 전달하게 되는 것입니다. 우리가 알고 있는 도치도 결국 화자(필자)가 가장 중요하다고 생각하는 정보를 먼저 이야기하는 것이고 도치가 되었다는 표시를 하기 위해서 어순이 바뀌게 되는 것입니다. 이러한 맥락에서 능동태와 수동태는 가장 중요하다고 판단이 되는 정보를 앞에 명시함으로써 주와 종속의 개념을 확실히 분화시킨 것입니다.

수동태와 능동태가 결국 같은 표현이라고 생각하는 사람들이 많을 것으로 압니다. 그러나 뉘앙스가 완전히 다릅니다. 한국어에는 수동과 능동의 개념이 희박하므로 수동태에 더욱 주의해서 접근해야 할 것입니다. 중요한 것은, 영어에서는 주체와 객체를 분명히 구별한다는 것입니다. 영어에서는 행위의 주체와 대상이 영어에서는 선명하게 구별된다는 것, 이에 비해 한국어는 행위의 주체와 객체의 구별이 상대적으로 모호하다는 것을 유념해야 합니다.

수동태는 딱딱하고 완곡하고 고상하며 공식적이고 진부한 느낌 때로는 학구적인 느낌을 주는 반면에, 능동태는 명확하고 확실하며 적극적이고 때로는 경박한 느낌을 주기도 합니다. 현대어의 추세는 수동태보다 능동태를 선호하는 경향을 나타내고 있습니다. 수동태가 주는 에둘러서 표현하는 뉘앙스, 겸양의 뉘앙스가 자칫 독자(청자)에게 피로감을 전해 주기 때문으로 짐작됩니다.

> 수동태, 능동태에서 voice라는 말을 사용하는 것은 말하는 사람의 태도(attitude)와 밀접하기 때문입니다.

> 수동과 능동은 의미가 유사해도 태도가 전혀 다르다고 기억하셔야 합니다.

Familiarity breeds contempt.
친해질수록 싫어지기 마련이다.

CAUSATION

언어에 있어서 가장 중요한 것은 바로 논리입니다. 특히 **논리에서 가장 중요한 것은 바로 인과관계를 명확하게 밝히는 것입니다. 아니, 논리 그 자체가 인과관계라고 단언**할 수도 있을 것입니다. 영어에서는 인과관계를 무척 중요하게 생각합니다. 여기서는 영어에서 발견되는 인과관계를 완료시제, 관계대명사, 그리고 감정동사를 통해서 살펴보도록 하겠습니다.

PRESENT PERFECT

한국어에서는 과거, 현재, 미래가 존재합니다. 그런데 영어에서는 보통 과거시제와 현재시제 두 가지로 분류합니다. 그래서 이들의 혼합시제가 등장합니다. 그것이 바로 완료시제입니다. 과거와 대과거가 결합하면 과거완료시제가 되고, 현재와 과거가 결합하면 현재완료시제가 되며, 미래와 현재/과거가 결합하면 미래완료시제가 됩니다.

영어와 한국어에서 시간을 바라보는 결정적인 차이는 바로 현재완료에 있다고 해도 과언이 아닙니다. 우리말에서는 어떠한 상태나 동작이 완료되면 그것은 과거시제로만 표현되는 반면에, 영어에서는 과거의 시점을 기준으로 현재시점에서 그것이 유효한가, 가까운 일인가, 관련이 있는가, 인과관계가 있는가에 따라서 과거시제와 현재완료로 구별해서 나타냅니다.

현재완료는 과거의 사건이 원인cause이 되어 현재에 영향력effect을 행사하는 것을 나타내는 시제입니다. **우리말의 과거시제는 영어의 과거시제와 현재완료시제가 혼용되어서 사용**됩니다. "내가 지갑을 잃어버렸다."라고 말할 때 지금 그 지갑이 없다는 것인지, 그 지갑을 다시 찾았다는 것인지, 새로 지갑을 샀다는 것인지 전혀 판별할 수 없습니다. 주어진 맥락에서 이해되는 것입니다. 이는 시제 개념이 아주 엄격하지는 않다는 것의 반증입니다. 그러나 **영어에서는 인과관계를 바탕으로 과거의 사건, 상황, 행위가 원인이 되어서 그 여파나 결과가 현재에 영향을 미침을 구별하여 나타냅니다.** 시간의 흐름을 통해서 과거의 사건이 현재에 연관성을 가지게 됩니다.

따라서 **현재완료를 공부할 때 가장 중요한 것은 현재완료라는 말에 사로잡히지 않아야 한다**는 것입니다. 현재완료시제는 과거의 상태에 초점을 맞추는 것이 아니라 그것이 현재에 실제로 어떤 영향이 있는가, 오히려 지속(계속)되는 느낌을 가지는 것이 더욱 정확한 감각입니다. 실제로 **현재완료시제를 사용할 때 have, has를 쓴다는 것에 주목**하면 쉽게 알 수 있습니다. 과거의 상태(과

> 현재완료는 과거이면서 현재입니다. 그래서 완료라는 말에 사로잡혀서는 안 됩니다.

거분사)를 지금 가진다(현재시점)라는 의미로 기억을 해 두어야 합니다.

현재완료는 다음 세 가지의 특징을 갖습니다. 이 세 가지 특징을 유념하시면 현재완료를 감각적으로 구사하고 이해할 수 있을 것입니다. 현재완료를 알면 과거완료와 미래완료는 대칭적 구조이므로 자연스럽게 알 수 있을 것입니다. 현재완료의 특징은 다음과 같습니다.

> ① 현재완료는 과거에서 현재로의 시간의 흐름duration을 통해서,
> ② 과거의 사건이 현재에 철저한 연관성connection을 갖는,
> ③ 인과관계causation를 바탕으로 '현재의 판단'을 나타내는 시제이다.

계속적 용법   과거에 발생한 사건의 여파, 즉 행동이나 상태가 지금도 계속적으로 영향을 미치는 것을 말합니다. 전치사 for, since 등과 잘 어울리며 How long으로 시작되는 의문문에서 계속적 용법으로 쓰입니다.

- I have known Ms. Kim for about 10 years.
  김 여사와 알고 지낸 지 약 10년입니다.

- Jinny has been sick since he arrived at Seoul.
  서울에 도착한 후부터 지니는 계속 아팠습니다.

- How long have you learned English?
  영어를 공부한 지 얼마나 됐나요?

결과적 용법   과거에 발생한 사건으로 인해서 현재 어떠한 상황인지 나타내는 것을 말합니다. 과거의 사건이 원인이 되어 현재의 상태·상황이 결정된다는 것입니다.

- I have lost my cellular phone. (So, I don't have it right now.)
  휴대폰을 잃어버렸다.

- My boss has gone out for his meeting. (So, he's not here at the moment.) Can I take your message?
  부장님은 회의 때문에 자리를 비우셨어요. 메모 남겨 드릴까요?

- He's just forgotten her name. (So, he doesn't know it now.)
  그는 여자의 이름을 잊어버렸습니다.

경험적 용법   과거와 현재의 시간의 흐름duration 사이에 어떤 행동, 상태를 경험했는지를 표현하는 것입니다. 이때 언제가 중요한 것이 아니라, 경험의 여부 파악이 가능한 용법입니다. 현재완료는 시점이 아닌, 시간대의 시제이기 때문에 연관성을 가진 영역 내에서 일어난 상황을 묘사할 수 있으므로, 경험을 나타낼 수 있는 것입니다. 이때 ever, never, often, sometimes, once, twice, many times, how many, how often 등과 어울려서 사용됩니다.

- Have you ever been to the Wonderland?
  원더랜드에 가 본 적 있으세요?

- This is the fastest car I've ever seen.
  제가 본 차 중 가장 빠르네요.

- I've never seen beach volleyball games before.
  전 비치발리볼 게임을 한 번도 본 적이 없어요.

완료적 용법   과거에 발생한 사건이 시간의 흐름duration을 두고 지속되다가 현재의 판단에서 '벌써', '이미', '방금' 끝나거나 혹은 '아직도'라는 말과 어울려서 완료가 되지 않은 상태를 표현하는 용법입니다. 바라보는 관점에 따라서 시간대의 폭이 길게, 혹은 짧게 느껴질 수 있기 때문에 그 뉘앙스가 부사에 의해서 좌우가 되는 것입니다. just, yet, already, always 등과 어울려서 완료의 느낌을 표현할 수 있습니다.

- I've just had a load of food.
  엄청나게 먹었어요.

- Have they left for the States already?
  그들은 벌써 미국으로 떠났나요?

- I haven't used this kind of stuff yet.
  저는 아직 이런 종류의 물건을 써 본 적이 없어요.

*Every person takes the limits of
their own field of vision for the limits of the world.*

사람들은 자신의 시야의 한계를 두고서 세상의 한계라고 잘못 받아들인다.

-쇼펜하우어

RELATIVE CLAUSE

한국어에는 관계대명사에 해당하는 품사가 존재하지 않습니다. **영어와 한국어의 어순의 차이는 결정적으로 목적어와 동사의 위치입니다.** 영어는 동사 다음에 목적어가 이어져서 나오기 때문에 관계사절이 명사를 선행사로 삼아서 목적어 뒤로 이어지게 됩니다. 다시 말해서 **서술어인 동사 다음에 이어지는 목적어의 위치가 정해져 있기 때문에 그 목적어를 선행사로 삼아서 형용사절인 관계사절이 뒤에서 수식하게 됩니다.** 반면에 한국어에서는 관계사절에 해당하는 형용사절이 명사 앞에 나오게 됩니다. 관계대명사는 접속사와 대명사 역할을 동시에 하기 때문에, 해석할 때 보통 접속사를 첨가해서 의미를 밝혀 주는 게 중요합니다.

관계절은 선행사인 명사에 대한 새로운 정보를 제공하는 기능을 담당합니다. 영어는 문장 구조상 왼쪽에서 오른쪽으로 구정보old information에서 신정보new information로 서술합니다. 따라서 새로운 정보가 문장의 끝으로 가게 되는 성격 때문에 선행사에 대해서 형용사절이 뒤에서 수식하며 꾸며주게 되는 것입니다. 앞서 등장한 선행사를 좀 더 자세하게 설명하기 위해 관계대명사, 관계부사가 사용됩니다.

관계대명사는 수식하는 내용이 과거완료로 표현되어 선행사인 명사를 수식하는 경우가 많습니다. 시간적으로 선행하는 것을 보통 인과관계에서 원인으로 받아들이기 때문이죠. '시간적으로 선후관계에 있는 것을 사람은 자연스럽게 인과관계로 받아들입니다. 마찬가지로 관계대명사도 인과관계의 관점에서 접근해 보면 관계대명사를 뉘앙스에 맞게 구사할 수 있게 될 것입니다.

관계대명사에서 가장 중요한 인식은 하나의 이야기가 명사를 통해서 다른 이야기와 자연스럽게 연결될 수 있다는 것입니다. 영어는 명사 중심의 언어이기 때문에 그러합니다.

VERBS OF FEELINGS

한국 사람은 어떠한 감정을 느끼게 되면 감정 자체의 서술에 치중을 합니다. 한국어는 감정의 상태를 표현하는 편입니다. 영미인들은 감정을 갖게 되는 것을 외부적 원인 external cause 으로 보고, 자신의 감정은 내부적 결과 internal effect 라고 생각합니다. 감정을 이성으로 판단하는 영미인들의 엄정한 논리를 엿볼 수 있는 대목입니다. 그래서 심리학자, 정신 병리학자, 신경과 전문의 등은 보통 감정을 외부의 자극에 대한 반응으로 해석합니다. 의학과 과학이 서양에서 주도적으로 발전해 왔다는 것은 이러한 감정을 다루는 방식과 무관하지 않습니다.

이러한 인식 때문에 외부적 상황에 의해서 느껴지는 감정을 나타내는 동사는 거의 모두 타동사입니다. 어떠한 외부적 원인이 대상을 놀라게 하고, 지치게 하고, 지루하게 하고, 흥분하게 하고, 낙담하게 하고, 흥미를 유발하고, 짜증 나게 하고, 귀찮게 하는 내부적 결과를 낳는 것입니다. 보통은 감정을 느끼는 주체를 표현하기 위해 수동태를 써서 감정의 상태를 나타냅니다. 반면 What surprises Jinny is that he's still in love with her.라는 문장에서는 놀라게 한 원인 그 자체에 주안점을 두다 보니 능동태로 문장을 구성을 하는 것입니다.

감정이나 감성이라는 것은 의지의 문제이기도 합니다. 나라는 주체와 감정은 무관하지 않기 때문입니다.

There is only one happiness in life,
to love and to be loved.

인생에서 행복은 단 한 가지이다. 그것은 바로 사랑하고 사랑받는 것이다.

-조르주 상드

SUBJECT

한국어와 영어는 정말 많은 차이가 있다는 것을 지금쯤은 인정하실 것이라 생각합니다. 한국어와 영어의 차이는 또 있습니다. 한국어는 주어가 없어도 문장이 성립됩니다. 그러나 **영어에서는 문장에 서술어가 있으면 반드시 주어가 있어야** 합니다. 동사 앞에 주어가 반드시 존재하는 것이 영어의 큰 특징 중에 하나입니다. 사정이 이렇다 보니, 주어가 실질적으로는 행위의 주체이거나 객체가 아닌 경우도 많습니다.

이른바 우리가 문법책에서 볼 수 있는 무생물주어는 영어가 갖는 독특한 특성입니다. 바로 영어가 주어를 꼭 가지게 되며, 이 주어가 꼭 문장 안에서 행위의 주체나 객체만 의미하지는 않는다는 것 때문에 한국어와 구별하기 위해서 제목을 붙인 문법 사항입니다. 실제로 외국에서 발간되는 문법책에서는 이를 비중 있게 다루지 않습니다. 이유는 누차 이야기하듯 한국어와 영어의 사고 체계, 운영 체계가 다르기 때문입니다.

영어는 고대영어가 가지고 있던 복잡한 굴절형이 상실되고 어순에 의해 지배받는 언어가 되면서 주어가 될 수 있는 자격 또한 없어지게 되었습니다. 즉, 격의 변화가 자유로워지게 된 것입니다. **한국어에서는 행위의 대상, 주체만 주어가 될 수 있는 극히 제한된 범위를 가지지만, 영어에서는 이유, 원인, 조건, 시간, 양보, 장소, 도구 등 실로 모든 대상과 개념이 주어가 될 수 있습니다.**

무생물주어 구문을 한국어로 번역할 때는 문맥을 고려하여 해석해야 합니다. 무생물주어에 대한 해석은 두 가지를 염두에 두면 됩니다. 영어 문장은 구정보에서 신정보 순으로, 즉 과거에서 현재, 그리고 미래로 나아가게 되므로 **주어는 논리적으로 선행 사건이 되어 이를 원인, 조건, 양보 등으로 해석하면** 됩니다. 다시 말해서 인과관계 역시 보통 과거에 일어난 것을 원인으로, 현재나 미래에 일어나거나 일어날 것을 결과로 생각하기 때문에 주어를 선행 사건으로, 주어 이후의 내용을 결과로 이해하면 됩니다. 또 하나는 **주어 부분을 부사의 의미로 처리하고, 반드시 함께 따라 나오는 동사에 유의해서 해석을 하는 것입니다.** 이때 주어를 '하므로', '하니', '할 때', '해도', '하면', '때문에' 등으로 해석하고, 동사의 의미를 부사와 함께 살려서 해석하는 것이 중요합니다. **더 나아가서 작문을 할 때 무생물주어 구문을 사용하는 것이 영미인들의 표현법에 더욱 근접하다는 것을 아는 것 또한 중요합니다.**

영어에서는 행위의 주체나 대상뿐 아니라, 모든 명사가 주어가 될 수 있습니다. 다시 말해서, 주어를 삼을 수 있는 것이 무한대라고 생각하는 것이 바람직합니다.

- The fire prevented us from making it in time.
  그 화재 사건 때문에 우리는 제시간에 도착할 수 없었다.

- Her inadvertent sensation of weariness with hard work prevented them from having quality time.
  그녀는 고된 일 때문에 의도치 않게 피곤하여 소중한 시간을 함께 하지 못하게 되었다.

- The suburban restaurant has witnessed their frequently happiest visits and found ardent love from them.
  그들은 그 교외의 레스토랑을 자주 방문하여 매우 행복해했으며 그들의 애틋한 사랑을 확인했다.

- His pride wouldn't allow him to admit his fault with what he's done to her at first. Neither would she.
  그는 그의 자존심 때문에 처음에는 그녀에게 했던 잘못을 인정하려 하지 않았다. 그녀 또한 마찬가지였다.

- Her changed attitude for the nice guy has brought a most welcome attitude from him.
  그녀가 그 멋진 남자에 대한 태도를 바꾸어서 그에게 엄청난 환대를 받았다.

- Jinny's unexpected tears left him speechless for a while.
  지니가 갑자기 울게 되어 그는 잠시 할 말을 잃었다.

- A glimpse of this book can show you the substantial significance of logic in English.
  이 책을 흘끗 보기만 해도 여러분은 영어 논리의 상당한 중요성을 알게 될 것이다.

- This section will make you attain the stage of better understanding English.
  이 섹션은 여러분을 더 훌륭한 영어의 이해의 경지에 이르게 할 것이다.

- The rough skimming of this book will make a deep impression with its exquisite framework.
  이 책을 대충 훑어보기만 해도 절묘한 구성에 깊은 감동을 받을 것이다.

- Selecting exactly the same Christmas cards did not surprise them. Rather, the result proves that they have been all of one mind like forever.
  정확하게 같은 크리스마스카드를 고른 것에 대해서 그들은 놀라지 않았다. 오히려 그 결과는 그들은 영원처럼 항상 한마음이었다는 것을 증명했다.

- This book covers nearly everything of humans and includes 20 articles of The Economist.
  이 책은 인간의 거의 모든 것을 다루며 20개의 이코노미스트 기사가 포함되어 있다.

MODALS

언어는 사실을 말하거나 사실 여부를 확인하기 위해서만 존재하는 것이 아닙니다. 때로는 상대에게 요청, 제안할 수 있고 때로는 거절, 강요할 수도 있습니다. 때로는 자신의 판단을 확정적으로 나타내기도 하고 때로는 잠정적으로 추측하거나 희박한 가능성을 표현할 수도 있습니다.

동사 자체로는 동작의 사실을 표현하는 것이지만, 조동사는 발생하지 않은 비사실, 미발생 사건에 대해 표현할 수 있는 장치입니다. 즉 동사가 팩트라면, 조동사는 태도인 것입니다. 어떠한 것에 대해서 단정적으로 이야기하는 것은 현실의 영역 안에 존재하기 때문에 직설법으로 표현하는 것이 일반적입니다. 그러나 책임질 수 없는 부분에 대해서 언급을 할 경우에는 직설적으로 표현하지 않고 태도, 입장을 드러내야 합니다. 가상의 상황, 가능성, 추측, 애매모호함, 의지 등을 표현하는 경우가 그렇습니다.

이러한 **화자의 대상에 대한 태도, 입장, 판단, 관점, 주장을 나타낼 수 있는 장치가 바로 조동사**입니다. 이런 까닭에 조동사는 동사의 뉘앙스를 결정하는 아주 중요한 역할을 합니다.

> - **will** 그럴 법하다(likely): 할 것이다, 하겠다, 일 것이다
> - **can** 그럴 수 있다(potential): 할 수 있다, 일 수 있다
> - **should** 당연하다(required): 하는 게 좋겠다, 당연하다
> - **may** 그럴 수도 있다(possible): 해도 된다, 일 수도 있다, 인지는 모른다
> - **must** 그래야 한다(necessary): 해야 한다, 임에 틀림없다

조동사는 태도, 입장을 나타냅니다. 책임의 여부를 묻거나 어떤 상황을 가정할 때, 조동사는 반드시 필요합니다. 조동사는 영어 실력의 기준입니다.

Whatever is begun in anger ends in shame.
분노로 시작한 것은 부끄러움으로 끝난다. −벤자민 프랭클린

의무와 관련된 조동사

우리나라 학습자들이 가장 혼동하는 조동사가 바로 had better와 should입니다. 전자는 '…하는 게 낫다'라는 의미인데, 실제로는 약간 과장되게 이야기하자면 '…하는 게 네 신상에 좋을 거다'라는 느낌입니다. 대안이 존재하지 않고 하나의 결정을 가져야 한다는 것을 나타냅니다. 이에 반해서 should는 충고, 제안과 관련되어 있습니다. 중요한 것에 대해서 권유, 권고하는 것입니다. should와 ought to는 거의 같은 의미로 쓰입니다.

have to와 must에서 전자는 객관적인 판단에 근거하고, 후자는 주관적인 느낌이 아주 강하게 드러납니다. 그러므로 have to에는 겸손함까지 표현이 가능합니다. 예를 들면, I must go right now.는 '내가 아주 불쾌하다, 그래서 가야겠다'는 상황 설정이 가능하고, have to를 쓰면 '막차 시간에 맞추어야 하니 가야 한다'는 느낌을 전달할 수 있습니다.

had better는 '…하는 게 더 낫다'라는 뜻이 아니라 '선택사항이 유일무이하다', '이거 아니면 다른 대안이 없다'는 느낌입니다. 그러니 must를 100% 순도로 본다면 had better는 must보다는 약한 90% 정도의 강도입니다.

should는 '당연하다', '필요하다'라는 의미입니다. 이러한 당연함은 사회의 상식, 인간의 보편적 인식, 일반적인 지식을 배경으로 합니다. **따라서 should는 권고, 충고, 권면, 조언, 촉구, 대안 제시, 지도, 안내, 지시사항 등에서 사용되기 때문에 대인관계에서 사용 빈도가 매우 높다**고 할 수 있습니다. 제안, 요구, 충고, 권유, 명령 등을 나타내는 동사 혹은 important, vital, imperative, necessary 등의 형용사와 함께 that절 안에 등장한다는 것도 잘 알고 계실 것입니다. 그 이유는 should 자체에 권유·충고의 뉘앙스가 있고, 이성적 판단을 담고 있기 때문입니다.

> should는 우리가 생각하는 것보다 훨씬 부드러운 느낌입니다. 충고를 하거나 조언을 할 때 '이렇게 하는 게 좋아'라고 말하는 뉘앙스이니 자주 사용해 보세요.

조동사의 현재형과 과거형

조동사의 현재형과 과거형에 대한 인식은 조동사 이해의 핵심입니다. may와 might의 차이는 인식상의 거리감입니다. might를 약한 의미의 may라고 기억하면 됩니다. 화자나 청자가 may와 might의 거리감만큼 확실성이 떨어진다는 것을 기억해야 합니다. 따라서 더욱 완곡한 표현이 가능해집니다. might는 may에 비해서 덜 직설적이고 완곡하며 간접적인 의미를 가지게 됩니다. **이러한 대비는 can과 could, will과 would에서도 가정법을 배경으로 공통적으로 드러납니다.** 직접적인가, 완곡한가가 가장 중요한 기준인 것을 기억해 두면 되겠습니다.

> 조동사에서 현재형과 과거형은 시제와 상관있는 것이 아니라 인식, 마음의 거리감이라고 생각하는 것이 가장 중요합니다.

따라서 현재라는 것이 반드시 지금 이 순간과 상관이 있는 것이 아니라 대상에 대한 인식이라고 보아야 하고, 과거 역시 대상에 대한 인식이 현재보다 상대적으로 약화된 것으로 보아야 할 때도 있습니다.

이는 가정법의 발상과 맥락을 같이 합니다. 현실과 비현실의 차이처럼 직접적인가 간접적인가, 실재하는가 실재하지 않는가의 차이입니다. 따라서 화자가 어떠한 상황을 가정할 때 조동사의 과거형을 통해서 겸손, 약한 의지, 약한 추측 등을 나타내며 간접적인 태도, 입장, 판단, 주관을 드러내는 것은 당연한 것입니다.

CONDITIONALS

영어 학습자들이 가장 어려워하는 것 중 하나가 바로 가정법입니다. 가정법에 대한 오해가 상당히 많은데, 그 이유는 우선 가정법과거, 가정법과거완료와 같은 용어에서 나타나는 시간 개념과 가정법이 의미하는 시간이 전혀 다르기 때문입니다. 또한, 가정법이 실재하는 영역real과 실재하지 않는 영역unreal이 나뉘고 이 안에서 if절 동사의 시제에 따라서 의미가 다양하게 분류되기 때문에 그렇습니다. 즉, 실재하는 영역은 그것이 사실이거나true 그것이 그럴 법하게 일어날 수 있을likely 때를 말하며, 실재하지 않는 영역은 가능성이 희박하거나 unlikely 불가능할impossible 때 쓰이게 됩니다.

가정법은 우리가 생각하는 것보다 현실 속에서 자주 쓰는 말입니다.

정리하면, 가정법은 인식상의 거리감을 나타낼 수 있는 조동사를 통해서 화자의 태도, 입장을 나타내는 지극히 영어다운 장치입니다. 이러한 가정법은 실재하는 확실성과 상상 속의 비현실적 추정을 구별하기 위해 사용됩니다. 즉, 가정법에서 쓰이는 과거시제, 과거완료시제는 실제의 시간 개념이 아니라 인식 선상에서 대상에 대해 거리를 두는 것입니다. 따라서 가정법은 직설법에 비해 어감의 강도가 자연히 약화될 수밖에 없습니다. 말 그대로 직접적으로 표현하지 않고 가정했기 때문에 그렇습니다. 직설법의 확신과 가정법의 애매모호함은 다음과 같이 비교해 볼 수 있습니다. 확신이 아닌 추측, 사실이 아닌 의견, 실재가 아닌 상상, 단정이 아닌 겸손, 발생이 아닌 미발생, 객관이 아닌 주관, 실존이 아닌 추상, 직접적인 단언이 아닌 간접적인 애매모호함 등으로 대비가 됩니다.

가정법에서 조동사가 나와야 하는 이유를 아셔야 합니다. 가정도 말하는 사람의 태도와 입장이 드러나기 때문입니다.

조건문과 가정법은 다음의 형용사로 기억해 두면 근원적인 의미 파악에 매우 도움이 될 것입니다. true, likely, unlikely, impossible.

조건문: TRUE

조건문은 우리가 보통 말하는 조건을 말합니다. 그래서 **if절의 내용이 조건적으로 충족되면 주절이 사실**true이라는 것입니다. 따라서 if절과 주절에서는 현재시제, 과거시제 모두 사용할 수 있습니다.

- If you went out with Jinny, you took it for granted.
  지니와 사귀었다면 당연하다고 생각하겠지요.

- If a customer wants some iced coffee, he places an order here.
  고객이 아이스커피를 원하면 여기서 주문하게 됩니다.

예측: LIKELY

우리가 흔히 생각하는 '**…한다면**'은 **의미상 미래의 의미가 개입**되게 되어 있습니다. 선행절 if절에 의해서 어떠한 조건이 성립되면 주절이 '일어난다likely'라는 의미를 갖습니다. 보통 주절에서 will과 같이 쓰이게 됩니다.

- If you want to see her again, I'll let you know about her number.
  네가 만약 그녀를 다시 보고 싶어 한다면 그녀 번호를 알려 줄게.

- If you want to keep it a secret, I'll do that.
  비밀로 하고 싶다면 비밀을 지켜 줄게.

- If you don't learn English with me, there will be no date.
  나랑 영어 공부하지 않으면 이제 데이트 안 할 거야.

Success in the majority of circumstances depends on knowing how long it takes to succeed.
성공은 대부분의 경우 이루기까지 얼마나 걸리는지를 아는 것에 달려 있다.

-몽테스키외

가정법과거: UNLIKELY

조동사의 과거형은 대상에 대한 거리감입니다. 즉 시간상의 과거가 아니라 인식상의 거리감입니다. 따라서 가능성이 희박한 것을 논할 때 사용합니다. 특히 이러한 말 그대로의 가정적인 내용 때문에 희망, 소원, 바람을 나타낼 수 있습니다. **가정법과거에 대해서 가장 오해가 되고 있는 부분은 가정법과거가 현재 사실의 반대라고만 생각하는 것입니다.** 물론 현재 사실의 반대의 의미이기 때문에 상상하고 가정하는 것이기는 하지만, **미래의 상황, 어떠한 대안이 가지는 잠정적인 결과에 대해서 논할 수도 있습니다.** 따라서 가정법 과거는 현재의 의미뿐 아니라 미래의 의미도 갖는다는 것을 꼭 기억해야 합니다.

> 가정법 과거는 영어를 잘하기 위해 반드시 잘 익혀두어야 합니다. If절이 생략되어도 일반적으로 많이 사용된다는 것을 유념하도록 합니다.

- If I had some money, I'd definitely lend it to you.
  내가 돈이 있었으면 당연히 빌려 줬겠지.

- If I won the lottery this time, I would marry Jinny for sure.
  내가 만약에 이번에 복권에 당첨되면 나는 분명히 지니하고 결혼할 거야.

- If someone tried to do the background check on me, I would pay back.
  누가 내 뒷조사를 하려고 한다면 나는 복수할 거야.

- If this bill passed for the physically challenged, they could enjoy the benefits now more than ever.
  만약 장애인들을 위한 이번 법안이 통과되면 장애인들은 그 어느 때보다 혜택을 누리게 될 것이다.

가정법과거완료: IMPOSSIBLE

가정법과거완료는 이미 일어난 사실에 대해서 반대로 생각해 보는 것이기 때문에 가능성이 희박하다는 논리는 적용되지 않습니다. **이미 일어난 것에 대해 인식상에서 거리를 두고 반대로 가정해 보는 것이기 때문에 비사실적이고 비실재하는 것입니다.** 따라서 이미 일어난 과거 시점과 거리를 두기 위해 한 시제 앞선 대과거, 과거완료를 사용하게 됩니다. 비실재한다는 것에서 가정법과거와 가정법과거완료는 같은 맥락을 가지지만, 가정법과거는 그럴 법한 개연성 있는 상황을 다루기 때문에 이미 일어난 과거를 제외하고 현재와 미래를 나타낼 수 있으며, 가정법과거완료는 오직 과거 사실의 반대만 나타낼 수 있습니다.

> 가정법과거완료는 이미 사실이 아닌 것을 뒤집어서 생각하는 것입니다. 오직 과거 사실의 반대만 다룹니다.

- If Jinny had confessed earlier, things should have been totally different.
  만약 지니가 일찍 고백을 했더라면 상황은 전혀 달랐을 텐데.
- If I had confessed like that, she could have tried another job.
  만약 내가 고백을 했더라면 그녀는 다른 직업을 가질 수 있었을 텐데.
- If I had been faithful to her and her family, I would be happier now.
  만약 내가 그녀와 그녀의 가족에게 충실했다면 지금 더 행복할 텐데.
- If my plans had been more definite and honest, we could be together now.
  만약 내 계획이 분명하고 솔직했다면 우린 지금쯤 함께일 텐데.

가정법과거완료는 실제로 일어나지 않는 일을 반대로 가정하게 되므로, 과거 사실에 대한 추측, 원망, 후회, 아쉬움, 비난, 변명, 합리화, 감사 등을 표현할 수 있습니다.

- could have p.p.   할 수도 있었을 텐데, 할 수도 있었다
- should have p.p. 했어야 했는데, 했어야 했다
- would have p.p.   했을 텐데, 했을 것이다
- might have p.p.   할 수도 있었을 텐데, 할 수도 있었다

- My scores could have been terrible.
  내 점수가 엉망일 수도 있었어. (감사, 변명, 합리화 등)
- The beautiful lady could have married me.
  아름다운 그녀는 나와 결혼할 수도 있었어. (후회, 원망, 비난 등)
- The government could have invested a lot of money but didn't.
  정부는 막대한 자금을 투자할 수 있었지만 그렇게 하지 않았다. (비난, 원망 등)
- Actually, I could have been with you more. I should have been.
  사실 난 너와 더 함께할 수 있었어. 그랬어야 했어. (후회, 원망 등)
- Yes, I know. You should have. But I'm with you, and I will be forever.
  알아. 그래야 했어. 그래도 지금 함께잖아. 언제나 함께할 거야. (아쉬움, 후회 등)
- The offer of free delivery should have been made earlier.
  무료 배송의 제안이 더 일찍 이루어졌어야 했어요. (비난, 후회, 아쉬움 등)

영어에서 정말 자주 나오는 구문이지만 평소에 유념해서 익혀두지 않으면 매우 까다롭습니다.

- The research grant awarded by Global TeachMe should have been delivered to Jinny by now.
  지금쯤이면 글로벌 티치미에서 수상한 연구비를 지니가 받았을 겁니다. (예측, 감사 등)

- The philosophy of the greatest wisdom would have been the common sense of the very generation.
  그 위대한 지성이 바로 그 세대의 상식이 됐을 텐데. (추측, 아쉬움 등)

- David might have seen her tie the knot with all smiles.
  데이비드는 그녀가 웃으면서 결혼하는 것을 봤을 수도 있을 텐데. (추측, 아쉬움 등)

- A lot of quality time might have been spent with you back in our twenties.
  정말 좋은 시간을 우리 20대에 함께 보낼 수 있었을 텐데. (추측, 아쉬움 등)

TENSE

이 책에서 시제를 모두 다룰 수는 없습니다. 그 내용의 방대함 때문만이 아니라 매우 전문적인 내용이기 때문에 그렇습니다. 그럼에도 불구하고 다루는 내용은 일반적인 문법서나 독해서에서 다루어지지 않지만 독해를 할 때 꼭 알아 두어야 하는 것입니다. 꼭 익혀 두기를 바랍니다.

현재진행시제

현재진행시제는 어떤 동작이나 행위가 진행 중이라는 의미를 가집니다. 따라서 미완결된 행위, 확정적이지 않은 잠정적이고 일시적인 상황, 가까운 미래에 예정된 일, 어떠한 상황의 변화, 발달, 추세 등을 나타냅니다.

미래진행시제

미래의 어느 시점에서 어떤 동작이나 행위가 으레 당연히 일어날 것이라고 기대되는 것, 혹은 늘 반복적으로 하는 일이 미래에도 이루어질 것이라고 기대할 때 미래진행시제를 사용합니다.

현재완료진행시제

현재완료시제에 진행의 의미가 더해져서 상당한 시간의 경과, 과거의 어떤 사건이 여전히 그 효과나 영향이 유효하다는 것을 나타낼 때 현재완료진행시제를 사용합니다.

평소에 현재완료를 중심으로 다양한 시제가 있다는 것을 공부해야 합니다.

과거완료시제

화자의 기준 시점이 과거이고 그 앞에 일어난 사건과의 관계를 드러내기 위해서 과거완료시제를 사용합니다. 특히 시간적 선후관계를 분명히 밝혀 주거나, 시간적 선후관계가 인과관계가 되어 중요한 결과를 낳게 될 때, 혹은 시간적 선후관계로 인해서 화자가 원하는 바가 성취되지 않았을 때 가정법과거완료의 대용의 의미로 사용됩니다. 또한 과거완료시제는 시간적으로 선행하는 이유를 나타내는 because의 종속절에 사용되거나 선행사인 명사를 수식하는 시간적으로 선행하는 관계절에서 자주 발견됩니다.

영어에서는 다양하게 겸손함이나 잠정적으로 판단하거나 판단을 유보하는 느낌을 전달합니다. 비즈니스, 외교, 법률이 발달하면서 생긴 자연스러운 영어의 발달 역사입니다.

비단정적인 진행시제

진행시제가 가지는 잠정성 때문에 단정적인 의미가 아닌 비단정적인 의미가 됩니다. 즉, 자신의 판단이 확정되지 않은 일시적인 판단임을 표현함으로써 상대방에게 판단의 여지를 열어 주는 표현을 할 수 있게 됩니다. 다시 말해서 화자(필자)가 청자(독자)에게 현재의 판단이 일시적이고 언제든지 현재의 판단이 바뀔 수 있다는 것을 전달함으로써 덜 단정적인soften 의미를 가지게 됩니다. 현재진행시제보다 과거진행시제가 거리감으로 인해서 의미가 희석되며 현재시제에 대비해서 과거시제 역시 그러한 거리감을 가지게 됩니다.

영어에서는 겸손함, 잠정적 판단, 판단 유보 등의 느낌을 다양하게 표현합니다. 비즈니스, 외교, 법률이 발달하면서 생긴 자연스러운 영어의 발달 역사입니다.

Art is never finished, only abandoned.
예술은 결코 완성되지 않는다. 다만 미완의 상태로 포기가 될 뿐이다.
―레오나르도 다빈치

SEMICOLON vs. COLON

영어에서는 구두점 용법이 상당히 세밀하게 발달되어 있습니다. 간결하면서 명확한 의사 전달을 하려는 영어의 경제성 때문입니다.

SEMICOLON

1 독립절 사이에 등위접속사가 없을 때

- The aftermath is very critical; The soldiers who had participated in the war have suffered from posttraumatic stress disorder.
  후유증은 매우 심각하다. 전쟁에 참여한 병사들은 외상 후 스트레스 장애로 고통을 겪고 있다.

- A new device may help diabetics; it can analyze glucose for diabetologists.
  새 기계는 당뇨병 환자에게 도움이 될 것으로 보인다. 이 기계는 당뇨병 의사들을 위해 포도당을 분석할 수 있다.

> 세미콜론은 접속사 역할을 한다고 생각하면 편합니다. 우리말에는 아예 쓰지 않는 표현이므로 유념해야 합니다.

2 등위접속사로 결합된 등위절이 길거나 등위절 안에서 콤마가 사용되었을 때

- The question was broached by an anonymous reader; the answer will be solved by one of our columnists; the situation of the matter will be either getting better or worse.
  이 문제는 어떤 익명의 독자에 의해서 제기되었다. 해답은 우리 신문의 특별기고가 중 한 명이 할 것이다. 문제에 대한 상황은 호전되거나 악화될 것이다.

- The bureaucracy consists of functionaries; the aristocracy, of idols; the democracy, of idolaters; the 21st century of post-modernism, of iconoclasts.
  관료주의는 관리들로 구성되고, 귀족주의는 우상들로 구성되며, 민주주의는 우상 숭배자들로 구성된다. 오늘날 포스트 모더니티의 21세기는 우상 파괴주의자들로 이루어진다.

- Several factors may cause problems: the information is very available, but it is scattered in several documents; the directory, not well organized; titles, inconsistent.
  몇몇 요인들은 아마도 문제를 야기할 것이다. 그 정보는 매우 유용하지만, 여러 문서들로 흩어져 있다. 디렉터리는 제대로 구성되어 있지 않다. 제목들은 일관성이 없다.

3 접속부사로 연결된 등위절을 구분할 때

- I think; therefore, I am.
  나는 생각한다. 고로 나는 존재한다.

- We had a few small problems; however, the meeting went quite well.
  우리는 작은 문제점들을 가지고 있었다. 그러나 미팅은 꽤 순조롭게 진행되었다.

이때 사용될 수 있는 접속부사로는 however, moreover, therefore, consequently, otherwise, nevertheless, thus, still, hence, indeed, then, namely, likewise 등이 있습니다. 이들은 **크게 이유, 대조, 인과, 부연 설명의 네 가지로 분류**할 수 있습니다. 특히 **접속부사가 생략되어 있을 때 세미콜론을 앞서 말한 네 가지를 주로 적용해서 해석**해야 하므로 잘 익혀 두어야 합니다.

COLON

콜론을 사용하는 이유 역시 간결하면서 명확한 의사 전달을 하려는 영어의 경제성에서 비롯된 것입니다. 독해를 할 때 특히 자주 등장하는 콜론의 용법을 제대로 알아야 글의 맥락을 바로 이해할 수 있습니다.

1 동격을 표시하거나 앞 문장의 내용을 확대, 반복, 설명, 강조, 인용할 때

> 콜론은 예를 들거나 다시 설명하거나 반복할 때 사용됩니다.

- Make sure that you may be fat: you have to have a balanced diet or do some sit-ups every day.
  당신이 비만이 될 수 있음을 명심하라. 균형 있는 식단을 가져야 한다. 윗몸 일으키기를 매일 하는 것도 좋은 방법이다.

- Think about the impact: What will it do to our atmosphere?
  충격에 대해서 생각해 보라. 그것은 우리의 대기에 어떠한 영향을 미칠까?

- I have a dream: It is a vision about being an empathic reader and inspiring writer.
  나는 꿈이 있다. 그것은 감정 이입을 하는 독자인 동시에 생기를 주는 작가이고픈 비전이다.

- The doctor gave me propitious advice: Go for a walk to refresh your mind.
  의사는 내게 호의적인 조언을 했다. 마음을 새롭게 하기 위해 산보를 하라고 권했다.

- David Chong is a columnist who is really interested in English education: He writes stories, especially about an English-learning methodology under EFL(English as a Foreign Language) circumstances.
  David Chong은 영어 교육에 지대한 관심을 가지고 있는 칼럼니스트이다. 특히 EFL 환경 하에서의 영어 교육 방법론에 관한 글을 주로 쓴다.

- Air traffic controllers need to keep their minds focused: they have hundreds of lives in their hands.
  비행 조종사는 마음을 집중해야 한다. 그들의 손에 수백 명의 인명이 좌우된다.

- Consider the words of President Kennedy: "Liberty without learning is always in peril and learning without liberty is always in vain."
  케네디 대통령의 말을 생각해 보자. "배움이 없는 자유는 언제나 위태롭고, 자유 없는 배움은 늘 헛되다."

이때 콜론 앞에는 완전한 문장이 와야 합니다. 콜론 앞의 내용이 완전한 문장이 아닌 경우, 콜론 대신 콤마를 써야 합니다.

2 연속적으로 나열되는 항목(특히 the following, as follows)이 등장할 때

- Before we leave for vacation we need to do three things as follows: water the plants, stop the milk, and leave a key with the neighbor.
  휴가를 떠나기 전에 우리는 다음의 세 가지 일을 해야 한다. 화초에 물을 주어야 하고, 우유를 끊어야 하며, 열쇠를 이웃에게 맡겨야 한다.

- When you go to the store, please buy the following things: three notebooks, a dozen pencils, and some cigarettes.
  가게에 가면 다음 세 가지를 사다 줘요. 노트 3권, 연필 한 다스, 담배요.

3 격식을 차린 편지 서한, 시간 표시, 제목, 부제목의 구분, 성경, 비율을 나타낼 때

- Dear Jinny Kim:
- 1:45 AM
- The World-Best Columns: A Guideline to Becoming a Good Reader
- Philippians 4:13
- 4:1

콜론과 세미콜론 차이의 이해

콜론을 사용할 때는 콜론 앞에 나온 절이 완전한 문장(주어, 동사가 명시되어 있는 형태)이어야 합니다. 그리고 뒤에 나오는 문장은 이 앞의 문장과 동격이거나 구체적인 설명, 부연을 하는 데 쓰입니다. 또한 뒤에 나오는 문장은 반드시 완전한 문장의 형태일 필요는 없습니다. 그러나 세미콜론은 앞과 뒤의 문장이 같은 중요도를 갖는 경우가 많습니다. 세미콜론의 앞과 뒤는 거의 항상 완전한 문장의 형태이어야 합니다.

영자신문으로

잉글리시
파워리딩
트레이닝

이코노미스트 칼럼으로 영문 독해 훈련

PART 2
Signals & Statement
시그널 & 스테이트먼트

명제 분석
Statement Analysis

Statement is one of the smart tips for your life. 명제는 인생의 꿀팁입니다.

대상을 판단하는 4가지 기준

명제는 각양각색의 판단을 담는 형식입니다. 우리는 부지불식간에 혹은 의식적으로 명제를 통해 생각을 형성하고, 때로는 대상에 대한 가치 판단을 하기도 하며, 때로는 논쟁을 통해 시시비비를 가리거나 설득을 하기도 합니다.

흔히들 '다르다'와 '틀리다'를 혼동하지 말자고 합니다. 다른 것에 대해서 그것을 틀리다고 생각하는 편견이나 선입견을 경계하자는 의미이겠지요. 우열을 가리거나 선악의 구도로 연결하는 것을 경계하자는 의미가 될 것입니다.

대상을 판단하는 4가지 기준은 '같다-다르다', '맞다-틀리다', '좋다-나쁘다', '옳다-그르다'로 나눌 수 있습니다. 여기서 '같다-다르다', '맞다-틀리다'는 사실이나 진위 여부와 관련된 것으로 객관적으로 판단이 가능한 기준입니다. '좋다-나쁘다'는 대상에 대한 가치 판단입니다. 대상에 대한 인간의 호불호가 드러나는 부분으로 사실 여부나 진위를 따지는 것이 아니기 때문에 개인의 가치관에 따라서 판단이 달라질 수 있습니다. 마지막으로 '옳다-그르다'는 윤리관에 의한 판단 기준입니다. 어떤 것을 해야 한다, 하지 말아야 한다는 주장은 자칫하면 갈등을 해결하지 못하고 오히려 갈등을 조장할 수도 있습니다.

우리가 이렇게 명제를 구별하는 이유는 의외로 간단합니다. 실제로는 대개의 오해는 이러한 미묘한 차이의 기준을 혼동하여 생기기 때문입니다. 위의 4가지 기준과 그 안의 8가지 요소가 서로 어울려서 공감과 소통을 하고 때로

> 명제는 인생의 다양한 단면입니다. 팩트, 가치관, 주장과 설득이 모여서 인생을 이룹니다.

> 흔히 '틀리다'와 '다르다'를 사람들이 혼동합니다. 다름을 인정하는 것이 더불어 살아가는 사람살이의 올바른 모습입니다.

는 오해를 낳게 됩니다. 비단 영어로 된 글이 아니라, 모든 말과 글에서, 그리고 삶 속에서 이들이 등장한다는 것을 여러분은 알고 계셨는지요.

명제의 종류

사실명제 (같다–다르다, 맞다–틀리다)

사실명제는 객관적으로 어떤 사람이든 옳다고 생각하는 내용을 드러낸 판단문으로 사실이나 진위의 여부 등이 판단 가능한 명제입니다.

보통 논설문에서는 가치 판단이나 당위적 주장에 대한 논거로 쓰여서 사실논거라고 말하기도 합니다. 논설문이 설득력을 갖기 위해서는 주장을 강조하는 것보다 얼마나 객관적인 사실을 충분하게 제시하느냐가 중요합니다. 다시 말해서 사실명제라는 논리적 근거를 통해서 자신의 가치 판단이나 주장을 얼마나 강화하는가가 논설문의 핵심인 것이죠.

> 글의 설득력은 주장이 얼마나 강하느냐가 아니라 팩트가 얼마나 충분히 제시되었는가에 의해 좌우됩니다.

- Although new technologies are often adopted by a small minority of people in poor countries, they then fail to achieve widespread diffusion, so their benefits do not become more generally available.
  신기술이 빈국 내 소수의 국민들에 의해 종종 채택되지만 그 신기술들은 널리 확산되지 못하여 그 혜택이 더 널리 공유되지 않는다.

  해설 위의 내용은 객관적으로 사실이나 진위 여부를 판단할 수 있다. 신기술이 채택됨에도 확산이 되지 않기 때문에 혜택을 널리 공유할 수 없다는 취지이다.

- All the "advances" that make our lives easier, such as ecommerce, remote controls, and elevators, are the main factors that have caused the current epidemic of obesity and related diseases.
  우리의 삶을 보다 살기 편하게 해주는 모든 "발전", 이를테면 이커머스, 리모컨, 엘리베이터 같은 것들이 현재 비만이 만연해지고 관련된 질병들을 야기하는 주요 요소이다.

  해설 발전의 양상을 예로 들면서 비만과 관련 질병의 원인을 밝히고 있는 사실명제이다. 어떤 주장을 하기에 앞서 인간의 삶을 용이하게 해주는 발전이 인간 건강이 악화되는 원인이 됨을 규명하고 있다.

가치명제 (좋다-나쁘다)

가치명제는 주관적인 호불호를 자신의 가치관에 따라 진술하는 판단을 의미합니다. 좋고 나쁨, 미추, 유용성 등을 판단하는 것을 말합니다.

보통 논설문에서는 가치명제가 주로 대상의 유용성으로 나타나게 됩니다. 논설문에서 유용성을 판단하는 경우는 ① 필자가 다루고자 하는 주제의 가치를 판단하는 경우, ② 자신이 비판하고자 하는 기존 대안에 대한 유용성을 가늠하는 경우, ③ 자신이 제시하는 차별화된 대안의 차별성을 부각하고자 하는 경우, ④ 다루고자 하는 문제 상황의 심각성을 제시하고자 하는 경우, 이렇게 크게 4가지로 나타나게 됩니다.

가치명제는 자신이 주장하고자 하는 당위명제에 이르기 위한 전제 역할을 합니다. 즉, 어떤 주장을 하기 위해서는 사안에 대한 가치 판단이 선행되어야 한다는 것이 포인트입니다. 당위적 진술은 글에서 선명하게 드러나지만, 가치 판단의 경우 선명하게 드러날 때도 있고 암묵적으로 표현되는 경우도 있으므로 유의해서 글을 읽어야 합니다. **필자의 주장을 읽기에 앞서 어떤 가치 판단을 통해서 주장하는 바로 독자를 이끌고 있는지를 주의 깊게 살펴보아야 합니다.**

> 주장을 찾기 이전에 필자의 가치관, 기준, 성향을 파악하는 것은 필자의 의도를 정확하게 파악하기 위해 반드시 필요한 일입니다.

- A country's capacity to absorb and benefit from new technology depends on the availability of more basic forms of infrastructure.
  한 나라의 신기술을 흡수하고 신기술의 혜택을 누릴 수 있는 능력은 더 근본적인 인프라의 가용성에 달려 있다.

  해설 이 문장에 가치 판단을 하는 표현이 무엇일지 생각해 보자. 바로 available(이용할 수 있는, 유용한)의 명사형인 availability이다. 즉 더 근본적인 인프라를 이용할 수 있는가에 대한 가치 판단을 통해서 결국 필자는 보다 기본이 되는 인프라 구축을 역설할 것임을 알 수 있다.

- Recent months have seen an unusual and seemingly meaningless surge of mergers and acquisitions.
  최근 몇 달간 평소와 다르고 겉보기에 의미가 없는 인수 합병이 있어 왔다.

  해설 영어에서 가치 판단은 주로 상태나 성질을 나타내는 형용사로 드러난다. 인수 합병에 대해 특이하고 의미 없다는 판단을 하고 있는 것으로 보아 인수 합병이 규제되어야 한다는 내용이 이어 나올 수 있음을 예측할 수 있을 것이다.

당위명제 (옳다-그르다)

마지막으로 당위명제는 필자가 해당 사안의 가치 판단을 통해서 바람직한 방향으로 유도하고 설득하려는 명제를 말합니다. '옳다-그르다'에 대한 판단이기 때문에 일정한 윤리적 판단을 전제로 하며, 독자를 설득해야 하기 때문에 반드시 사실명제를 논리적 근거로 삼아야 하고 필자의 가치관에 근거한 가치 판단이 드러나는 가치명제를 수반합니다. 흔히 팩트라는 말을 쓰게 되는 이유는, 팩트는 주장이나 결론의 근거가 되기 때문입니다. 따라서 사실 제시와 논지 제시를 구별할 필요가 있습니다.

해당 사안에 대해서 옳고 그름, 즉 적절성을 판단하기 때문에 반드시 논리적 근거는 사실에 근거해야 합니다. 주장만 앞서게 되면 그 주장의 강렬함만큼 설득력을 잃게 될 것입니다. **따라서 당위명제를 제시할 때 그 배경이 되는 사실명제와 필자의 가치 판단이 드러나는 가치명제를 본문에서 살펴봐야 합니다.**

당위명제의 유형은 크게 3가지로 분류할 수 있습니다. 첫째로 어떤 정책(조치)의 실제 실행(집행) 여부를 따지는 경우 '사실명제'에 근거해서 사실이나 진위 여부를 규명하게 됩니다. 둘째로 해당 정책(조치)의 유용성, 유효성, 실효성을 따지는 경우 '가치명제'에 근거해서 그 효과를 검증하게 됩니다. 셋째로 정책(조치)의 정당성, 옳고 그름을 따지는 경우에는 '당위명제'에 근거해서 정당성을 규명하게 됩니다. 즉 당위명제의 전제는 사실명제, 가치명제, 당위명제 모두가 될 수 있음을 유의해야 합니다.

> 당위명제는 must, should, have to, need to, 명령문 등의 process 진술방식으로 나타나기 때문에 글 안에서 찾기가 쉽습니다.

- **To go high-tech, you need to have gone medium-tech first.**
  첨단 기술을 이룩하기 위해서는 먼저 중간 단계 기술을 거쳐야 한다.

  해설 첨단 기술을 실현하기 위해서 선행해야 할 필요조건이 중간 단계 기술의 실현임을 당위적으로 주장하고 있다. 이러한 주장을 하기 위해서는 중간 단계 기술의 유용성을 검증하고 중간 단계 기술 실현이 실제로 어떤 양상으로 드러나는지에 대해서 먼저 설명이 되어야 할 것이다. 따라서 사실명제와 가치명제가 전제가 되어야 한다.

- **The education ministry should plan to set up the network to offer online classes for children who are slow for their performance.**
  교육부는 성적을 내는 데 더딘 아이들을 위해서 온라인 수업을 제공할 수 있는 네트워크를 설립하는 계획에 착수해야 한다.

  해설 본문에서 앞서 배운 사실명제, 가치명제를 추론해 보도록 하자. 우선 성적이 불량한 학생들의 양상, 온라인 수업을 제공하는 네트워크 설립의 유용성, 네트워크와 같은 인프라를 확충하는 데 있어서 정부 기관의 역할, 교육부가 네트워크를 설립해야 하는 구체적 이유와 그 역할에 대한 가치 판단 등 실로 다양한 사실명제, 가치명제, 당위명제가 수반될 수 있음을 알 수 있다.

사실명제, 가치명제, 당위명제의 논리적 관계

논설문에는 반드시 필자의 주장이 드러나게 되어 있습니다. **논리적으로 설득하는 것이 목적이니만큼 해당 사안에 대해서 설득력을 더하기 위해서는 철저하게 사실에 입각**해야 합니다. 사실을 충분하게 제시해야 논리적으로 객관적인 설득력을 확보할 수 있습니다. 또한 **당위적으로 주장하기 위해서는 반드시 해당 사안에 대한 일정한 가치 판단을 전제하게 된다**는 것을 알아 두어야 합니다.

논설문은 핵심 주제에 대해서 단일한 논점을 가지고 주장을 전개해야 합니다. 그래서 당위명제는 단일한 주장(물론 구체적인 정책은 복수로 열거될 수 있지만 주제 의식은 단일해야 논리적 설득력을 담보할 수 있다.)으로 드러나고 이를 뒷받침하는 사실명제, 가치명제는 복수로 제시됩니다.

하나의 주장을 세우기 위해 다양한 사실명제와 가치명제가 동원됩니다. 주장은 선명하게 제시되기 때문에, 주장을 중심으로 가치 판단과 사실이 어떻게 논리적으로 구성되는지를 아는 것이 중요합니다.

주장 당위명제
(하나로 제시된다.)
정책 1, 정책 2, 정책 3, …

근거 사실명제, 가치명제
(충분하게 제시된다.)
사실명제 1, 사실명제 2, 사실명제 3, …
가치명제 1, 가치명제 2, 가치명제 3, …

Nothing is more difficult and therefore more precious,
than to be able to decide.

결정할 수 있는 능력보다 더 어려운, 그래서 더 소중한 것은 없다. -나폴레옹

명제 분석의 구체적 적용

- Although new technologies are often adopted by a small minority of people in poor countries, they then fail to achieve widespread diffusion, so their benefits do not become more generally available.
  사실명제 (Factual): 신기술이 후진국 내 소수의 국민들에 의해 종종 채택되지만 그 신기술들은 널리 확산되지 못하여 그 혜택이 더 널리 공유되지 않는다.

  [해설] 문제 상황을 사실명제를 통해 제시함으로써 향후 논의할 신기술 확산에 영향을 끼치는 요인과 그 요인의 유용성에 대해 검증할 것임을 알 수 있다. 선진국과 후진국의 결정적 차이는 신기술 혜택의 광범위한 공유의 유무인데 이러한 혜택의 공유 범위에 영향을 끼치는 요인이 있으며, 그 요인이 혜택의 유무를 결정하기 때문에 중요하고 유용하다는 유용성 검증이 수반되어야 한다.

- A country's capacity to absorb and benefit from new technology depends on the availability of more basic forms of infrastructure.
  가치명제 (Evaluation): 한 나라의 신기술을 흡수하고 신기술의 혜택을 누릴 수 있는 능력은 더 근본적인 인프라의 가용성에 달려 있다.

  [해설] 더 근본적인 인프라를 이용할 수 있는지의 여부에 대해서 언급함으로써 결국 근본 인프라 구축의 필요성을 역설하고 있다. 가치명제는 어떤 의미에서는 결국 당위명제와 궤를 같이한다는 것을 알 수 있어야 한다. 즉, 어떤 사안에 대한 가치 판단을 한다는 것은 결국 그 사안을 실현해야 한다, 혹은 규제해야 한다는 주장을 함축하고 있기 때문이다.

- To go high-tech, you need to have gone medium-tech first.
  당위명제 (Dos and Don'ts): 첨단 기술을 이룩하기 위해서는 먼저 중간 단계 기술을 거쳐야 한다.

  [해설] 앞서 이야기한 가치명제의 당위적 진술이 이어지고 있다. 첨단 기술의 혜택을 공유하기 위해서는 중간 단계 기술이 필요하다는 것을 당위적으로 주장하고 있다.

신호어
생각으로 신호를 보내는 방법
Signal Words
Signaling Your Mind

Light! Camera! Action! 조명! 카메라! 액션!

【글의 논리적 구조】

글의 논리적 구조는 크게 세 가지로 분류할 수 있습니다. 이 세 가지의 구조는 각각 독립적이지 않고 상호적으로 협응하면서 글의 논리적 구성에 기여합니다. 주제문과 신호어는 글의 구조를 만드는 것에 기여하고, 명제는 글의 맥락을 형성하는 데 기여합니다.

> ❶ **주제문을 중심으로**: 주제문과 주제문을 뒷받침하는 문장들
> ❷ **신호어를 중심으로**: 인과관계, 대조/비교, 프로세스, 예시를 통해서 구조화
> ❸ **명제를 중심으로**: 사실명제, 가치명제, 당위명제를 통한 명제의 연속

건축물을 만들 때 조감도와 설계도가 있는 것처럼, 글을 쓸 때도 신호어를 골격으로 글이 만들어집니다. **신호어는 말 그대로 글의 성격을 알려 주는 장치입니다.** 글의 내용을 파악하기 위해서는 글을 담아내는 형식에 주목해야 합니다.

주된 진술 방식은 인과관계, 대조/비교, 프로세스, 예시의 4가지입니다. 여기에 각각의 내용이 열거될 수 있습니다. 열거는 내용적인 측면에 근거한 진술 방식은 아니기 때문에 인과관계, 대조/비교, 프로세스, 예시의 4가지만 분명히 알아 두면 신호어를 기반으로 논리적인 독해를 할 수 있습니다.

신호어를 기반으로 하는 진술 방식을 알게 되면 가장 좋은 것은 주제문을 정확하고 신속하게 파악할 수 있게 된다는 것입니다. 정확함을 위해서 노력하면 자연스럽게 빨라지게 되어 있습니다. 빨라지려고만 한다면 정확성을 놓치기 쉽지만 정확하기 위해서 노력한다면 자연히 스피드는 생기기 마련입니다.

보통 주제문은 하나의 단락 내에서 중심적 사상을 한 문장으로 표현하기 때문에, **주제문을 통해서 말하고자 하는 주제를 분명하게 전달하고 뒷받침하는 세부사항을 통해 예를 들어 설명하거나 주장을 입증하거나 해당 내용을 부연하게 됩니다. 원인과 결과를 바탕으로 한 인과관계, 두 사물(개념/대상 등)의 차이점을 설명하거나 유사점을 밝히는 비교, 글쓴이의 주장(판단/견해/입장/태도)을 보여주는 프로세스, 언급된 사실이나 주장(정보)을 더욱 분명하게 하거나 상세화하는 예시를 통해서 주제문이 구조적으로 밝혀지게 되어 있습니다.**

주제문은 인과, 대조/비교, 프로세스, 예시를 통해서 내용 이전에 형식으로 글에서 눈에 띄게 보이기 마련입니다. 글의 맥락을 정확하게 파악하기 위해서는 이러한 주된 진술 방식을 중심으로 글을 파악해야 합니다.

열거는 진술방식 자체에 의미가 있지 않습니다. 어떤 진술방식을 '충분하게' 나열하는 장치입니다. 원인을 나열하거나, 예를 든 것들을 열거한다든지 내용을 충분히 제시하기 위한 장치입니다. 글에서 열거의 신호어가 보이면 주변을 살피시기 바랍니다.

이외에도 정의definition, 시간 순서chronological, 공간spatial, 묘사description 등이 있지만, 정의의 경우 진술방식에 결정적으로 기여하지는 못하며, 나머지 시간 순서, 공간, 묘사는 글의 논리성과는 거의 상관없습니다.

프로세스는 주장 자체로 이해하면 간단합니다. 글의 논리성이 인과관계의 대조, 예시, 열거 등으로 강화된다고 생각하면 쉽습니다.

예시의 진술 방식이 등장하면 그 앞의 문장이 보통 단락 내 주제문이 됩니다. 글을 빨리 파악하는 꿀팁입니다.

The arrow shot by the archer
may or may not kill a single person.
But stratagems devised by a wise man
can kill even babes in the womb.
궁수가 쏜 화살은 한 사람을 죽일 수도 있고 죽이지 못할 수도 있다.
그러나 현자가 생각해 낸 전략은 자궁 속의 아기도 죽일 수 있다.
-카우틸리아

CAUSE&EFFECT 인과관계

reason	explanation	why
for	so	therefore
as a result	that's why	because
consequently	since	now that
in that	on account of	owing to
out of	due to	cause
enable	allow	permit
encourage	help	lead to
give rise to	create	generate
contribute to	account for	trigger
produce	invite	make
bring about	effect	because
so/such that	affect	influence
impact	factor	consequence
implication	grounds	motive
stem from	originate from	come from
derive from	thus	hence
accordingly	attribute	then
by	through	depend on
in order to	significant	needed
urgent	so that	as a consequence
be decided by	be related to	be connected with
be bound up with	be associated with	have sth to do with
be based upon	be forced	result in/from
be compelled to	be bound to	be responsible for
be determined by		

CONTRAST/COMPARE 대조/비교

비교급	like	alike
similar	as well	too

also	nor	neither
the same	compared to	likewise
as … as	but	virtually
yet	nevertheless	however
still	even so	nonetheless
in contrast	while	whereas
opposite	contrary to	different from
differ from	distinguish	in practice
contrast	actually	although
practically	in effect	with all
in fact	though	instead
regardless of	for all	despite
irrespective of	today	in spite of
far from	on the contrary	have sth
on the other hand	tell the difference	as a matter of fact
without regard to		

PROCESS 프로세스

should	have to	must
need to	ought to	process
method	technique	way
step	how to	명령문
first	second	third
be supposed to	be required to	then
finally		

EXAMPLE 예시/예증

for example	for instance	such as
like	illustration	and so on
especially	including	include

LISTING 열거

kinds	first	second
third	last	next
finally	also	furthermore
moreover	in addition	besides
what is more	above all	first of all
for one thing	to begin with	some
others	other	still others
one	another	many
several	a few	numerous
as well as	different	various
not to mention	not to speak of	let alone
together with	most importantly	along with

more than anything else

not only (just) ⋯ but also

CHRONOLOGICAL 시간 순서

now	later	next
soon	then	previously
formerly	날짜	년
월	일	

DEFINITION 정의

define	definition	mean
meaning	be동사	imply

원인과 결과:
생각을 멋지고 논리적으로 풀어내는 방법

CHAPTER 03

Cause & Effect:
How to idea your thinking nice and logical

I think you get the idea, finally. 이제는 알게 되실 겁니다.

인과관계 (CAUSE & EFFECT)

인간은 궁금함을 참지 못하게 되어 있습니다. 참을 수 없는 궁금증이 야만을 뚫고 문명이라는 것을 성취했다고 해도 과언이 아닙니다. 인간의 사유와 학문의 핵심은 바로 원인, 원리에 대한 탐구입니다. 우리 인간이 학문을 탐구하고 추구하는 근본적인 이유는 인간의 경험은 그 자체로 진리를 드러내지 못하기 때문입니다. 우리가 오감으로 경험하는 것은 사물의 근원이 아닙니다. 나뭇가지가 흔들리는 것은 나무 자신이 몸을 흔드는 것이 아니라 바람이 흔드는 것처럼, 우리는 나무가 흔들리는 것을 보고 듣지만 바람이 불어오는 근원에 대해서는 구체적으로 알지 못합니다.

우리가 경험하는 것은 겉으로 드러나는 결과이기 때문에 결국 원인을 알고자 하는 호기심을 가지게 됩니다. 따라서 원인에 대한 연구와 탐구, 나아가 근원적인 호기심은 우리의 가장 본연의 모습입니다. 어떠한 결과가 있을 때 그 결과를 가능하게 하는 원인에 대해 생각하게 되는 것, 그리고 원인과 결과가 일정한 관계를 이룬다는 생각이 인간의 몸과 마음과 머리, 그리고 DNA에 새겨져 있는 것이죠.

감각을 불신하게 되면서 인간 이성의 신뢰가 싹트게 되었습니다.

인과관계는 두 가지로 이루어집니다. 하나는 어떠한 일이 있을 때 이것을 유발한 원인이 무엇인가에 대해서 다루는 원인을 파악하는 논리와 다른 하나는 어떠한 일의 결과가 무엇인가에 대한 결과를 파악하는 논리입니다. 전자의 경우는 흔히 어떤 문제 상황이나 사람들의 관심을 끌 만한 사안을 제시하고 그에 대한 원인을 규명하는 논리로 글이 전개됩니다. 이때 모든 원인을 균형 있게 다루는 경우도 있으나, 보통은 필자가 판단했을 때 가장 중요하다고 생각하는 주요 원인을 다루게 됩니다. 후자의 경우는 원인이 되는 것을 미리 전제하고 이에 따른 결과를 설명하거나 이러한 원인으로 야기될 수 있는 결과를 미리 예측하는 논리로 글이 전개됩니다.

인과관계를 나타내는 글은 대표적으로 문제 상황을 제시하고 이에 대한 원인을 분석하고 이를 통해 해결 방안을 제시하는 패턴으로 되어 있습니다. 이는 논설문의 가장 기본이 되는 패턴입니다.

> 논제와 관련된 핵심 현상
> ↓
> 그 현상의 문제점이나 한계(혹은 본질)
> ↓
> 문제나 한계의 원인 분석
> ↓
> 원인 분석에 따른 대안
> ↓
> 대안의 의미와 타당성의 흐름

이 패턴이 가장 전형적인 논설문의 방식입니다. 이 책에 수록되어 있는 〈The Economist〉를 비롯한 대부분의 유명 해외 언론, 그리고 국내 수준 있는 언론도 이런 방식으로 글을 전개하는 것이 일반적입니다.

We shall find the answer when we examine the problem, the problem is never apart from the answer, the problem IS the answer, understanding the problem dissolves the problem.

우리는 스스로 문제점을 찾고 이를 검토하면서 진실을 찾을 수 있을 것이다. 문제와 해답은 결코 동떨어진 것이 아니다. 문제가 바로 해답이다. 문제를 이해하면 해결될 것이며 답을 얻게 될 것이다.
—부르스 리

인과관계 동사

원인 → 결과: 유발하다, 발생시키다, 책임이 있다, 만들다

> cause, bring about, give rise to, lead to, result in, make, provoke, trigger, precipitate, spark, touch off, produce, generate, elicit, enable, allow, help, permit, be responsible for, account for, be accountable for, contribute to, have an effect [influence, impact] on, affect, influence, etc.

- The earthquake in Japan resulted in many thousands of death of its citizens
  일본 내 지진으로 인해서 수천 명의 일본 국민이 사망하였다.

- It has enabled developing countries to skip the fixed-line technology of the 20th century and move straight to the mobile technology of the 21st.
  그것이 개발도상국으로 하여금 20세기의 지상 통신선 기술에서 21세기의 휴대전화 기술로 바로 이전이 가능하게 하였다.

- Most Americans don't believe humans responsible for climate change.
  대부분의 미국인들은 기후 변화에 인간이 책임이 있다고 생각하지 않는다.

결과 → 원인: 비롯되다, 기인하다, 때문이다

> result from, be caused by, be triggered by, be due to, arise from, stem from, derive from, originate from, etc.

- Traumatic brain injuries can result from the experiences of child abuse in childhood.
  정신적 외상을 초래하는 뇌손상은 유년 시절 아동 학대의 경험에서 비롯될 수 있다.

- An acrimonious debate has been caused by the incident.
  그 사건으로 인해서 격렬한 논쟁이 생기게 되었다.

- The process of the demonstration has been triggered by a claim to child benefit.
  그 시위의 과정은 아이들의 혜택에 대한 어떠한 주장에 의해서 촉발되었다.

인과관계 명사

원인, 이유

> factor, cause, reason, origin, motive, influence, explanation, rationale, argument, etc.

- Another **factor** in muscle growth is genetics.
  근육 성장에 있어서 또 다른 요인은 유전이다.
- The exact **cause** of esophageal spasms is unknown.
  위경련의 정확한 원인은 알려지지 않고 있다.
- China's growing **influence** on global economy can be felt regionally and internationally.
  세계 경제에 대해 중국의 영향력이 증가하고 있다는 것이 지역적으로, 국제적으로 감지될 수 있다.

결과, 효과

> result, effect, consequence, aftermath, outcome, implication, ramification, repercussion, upshot, etc.

- Serious **consequence** of inflation has just appeared in the stock market.
  인플레이션의 심각한 결과가 막 주식시장에 나타났다.
- The nature of reading and its **implications** still remains to be elusive.
  독서와 독서 효과의 본질은 여전히 파악하기 어렵다.
- **Repercussions** of the case seem to continue to reverberate through the showbiz world.
  그 재판의 영향이 연예계 전반에 계속 파문을 일으킬 것으로 보인다.

인과관계 접속사, 전치사

접속사

> because, as, since, in that, now that, for, so, so that, such that, etc.

- Mobile phones are frequently held up as a good example of technology's ability because they have turned out to transform the fortunes of people in the developing world.
  휴대폰은 개발도상국 국민들의 운명을 바꿀 수 있는 기술의 능력에 대한 좋은 예로 자주 제시된다. 또한 도약 기술의 훌륭한 예이기도 하다.

- The development policy recently proposed by the committee seems harmful to the health care system in that it will be aimed at beefing up the conventional institutions.
  위원회가 최근에 제시한 개발 정책은 그 정책이 기존의 제도를 강화하고자 한다는 점에서 보건 시스템에 해로울 것으로 보인다.

- The pace of the movie is headlong, so that the characterization suffers.
  영화의 전개가 너무 빨라서 등장인물의 특징이 잘 파악되지 않는다.

전치사

> because of, due to, owing to, on account of, as a result of, as a consequence of, in the wake of, out of, from, for, by reason of, etc.

- This is due to the interplay of several factors, including long term relative economic decline and changes in demography.
  이것은 인구 동태의 변화와 장기적인 경제침체를 포함한 몇몇 요소의 상호 작용으로 인한 것이다.

- The number of people dying as a result of obesity is expected to double in 10 years.
  비만으로 인해서 사망하는 사람들의 수가 10년 후에 2배가 될 것으로 보인다.

- There were a lot of hate crimes against Arab-Americans in the wake of the terrorist attacks.
  테러리스트의 공격으로 인해서 아랍계 미국인에 대한 많은 증오 범죄가 일어났다.

인과관계 접속부사

> therefore, consequently, accordingly, then, thus, hence, for this reason, that's why, as a result, as a consequence, because of this, etc.

- The infatuation for South Korea's culture has been very famous all around the world; **therefore**, its government will need to focus on its cultural exports.
  한국 문화에 대한 열광이 전 세계적으로 이슈가 되고 있다. 따라서 한국 정부는 자국의 문화 수출에 대해서 집중해야 할 것이다.

- This dramatic change poses a threat to agriculture and the food chain, and **consequently** to human health.
  이러한 급격한 변화는 농업과 먹이 사슬에 영향을 끼치고, 결국에는 인류 건강에 위협이 되고 있다.

- The government has been unwilling to help the suffering company; **for this reason**, it will be bankrupt.
  정부는 고통을 겪고 있는 회사를 도우려고 하지 않았다. 이런 이유로 그 회사는 파산하게 될 것이다.

Life should be all about creative ideation and practical solution.
인생은 창조적으로 생각하고 현실적으로 해결하는 것이 전부여야 한다. −데이비드 정

PART 3
Start & Study
스타트 & 스터디

The Economist

The chaebol conundrum

PERHAPS it is the result of being sandwiched between the imperial dynasties of China and Japan. It may have something to do with having a nuclear-armed hermit to the north. Whatever the reason, South Koreans nurture a deep sense of insecurity. That makes them good capitalists. So good, in fact, that if any rich country can claim to have done well in the recent global crisis, it is theirs. Last year, despite its

South Korea's remarkable resilience is partly down to clever economic management. The government provided lashings of stimulus. But it was not just domestic demand that kept the economy going. The export prowess of those peculiar corporate beasts, called the chaebol, was also responsible. The export prowess of those peculiar corporate beasts, called the chaebol, was also responsible. In the years after the Asian financial

transparency increased and cor improved. In the years after the A of 1997-98, these unwieldy cong disparagingly as Korea Inc, were r because of their habits of crony ca Since the global economic cris regarded as saviours in South K country's exports slid, its biggest Samsung Electronics and Hyund up market share from competitor and America. Granted, they bene won. But they also made a fine j like electronics, chips and ship emerging markets to make up fo lost in the West. Samsung's pr forecast at a record $10 billion, a billion, which would confirm its Packard as the world's biggest te by revenue. Since the global eco

영자신문으로
잉글리시
파워리딩
트레이닝

이코노미스트 칼럼으로 영문 독해 훈련

Hope springs a trap

가난 문제를 해결하는 것은 오늘날 국제 사회의 가장 큰 관심사 중 하나이다. 가난은 결국 경제적, 사회적 지위의 문제가 아니라 상대적 박탈감의 문제가 아닐까. 우리의 마음에서 그 해결의 실마리를 찾을 수 있다. 판도라의 상자에서 마지막으로 모습을 보였던 희망이 가난의 함정에서 희망의 주입을 통해 다시 모습을 드러낸다.

- An absence of optimism plays a large role in keeping people trapped in poverty

  부제 낙관주의가 없는 것은 가난이라는 함정에서 빠져나오지 못하는 큰 이유가 된다. 가난에서 벗어나기 위해서는 낙관주의의 부재를 해결해야 한다. 낙관적인 희망을 가짐으로써 가난이라는 굴레에서 벗어날 수 있다는 것이 이 글의 취지이다.

【부제를 통한 예상 논점 정리】

1. 희망의 존재 유무가 가난의 굴레를 해결할 수 있는 충분조건인가. (타당성 입증)
2. 가난이라는 함정에 빠지게 되는 원인이 무엇인가. (원인 규명)
3. 희망의 존재 여부를 어떻게 입증할 수 있는가. (타당성 입증)
4. 역할의 정도를 large라고 말하는 이유가 무엇인가. (play a large role) (한계 입증)

Hope springs a trap

🌐 BEGINNING

1 THE idea that an infusion of hope can **make a big difference to** the lives of wretchedly poor people sounds like something dreamed up by a well-meaning activist or a tub-thumping politician. Yet this was the central thrust of a lecture at Harvard University on May 3rd by Esther Duflo, an economist at the Massachusetts Institute of Technology known for her data-driven analysis of poverty. *Ms Duflo argued that the **effects** of some anti-poverty programmes go beyond the direct **impact** of the resources they provide. These programmes **also make** it **possible** for the very poor to hope for more than mere survival.*

단어 infusion 주입, 투입, 고취 make a big difference to 큰 변화를 가져오다 wretchedly 가엾게, 지독하게 tub-thumping 열변을 토하는, 일갈하는 thrust 요지, 핵심 data-driven 데이터 중심의

2 She and her colleagues evaluated a programme in the Indian state of West Bengal, where Bandhan, an Indian microfinance institution, worked with people who lived in extreme penury. They were reckoned to be unable to handle the demands of repaying a loan. **Instead**, Bandhan gave each of them a small productive asset—a cow, a couple of goats or some chickens. It **also** provided a small stipend to reduce the temptation to eat or sell the asset immediately, as well as weekly training sessions to teach them how to tend to animals and manage their households. *Bandhan hoped that there would be a small increase in income from selling the products of the farm animals provided, and that people would become **more** adept at managing their own finances.*

단어 evaluate 평가하다, 감정하다, 검토하다 penury 극빈, 궁핍 demands 어려운 부담, 힘든 일 stipend 봉급, 급료 adept 능숙한, 잘하는

서론에서는 에스더 뒤플로 교수의 하버드 대학 강연을 소개하고 빈곤 퇴치 프로그램에서 나타난 놀랄 만한 결과를 소개하고 있다. 이러한 예상 밖의 결과가 가능했던 원인을 분석하기 위해서 도입 부분을 마련하고 있음을 유념해서 보도록 하자.

1 진술방식 | 인과 CAUSE&EFFECT | 열거 LISTING | 대조 CONTRAST

Key Point
make, find, think, consider 등의 동사는 to부정사를 목적어로 취할 때 이를 가목적어 it으로 바꾸어서 문장 뒤로 보내게 된다. for the very poor는 의미상의 주어이다. 목적보어로 자주 쓰는 형용사로는 possible, impossible, easy, difficult, hard 등이 있다. argued that절 안에서 시제가 일치하지 않고 동사원형이 쓰인 이유는 조동사 should가 생략된 형태이기 때문이다.

Focused Reading
서두에서 해당 프로그램이 애초에 의도했던 결과 이상의 성과가 있었다는 것을 규명하고 단순한 생존, 즉 빈곤 퇴치 이상의 성과가 있었다는 것을 밝히고 있다. 프로그램이 극빈자들에게 희망을 주입함으로써 엄청난 의미를 가지게 되었다(an infusion of hope can make a big difference to the lives of wretchedly poor people)는 것이다. make a big difference가 의미상 인과관계를 나타내는 신호어임을 알아야 한다.

해석 희망을 주입한다는 것이 극빈자들에게 큰 의미를 지닐 수 있다는 생각은 마치 선의를 가진 운동가나 열변을 토하는 정치가들이 가지는 꿈과 같은 이야기처럼 들릴 수 있다. 그러나 이는 빈곤과 관련한 데이터 중심 분석으로 알려진 MIT 경제학자 에스더 뒤플로가 5월 3일에 하버드 대학교에서 강연한 내용에서 다룬 주요 내용이다. 그녀는 빈곤 퇴치 프로그램의 효과가 연구진이 지원한 자원의 직접적인 효과 이상을 발휘했다고 말했다. 이러한 프로그램은 극빈층이 단순히 생존 이상의 희망을 품는 것을 가능하게 했다고 전한다.

2 진술방식 | 인과 CAUSE&EFFECT | 대조 CONTRAST | 열거 LISTING

Key Point
demand는 '수요'라는 의미로 쓰일 때는 불가산명사로 쓰이지만 어렵거나 힘든 '요구', '부담', '일'의 의미로 쓰일 때는 복수형으로 쓰인다. 본문에서는 대출 상환의 '어려움' 정도로 해석하면 좋겠다. 영어에서 단수형의 불가산명사가 복수형의 가산명사로 쓰이는 경우 개별적 행위로 인식된다는 것을 기억하자. 명사의 수 개념에 대해 한국어와 영어는 전혀 다른 인식 체계가 있다고 생각해야 한다.

Focused Reading
프로그램의 원래 목적에 대해서 밝히고 있다. 가난을 해결하기 위해 훈련 프로그램을 제공해서 경제관념을 익히는 것에 우선적으로 초점을 맞추었다는 것을 알 수 있다. 즉, 극빈자들이 겪고 있는 빈곤 함정 문제를 해결하기 위해서 적절한 교육과 계발을 통해 행동 패턴을 개선하고, 개발 정책을 제공함으로써 계몽한다는 것이 뒤플로 교수가 선도하는 개발경제학의 취지임을 알 수 있다.

해석 연구진들은 극빈자들을 후원하고 있는 반단이라는 인도 서민 금융 기관이 소재한 웨스트 벵골의 인도 주정부 프로그램을 평가했다. 극빈자들은 대출 상환을 다루는 데 익숙하지 않은 것으로 판단되었다. 반단에서는 극빈자들에게 생산재(소, 염소, 닭 등)를 제공하여 가축을 기르는 방법이나 가계를 관리하는 방법을 가르치기 위해 매주 훈련 프로그램을 제공했다. 또한, 자산을 매각하거나 소비하는 유혹을 줄이기 위한 방안으로 급료를 지급했다. 반단은 제공한 가축을 통해서 얻은 제품을 판매하여 소득이 조금이라도 늘어나기를 기대했다. 또한, 사람들이 자신의 자산을 다루는 데 좀 더 능숙해질 것으로 예상했다.

3 *The results were far more dramatic.* Well after the financial help and hand-holding had stopped, the families of those who had been randomly chosen for the Bandhan programme were eating 15% **more**, earning 20% **more** each month and skipping **fewer** meals **than** people in a comparison group. They were **also** saving a lot. *The effects were so large and persistent that they could not be attributed to the direct effects of the grants*: people could not have sold enough milk, eggs or meat to explain the income gains. **Nor** were they simply selling the assets (although some did).

단어

dramatic 극적인, 인상적인
comparison group 대조군
persistent 끈질긴, 집요한
be attributed to 기인하다, 덕분이다
grant 보조금, 후원금

본론에서는 프로그램이 기대 이상의 효과를 거둔 이유를 분석한다. 뒤플로 교수가 강조하는 개발경제학의 이론적 배경을 소개하고 있다. 나아가서 이 글의 핵심 논제인 희망이 존재하지 않을(an absence of hope) 때 나타나는 문제에 대해 소개함으로써 희망의 중요성을 역설하고 있다.

4 *So what could explain these outcomes?* **One** clue came from the fact that recipients worked 28% more hours, mostly on activities not directly related to the assets they were given. Ms Duflo and her co-authors **also** found that the beneficiaries' mental health improved dramatically: the programme had cut the rate of depression sharply. She argues that it provided these extremely poor people with the mental space to think about **more than** just scraping by. **As well as** finding more work in existing activities, like agricultural labour, they **also** started exploring new lines of work. *Ms Duflo reckons that an absence of hope had helped keep these people in penury; Bandhan injected a dose of optimism.*

단어

outcome 결과, 성과, 결론
recipient 수령인, 수납자
beneficiary 수혜자, 신탁 수익자, 유산 상속인
mental space 정신 공간
scrape by 근근이 살아가다, 어렵사리 생활하다
explore 탐험하다, 답사하다, 조사하다
reckon 예상하다, 판단하다, 간주하다
absence 부재, 결핍, 부족
inject 주입하다, 주사하다
dose 복용량

| ③ 진술방식 | 인과 CAUSE&EFFECT | 대조 CONTRAST | 열거 LISTING |

Key Point 본문에서 과거완료시제가 쓰인 이유는 프로그램이 끝난 후에도 여러 개선이 이루어졌다는 것에 대한 시간의 선후관계를 분명히 하기 위함이다. 즉, 원인과 결과가 보통은 시간적인 선후관계로 드러나기 때문에 이를 잘 선명하게 구별하기 위해서 본문에서 과거완료시제를 사용했음을 유념해야 한다. be attributed to는 attribute(ascribe, impute) A to B의 수동태 표현으로 'A를 B의 탓으로 돌리다'라는 뜻이다. owe A to B는 'A는 B 덕분이다'라는 뜻으로, 의미가 다르지만 근본적인 논리가 같다. 콜론은 앞의 내용을 상세하게 예를 들어 설명하는 문장부호이다.

Focused Reading 앞 단락의 small increase와 대비되어 프로그램의 결과가 엄청났다고far more dramatic 하며 대조를 통해 진술하고 있다. 이러한 결과의 수준 차이와 지속성의 수준을 놓고 생각할 때, 빈곤 퇴치 프로그램은 애초 의도한 결과 이상이었다고 설명한다. 앞서 언급한 희망의 효과를 논증하기 위해 프로그램의 직접적인 효과로 볼 수 없다고could not be attributed to the direct effects of the grants 전제하고 있는 것이다. 처음 계획된 실험 설계에서 예상했던 결과 이상의 성과를 낸 원인이 있음을 명시하고 있는 부분이니 유념해서 보도록 하자.

해석 결과는 훨씬 더 극적이었다. 재정 원조를 통해 하나하나 챙겨 주는 일이 마무리된 한참 후에 반단 프로그램에 참여했던 가정을 임의로 추출한 결과, 대조군과 비교하여 매달 15%를 더 많이 먹고, 20%의 소득을 더 얻으며, 식사를 덜 거르고, 더 많은 저축을 했다. 이러한 효과는 매우 크고 지속적이어서 극빈층에게 직접적인 효과 이상이 있었다는 것을 의미하게 되었다. 사람들은 수익의 증가를 설명할 수 있을 정도로 우유, 계란 혹은 고기를 충분하게 팔 수 없었을 수도 있었다. 뿐만 아니라 그들은 단순하게 자산만 판매한 것도 아니었다. (일부는 그랬을 수도 있다.)

| ④ 진술방식 | 인과 CAUSE&EFFECT | 열거 LISTING | 대조 CONTRAST |

Key Point 조동사 could의 쓰임을 유념해야 한다. 시간적으로 과거의 의미가 아니라 애초의 프로그램 이상의 의미가 있었으므로 원인이 어떠한 조건 하에 있음을 나타낼 때, 조건 상황이 불확실할 때 can 대신 could를 쓴다는 것을 알아야 한다. 좀 더 쉽게 설명하면 과거형 조동사인 would, might, could가 과거의 의미가 아니라, 불확실함을 나타내기 위해서 사용된다는 것이다. 조동사는 화자의 태도나 입장을 나타내기 때문에 조동사의 의미를 맥락에서 분명히 파악하면서 읽어야 한다.

Focused Reading 이 글의 핵심 논증이 등장한다. 변화를 불러일으킨 원인은 다름 아닌 작은 희망이 주입되는 것a dose of optimism이었다는 것이다. 가난이라는 함정에서 빠져나올 수 없었던 것은 다름 아닌 희망의 부재 때문이다. 따라서 뒤플로 교수는 빈곤 함정에서 벗어나기 위해서는 제도적 개선, 사회적 개입과 더불어 개인의 의식과 행동의 개선이 이루어져야 한다고 주장한다. 가난이라는 구조적 문제에는 공공정책, 국제원조, 제도 개혁의 노력 외에 희망이라는 정신적인 각성 또한 중요하다는 의미이다.

해석 이러한 결과를 어떻게 설명할 수 있을까? 조사한 결과를 통해서 짐작할 수 있는 것은 실험 참가자들이 28%의 시간을 더 일하게 되었다는 것이다. 이는 대부분 그들이 제공받은 자산과 직접적으로 관련이 없는 일들이었다. 또한 연구진들은 참가자들의 정신 건강이 상당히 개선되었다는 것을 알게 되었다. 프로그램은 그들의 우울증 수준을 현저하게 낮추었다. 뒤플로는 극빈자들에게 자신의 프로그램이 하루하루를 근근이 살아가는 것 이상으로 생각할 수 있는 여유를 가지게 했다고 주장한다. 농사일과 같은 기존의 활동보다 더 많은 일을 하는 것뿐만 아니라, 새로운 일을 찾아 나서서 시작했다. 뒤플로는 희망이 존재하지 않기 때문에 사람들이 계속 가난에 처하게 되었다고 주장한다. 반단이 그들에게 작은 희망을 주입한 것이다.

5 *Ms Duflo is building on an old idea.* Development economists have long surmised that some very poor people may remain trapped in poverty **because** even the largest investments they are able to make, whether eating a few more calories or working a bit harder on their minuscule businesses, are too small to make a big difference. **So** getting out of poverty seems to **require** a quantum leap—vastly **more** food, a modern machine, or an employee to mind the shop. **As a result**, they often forgo even the small incremental investments of which they are capable: a bit **more** fertiliser, some **more** schooling or a small amount of saving.

단어

trapped 함정에 빠져 있는, 사로잡혀 있는
investment 투자, 출자, 투자자본
minuscule 극소의, 아주 작은, 하찮은
quantum leap 양자 비약, 대약진, 엄청난 수준의 발전
vastly 대단히, 엄청나게
forgo 포기하다, 그만두다, …없이 살아가다
fertilizer 비료, 거름

6 *This hopelessness manifests itself in many ways. One is a sort of pathological conservatism, where people forgo even feasible things with potentially large benefits for fear of losing the little they already possess.* **For example**, poor people stay in drought-hit villages when the city is just a bus ride away. An experiment in rural Bangladesh provided men with the bus fare to Dhaka at the beginning of the lean season, the period between planting and the next harvest when there is little to do except sit around. The offer of the bus fare, an amount which most of the men could have saved up to pay for themselves, **led to** a 22-percentage-point increase in the probability of migration. The money migrants sent back **led** their families' consumption **to** soar. Having experienced the $100 increase in seasonal consumption per head that the $8 bus fare made possible, half of those offered the bus fare migrated again the next year, this time without the inducement.

단어

manifest itself in 나타나다, 분명해지다, 드러나다
pathological 병적인, 걷잡을 수 없는, 병리학의
conservatism 보수주의, 보수성
feasible 실현 가능한, 그럴듯한
drought 가뭄, 한발
inducement 권유, 유도, 유인책, 자극

5 진술방식   인과 CAUSE&EFFECT   열거 LISTING   대조 CONTRAST

Key Point 주제문에서 현재진행시제를 쓰고 있는 이유는 뒤에 이어지는 현재완료시제와 구별하기 위해서이다. 뒤플로 교수가 근거를 두고 있는 개발경제학은 오랫동안 구축되어 온 이론임을 밝히기 위해서 현재완료시제를 사용했고 이와 구별하기 위해 현재진행시제를 사용한 것이다.

Focused Reading 뒤플로 교수가 주축을 이루고 있는 개발경제학을 소개하고 있다. 개발경제학은 가난한 사람들이 빈곤 함정에 빠져 있는 trapped in poverty 이유는 가난한 사람들이 하는 투자, 영양 상태, 근로 수준이 너무 낮아서 의미 있는 결과를 내지 못하기 때문이라고 보고, 빈곤 퇴치를 위해서는 비약적인 도약 quantum leap이 필요하다고 한다. 따라서 개발경제학은 경제 문제는 자력 구제로는 그 해결이 요원하고 외부의 개입을 전제로 하고 있음을 추론해 볼 수 있다.

해석 뒤플로는 기존의 오래된 이론을 바탕으로 추정하고 있다. 개발 경제학자들은 비록 가난한 사람들이 조금 더 많은 칼로리를 섭취한다거나 자신들의 매우 작은 규모의 사업을 위해 조금 더 열심히 일해서 어떤 식으로든 가장 큰 규모의 투자를 이루어낸다고 하더라도 이러한 투자의 규모는 너무도 보잘것없어서 의미 있는 결과를 만들어 낼 수 없어서 여전히 가난에서 벗어날 수 없을 것이라고 오랫동안 생각해왔다. 그렇기 때문에 그들은 좀 더 많은 비료나 교육, 약간의 저축 등과 같은 자신들이 만들어 낼 수 있는 가장 미약한 수준의 투자의 증가 일지라도 포기해 버린다.

---

6 진술방식   예시 EXAMPLE   열거 LISTING   대조 CONTRAST

Key Point hopelessness는 부제에서 나온 an absence of optimism의 다른 표현이다. 글에서 다루어지는 주된 주제, 화제는 여러 가지의 다른 표현으로 말이 바뀌어서 패러프레이징 됨을 알아야 한다. 본문에서 나온 could have saved의 'could have+과거분사' 표현에 유념해야 한다. '할 수도 있었다'는 의미로, 과거에 일어난 일에 반대되는 능력, 가능성을 표현한다. 보통 비난이나 원망할 때 사용하는 표현이다.

Focused Reading 희망의 부재가 병적인 보수주의로 드러나는데 사람들은 가지고 있는 것들에 대한 상실의 두려움으로 현 상태를 유지하고자 하는 경향이 있다고 말한다. 어찌 보면 단순히 변화 자체를 원치 않기 때문에 현상 유지를 하기 위해서 병적으로 현상에 집착하는 보수주의의 입장을 택한다는 의미일 수도 있다.

해석 희망의 부재는 다양한 방식으로 나타난다. 그중 하나는 병적인 보수주의 같은 것이다. 이미 가지고 있는 얼마 되지 않는 것을 잃게 될까 봐 잠재적으로 큰 이득이 되는 것을 실행하지 않는다는 것이다. 예를 들어 보자. 가난한 사람들은 도시가 버스를 타면 갈 수 있는 가까운 거리임에도 가뭄으로 피폐해진 마을에 머무른다. 방글라데시의 한 시골 지역에서 시행된 실험에서 남성들은 건기가 시작될 때 다카에 갈 수 있는 버스 요금을 받았다. 이 기간은 농작물을 심는 기간과 추수 기간 사이로 딱히 할 일이 없는 기간이다. 버스 요금은 남성들이 스스로 모을 수 있었던 수준의 금액으로, 이주 가능성을 22% 증가시켰다. 이주자들이 가족들에게 부쳐준 돈은 가정 내 소비 촉진의 원인이 되었다. 8달러의 버스 요금으로 가능하게 된 일인당 계절별 소비가 100달러 증가하게 되자, 다음 해에는 다른 특별한 유인책이 없어도 버스 요금을 받게 된 사람들의 절반이 이주하게 되었다.

7 *People sometimes think they are in a poverty trap when they are not.* Surveys in many countries show that poor parents often believe that a few years of schooling have almost no benefit; education is valuable only if you finish secondary school. So if they cannot ensure that their children can complete school, they tend to keep them out of the classroom altogether. **And** if they can pay for only one child to complete school, they often do so by avoiding any education for the children they think are less clever. Yet economists have found that each year of schooling adds a roughly similar amount to a person's earning power: the more education, the better. **Moreover**, parents are very likely to misjudge their children's skills. **By putting** all their investment in the child who they believe to be the brightest, they ensure that their other children never find out what they are good at. Assumed to have little potential, these children live down to their parents' expectations.

단어
secondary school 중등학교
ensure 보장하다, 책임지다, 확보하다
altogether 완전히, 전적으로, 총합으로, 다 합쳐서
avoid 회피하다, 방지하다, 모면하다, 막다
roughly 대략적으로, 거의
misjudge 잘못 판단하다, 오해하다
assume 추정하다, 추측하다

 END

The fuel of self-belief
자기 신뢰의 연료

8 *Surprising things can often act as a spur to hope.* A law in India set aside for women the elected post of head of the village council in a third of villages. Following up several years later, Ms Duflo found a clear effect on the education of girls. Previously parents and children had far more modest education and career goals for girls than for boys. Girls were expected to get much **less** schooling, stay at home and do the bidding of their in-laws. **But** a few years of exposure to a female village head **had led to** a striking degree of convergence between goals for sons and daughters. Their very existence seems to **have expanded** the girls' sense of the possible beyond a life of domestic drudgery. An unexpected **consequence**, perhaps, **but** a profoundly hopeful one.

단어
act as 기능하다, 소임을 다하다, 역할을 하다
spur 박차, 자극제, 원동력
set aside 곁에 챙겨두다, 확보하다, 절약하다, 고려하지 않다
bidding 가격 제시, 경매, 입찰
in-law 인척 관계의
striking 눈에 띄는, 현저한, 놀랄 만한
convergence 수렴, 집중
drudgery 지루하고 따분한 일, 고역
profoundly 깊이, 극심하게, 완전히

| 7 진술방식 | 예시 EXAMPLE | 인과 CAUSE&EFFECT | 대조 CONTRAST |

 **Key Point**

본문에 나오는 only if는 필요조건을 나타낼 때 쓰이는 표현이다. 해석해 보면 '중등 교육을 끝내야만 교육이 가치가 있다', 즉 중등 교육을 끝내지 않으면 교육은 가치가 없다는 의미이다. live down to their parents' expectations는 live up to one's expectations라는 표현의 반대말로, '부모님의 기대에 못 미친 인생을 살다'라는 뜻이다. 기존의 숙어를 활용해서 다른 의미를 부여한 부분이다.

 **Focused Reading**

사람들은 실제로는 가난 함정에 빠져 있지 않은데도 스스로를 그렇게 생각하는 경향이 있다고 소개하면서 뒤에 이어지는 구체적인 예증으로 주장을 뒷받침하고 있다. 이 단락에서는 교육제도에 대한 중요한 언급이 이루어지고 있다. 교육에 대한 비용-효과를 분석할 때 엘리트 중심의 교육 때문에 몇 년의 교육으로는 실익이 없다고 판단해서 아예 교육을 시키지 않는 경우가 다반사라는 것이다. 그러나 교육은 한 해 한 해 거듭될수록 경제적 능력이 증대되기 때문에 교육 수준에 상관없이 교육을 지속하는 의미가 확실히 있다고 한다. 따라서 처지에 대한 비관 때문에 교육을 포기하여 돈을 안정적으로 벌지 못하고 그로 인해 가난해지는 악순환을 논증함으로써 교육에 실질적으로 경제적 효과가 있음을 밝히고 있다.

해석 사람들은 가끔 자신이 빈곤의 함정에 빠지지 않았음에도 자신이 가난하다고 생각한다. 여러 나라에서 시행된 조사에 따르면 가난한 부모들은 수년간의 학교 교육은 효과가 거의 없다고 생각하는 경우가 많다고 밝혀졌다. 교육은 중등교육을 마쳐야만 의미가 있다고 생각하는 것이다. 따라서 자녀들이 학교를 마치지 못할 것 같으면 애초에 학교를 처음부터 다니지 않게 한다는 것이다. 그리고 자식 한 명만 교육할 수 있는 여건이 된다면 덜 똑똑하다고 생각하는 자녀들은 교육 자체를 시키지 않게 되어 학교를 다니지 않게 된다. 그러나 경제학자들은 학교에서 이루어지는 교육은 연봉과 거의 비슷한 수준에 달한다는 것을 알게 되었다. 더 많이 공부할수록 연봉이 향상하게 된다. 더군다나, 부모들은 자녀들의 능력을 오판할 가능성이 매우 크다. 부모가 가장 똑똑하다고 생각하는 아이에게 모든 투자를 하게 되면 다른 자식들이 자신이 어느 부분에 뛰어난 능력을 발휘하는지 발견할 수 없게 만드는 것이다. 잠재력이 거의 없다고 생각되는 아이들의 경우 부모의 기대에 맞추어서 살게 되는 것이다.

본론에서는 프로그램이 실험을 설계했을 때보다 기대 이상의 효과를 거둔 이유를 분석한다. 뒤플로 교수의 개발경제학의 이론적 배경을 소개하고 있다. 나아가서 이 글의 핵심 논제인 희망이 존재하지 않을 때 나타나는 문제에 대해서 소개함으로써 희망의 중요성을 반증하고 있다.

| 8 진술방식 | 예시 EXAMPLE | 인과 CAUSE&EFFECT | 대조 CONTRAST |

 **Key Point**

놀랄 만한 일을 인도의 마을 위원회를 예로 들어 설명하고 있다. 여기서 act as a spur는 제목 Hope spring의 유의적 표현이다.

 **Focused Reading**

여성이 마을 위원회의 위원장인 경우 교육에 투자함으로써 기존의 고루한 남성 중심의 문화를 극복하여 남자와 여자의 차이가 해결될 수 있다는 점, 그리고 여자에게 가사 이상의 역할을 부여할 수 있다는 가능성을 시사한다. 예기치 못한 결과이지만 매우 희망적인 일이라고 하면서 교육 문제를 통한 사회적 인식의 해결의 단초를 제시하고 있다. 결론에서도 글 전체의 흐름과 마찬가지로 우리가 생각하지 못한 놀랄 만한 일을 통해서 희망이 예상 밖의 결과를 낳는다는 것을 일관되게 보여주고 있다.

해석 놀라운 것들이 희망의 촉진제가 되는 경우는 이외에도 종종 있다. 인도는 법적으로 여성을 위해서 마을의 3분의 1 정도는 마을 위원회 자리를 비워둔다. 그 이후 몇 년 동안 뒤플로는 여성 교육의 효과를 분명히 확인했다. 과거에 부모와 자식들은 남자보다 여자에게 훨씬 더 낮은 수준의 교육과 직장에 대한 목표를 가졌다. 여자들은 학교 교육을 훨씬 덜 받고, 집에 머물면서 친인척들과 잘 지내야 하는 것으로 생각했다. 그러나 여성이 마을의 위원장이 되고 몇 년이 지나고 나서 아들과 딸에 대한 기대 수준의 간격이 엄청나게 좁혀졌다. 이제 그들 존재 자체가 집안 허드렛일의 삶 이상의 가능성을 가지는 여성으로서의 의미로 확장된 것이다. 아마도 이는 생각지도 못한 결과이지만 매우 희망적인 결과라고 해도 과언이 아닌 것이다.

LOGIC ANALYSIS

▶ 문제 상황 ⇨ 원인 분석 ⇨ 대안 평가 ⇨ 최적 대안

문제 상황 (EFFECT)
전 세계적으로 가난의 문제가 심각하다.

원인 분석 (CAUSE)
가난의 근본적인 원인은 희망의 부재 absence of hope 때문이다.

기존 대안 (EXISTING ALTERNATIVE)
외부의 적극적인 개입을 통한 개발 정책을 수립하고 집행함으로써 가난의 문제를 해결할 수 있다.

대안 평가 (EVALUATION)
❶ 희망의 주입을 통해서 근로 시간의 증가, 정신 건강의 향상, 새로운 종류의 일을 개발하게 되어 가난 문제를 해결할 수 있었다.

❷ 가난 문제를 해결한다는 것은 규모 면에서 비약적인 도약이 필요한 것처럼 보인다.

❸ 비약적인 도약이 필요한 것처럼 보이기 때문에 포기하거나 무력함에 빠지게 된다. 실제로 병적인 보수주의나 가난 함정에 빠져 있지 않은데 자신의 처지를 비관하는 착각 등이 희망 부재의 구체적인 사례이다.

❹ 교육에 경제적인 실익이 있음에도 불구하고 그 효과를 간과하여 더욱 가난해지는 악순환이 발생한다.

최적 대안 (OPTIMIZED ALTERNATIVE)
전 세계적인 가난의 문제를 해결하기 위해서는 스스로의 노력으로만은 해결할 수 없으며, 구조적인 문제를 해결하기 위한 외부의 적극적인 개입이 필요하다. 이는 자기 신뢰의 주입이라는 연료를 통해서 가난의 문제를 해결할 수 있는 원동력이 된다.

STATEMENT ANALYSIS

무엇이 사실인가? (FACTUAL)
가난이라는 함정에 사로잡히게 되는 무기력함이 가난한 사람들 사이에서 다양한 방식으로 발견된다. (병적 보수주의, 가난 함정에 빠져 있다는 착각으로 인한 악순환)

This hopelessness manifests itself in many ways.

어디에 가치가 있는가? (EVALUATION)
아마도 이는 생각지도 못한 결과이지만 매우 희망적인 결과라고 해도 과언이 아니다.

An unexpected consequence, perhaps, but a profoundly hopeful one.

어떻게 해야 하는가? (DOS AND DON'TS)
가난 문제를 해결하기 위해서는 외부의 적극적인 개입이 필요하며 자기 신뢰의 주입이라는 연료를 통해서 가능하다.

An infusion of hope can make a big difference to the lives of wretchedly poor people.

Too much buzz

Too much love will kill you.라는 노래가 있다. 뭐든지 지나치면 모자라는 것보다 못한 법이다. Less is more.라는 말도 있다. 적을수록 좋다, 요즘 각광받는 미니멀리즘과 일맥상통하는 말이다. 생텍쥐페리의 〈어린 왕자〉에 나오는 '완벽함이란 더 이상 더할 게 없는 것이 아니라 더 이상 무언가를 뺄 수 없는 것입니다'라는 유명한 이야기처럼 말이다.

- Social media provides huge opportunities, but will bring huge problems

  부제 무엇이든지 장점은 동시에 단점이 되고 기회는 곧 위기가 된다. 소셜미디어는 오늘날 21세기의 화두이다. 소셜미디어가 양날의 검처럼 기회인 동시에 위협일 수 있다는 것이 이 글의 논지이다.

【부제를 통한 예상 논점 정리】

1. 소셜미디어가 부각되는 배경이 무엇인가. (현상 설명)
2. 소셜미디어의 기회가 무엇인가. (원인 규명)
3. 소셜미디어의 위협이 무엇인가. (원인 규명)
4. 소셜미디어의 기회와 위협을 최적화하려면 어떻게 해야 하는가. (해결 방안, 대안 제시)

Too much buzz

 BEGINNING

1 THE only area of business that seems to be recession-proof is social media. Industrial firms are battening down the hatches. Banks are tossing thousands of workers overboard. **But** Facebook is looking to raise $10 billion for a small fraction of its shares when it goes public in 2012.

2 A recent conference in Madrid, put on by the Bankinter Foundation of Innovation, captured the enthusiasm. The assembled cyber-gurus argued that "social technologies" that **allow** people **to** broadcast their ideas (eg, Twitter), or form connections (eg, LinkedIn), are some of the most powerful ever devised. They can be supersized quickly, linked together easily and spread by customers. **And** they can be accessed from almost anywhere. Two billion people are already online. E-commerce sales are $8 trillion a year. **So**, the argument goes, this **more** "social" element to the internet is the next great revolution. Over-caffeinated cyber-champions talk of "empowerment" and "transparency". *But is all this as wonderful as it sounds? Or is it a new bubble in the making?*

단어 area 분야 recession-proof 불경기에도 끄떡없는 batten down the hatches 위기에 대비하다 overboard 배 밖으로, 물속으로 fraction 부분, 일부 go public 상장하다 empowerment 권한부여 transparency 투명성 in the making 형성되고 있는, 제작 중인, 미완성인

서론에서는 불경기에도 영향을 받지 않는 것처럼 보이는 유일한 분야인 소셜미디어를 소개하고 있다. 과연 소셜미디어가 승승장구할 수 있는 산업인지, 아니면 초기 버블에 불과한 것인지에 대해서 문제 제기를 하고 있다.

1~2 진술방식 | 대조 CONTRAST | 예시 EXAMPLE | 인과 CAUSE&EFFECT

Key Point
첫 번째 단락에 나오는 현재진행시제는 최근의 추세, 변화, 경향, 발달 상황을 나타낸다. 소셜미디어가 주목받고 있는 상황을 현재진행시제로 표현하고 있다. in the making은 '형성되고 있는', '진행 중인', '미완성인', '제작 중인'이라는 뜻으로 문맥상 아직 시장에서 성숙 단계에 이르지 못한 미숙한 단계임을 표현한다.

Focused Reading
소셜 기술을 통해 자신의 생각을 전파하고, 관계를 형성하는 일이 신속하고 용이하다는 점, 그리고 어디서나 접근이 가능하다는 점에서 소셜미디어는 지금껏 만들어진 어떠한 기술보다 가장 강력한 기술이라고 소개하고 있다. 서론에서는 이러한 전통적인 관점에 대한 가치 판단 문제를 제기하고 있다. 그것이 과연 (들리는 말처럼) 그럴싸하고 멋진 것인지, 아니면 아직 미숙한 수준의 새로운 버블에 불과한지에 대해서 독자에게 가치 판단을 요구하고 있다.

해석 불황에 전혀 영향을 받지 않는 유일한 비즈니스는 소셜미디어인 것처럼 보인다. 제조회사는 위기에 대비하고 있다. 은행은 수천 명의 직원들을 해고하고 있다. 그러나 페이스북은 2012년 상장 때 주식 공모를 통해 100억 달러의 주식을 공모할 것으로 보인다.
최근 Bankinter Foundation of Innovation에서 주최한 마드리드 컨퍼런스에서 이러한 열기를 확인하게 되었다. 자리에 모인 사이버 관련 전문가들은 사람들이 자신의 생각을 널리 알리게끔 해 주거나 (트위터) 커넥션을 형성하게 하는 (링크드인) "소셜 기술"이 지금껏 발명된 기술 중 가장 강력한 것이라고 주장했다. 소셜 기술은 소비자들에 의해서 빠르게 성장하며, 서로 쉽게 연결되고 빠르게 전파된다. 그리고 거의 모든 곳에서 접속이 가능하다. 20억 명이 이미 온라인에 있다. 전자 상거래는 연간 8천억 달러 규모이다. 따라서 인터넷에 더욱 "소셜"한 요소가 다음 세대의 위대한 혁명이라고 주장한다. 이러한 열기에 지나치게 흥분한 사이버 전문가들은 "권한 분산"과 "투명성"을 이야기한다. 그러나 이러한 모든 것들이 들리는 것처럼 과연 대단한 것일까? 그렇지 않다면 새로 생겨나고 있는 초기 버블에 불과한 것일까?

If I have seen further than others,
it is by standing upon the shoulders of giants.

만약 내가 다른 사람들보다 멀리 볼 수 있었다면, 그것은 내가 거인의 어깨 위에 올라서 있기 때문이다. —아이작 뉴턴

3 *The great virtue of social technologies, say their boosters, is that they* **break down** *the* **barriers** *between companies and their customers.* They **allow** firms **to** gather oodles of information: big companies now obsessively monitor social media to find out what their customers really think about them. *Social media* **also allow** *companies* **to** *respond to complaints* **more** *quickly*: firms as different as Chrysler and Best Buy employ "Twitter teams" to reply to whinging tweets.

단어
virtue 미덕, 장점
barrier 장벽
obsessively 집요하게
find out 알아내다, 밝히다

4 **More** *information ought to be useful,* **but only if** *companies can interpret it.* **And** *workers are already overloaded*: 62% of them say that the quality of what they do **is hampered because** they cannot make sense of the data they already have, according to Capgemini, a consultancy. This will only get **worse**: the data deluge is expected to grow more than 40 times by 2020.

단어
interpret 해석하다
consultancy 컨설팅 회사, 자문 회사
deluge 홍수, 폭우

본론에서는 소셜미디어의 장점과 단점, 기회와 위협의 요소, 즉 SWOT 분석(strength, weakness, opportunity, threat)을 하고 있다. 다각적으로 소셜미디어의 장단점을 살펴봄으로써 서론에서 제기했던 소셜미디어에 대한 향후의 전망에 대한 근거를 마련하고 있다.

3 진술방식   인과 CAUSE&EFFECT   열거 LISTING   예시 EXAMPLE

 **Key Point** 'allow+목적어+to부정사' 구문을 활용하고 있다. 이른바 무생물주어 구문을 사용함으로써 주어가 수단, 도구의 의미가 되어서 '…을 통해서 …가 가능하다'라고 해석할 수 있다. 무생물주어 구문은 영어에서 모든 명사가 주어가 될 수 있다는 것을 대표적으로 보여주는 예이다. 그래서 한국어로 번역할 때는 주어 그대로 해석해서는 안 되고 부사처럼 해석해야 한다.

Focused Reading 소셜미디어를 통해서 기업과 소비자의 장벽이 허물어진다는 점이 가장 큰 장점이라고 소개하고 있다. 소셜미디어의 핵심은 자유로운 소통이라는 것이다.

해석 예찬론자들이 말하는 소셜 기술의 큰 장점은 바로 기업과 고객 간의 장벽을 허문다는 것이다. 소셜 기술은 회사가 막대한 정보를 수집하는 것을 가능하게 한다. 대기업은 지금 열심히 소셜미디어를 모니터해서 고객이 자신들을 어떻게 생각하는지 알아내려고 한다. 또한 소셜미디어는 회사가 고객들의 불만에 대해서 더욱 기민하게 반응하게 한다. 크라이슬러와 베스트 바이만큼 서로 다른 회사가 "트위터 팀"을 구성하여 트위터를 통해 불만을 해결하고 있는 것이 일례이다.

---

4 진술방식   대조 CONTRAST   예시 EXAMPLE   열거 LISTING

 **Key Point** 정보 유용성의 한계, 즉 필요조건에 대해서 이야기하고 있다. 정보를 해석할 수 있는 여력이 있어야 하는데, 정보가 너무 많기 때문에 문제라는 것이다. 정리하면, 오직 회사가 정보를 해석할 수 있을 때만 정보의 유용성이 보장될 수 있다는 의미이다. 정보를 해석할 수 있는 여력이 없다면 정보가 더 많아도 유용하지 않다. P only if Q는 '오직 Q일 때에 한해서 P'라는 말이므로, 'Q가 아닌 경우에는 절대로 P가 될 수 없다'는 의미의 필요조건이 된다. 필요조건은 충분조건과 더불어 반드시 정리해 두어야 하는 개념이다. 독해에서 필요조건, 충분조건의 개념은 의식적으로, 무의식적으로 자주 쓰이는 개념이다.

Focused Reading 정보가 너무 많아서 문제라기보다 이 정보를 해석할 수 있는 능력에 문제가 있다는 것이 이 글의 핵심이다. 특히 앞으로 이러한 정보는 검증되지 않은 채로 기하급수적으로 늘어날 것이라는 점에서 더 심각하다는 것이다. 앞 단락에서 소셜미디어의 장점에 대해서 이야기를 하고 있는 반면 이 단락에서는 소셜미디어의 한계에 대해서 지적하고 있다.

해석 정보가 더 많다는 것이 유용한 것은 분명하지만, 이는 회사가 정보를 해석할 수 있을 때만 의미가 있다. 그리고 직원들은 이미 지나친 정보에 시달리고 있다. 캡제미니 컨설팅 회사에 따르면 직원 중 62%는 자신이 보유하고 있는 정보를 이해할 수 없기 때문에 업무의 질이 떨어진다고 생각한다고 한다. 이러한 추세는 더욱 악화될 것으로 보인다. 데이터 홍수는 2020년까지 40배 이상 늘어날 것으로 전망된다.

5 Responding quickly to bitter tweets sounds like a nifty **way** to soothe angry customers. **But** there is a risk that companies will concentrate on a handful of activists (who tweet a lot), **while** neglecting average customers (who don't). They may **also** ignore non-customers (who are the biggest potential source of growth) and the elderly (who seldom tweet). *Many firms think that they can improve customer service* **by using** *social media to respond to complaints quickly. Really?* It is already virtually impossible to talk to a real person on the telephone. Will it be any **easier** online?

단어
responding 반응
nifty 훌륭한, 솜씨좋은
soothe 진정시키다
neglecting 무시하는
virtually 사실상, 거의

6 *Undaunted, cyber-enthusiasts maintain that social technologies are shifting power from a few Goliaths to many Davids. Ordinary people can easily broadcast their opinions and extend their networks.* Big firms **have to** adjust to this **new** reality or go under. (As the digerati put it: "All businesses will end up looking like the internet.") *But big firms can use social data to add to their already formidable* **influence** *over the consumer*: Ford, PepsiCo and Southwest Airlines monitor postings on social-media sites to gauge the **impact** of their marketing campaigns and then adjust their pitch accordingly. **And** some of the most successful internet-savvy companies, **such as** Google and Microsoft, are as secretive about what they do as any old-line company.

단어
undaunted 의연한, 굴하지 않는, 흔들림이 없는
enthusiasts 옹호론자, 열광자
shift 이양하다, 이동하다
formidable 엄청난, 어마어마한, 가공할 만한
adjust 조절하다, 조정하다

5 진술방식   대조 CONTRAST   열거 LISTING   인과 CAUSE&EFFECT

Key Point 관계대명사절이 다양하게 등장하고 있다. 형용사절로는 관계대명사절, 관계부사절이 유일하므로 명사를 수식할 때 유용하게 사용할 수 있는 장치이다. 관계사절은 한국어에는 없는 개념이므로 평소에 유념해서 공부를 해야 한다.

Focused Reading 회사가 상대하는 소비자를 상세하게 분류하고 있다. 소수의 액티비스트, 일반적인 고객, 비 고객, 노년층으로 상세하게 분류했을 때 부정적인 불만을 표출하는 트위터리안들은 전체 소비자 중 일부에 불과하다고 강조하고 있다. 소비자 심리 분석을 근간으로 한 세그먼트 분석을 통해서, 소셜미디어의 유용성의 한계를 입증하고 있다.

해석 부정적인 트윗에 빠르게 반응하는 것은 분노한 고객을 달래는 효과적인 방법처럼 보일 수 있다. 그러나 회사들이 소수의 액티비스트(트윗을 많이 하는)에만 집중하게 되고 일반적인 고객(트윗을 하지 않는)들을 외면하게 될 위험이 있다. 회사는 또한 비고객(성장의 가장 큰 잠재적 원천이 되는)들을 무시하게 되며 노년층(거의 트윗을 하지 않는)을 배려하지 못할 수 있다. 많은 회사들은 소셜미디어를 사용하여 불만에 빠르게 대처해서 고객 서비스를 개선할 수 있다고 믿고 있다. 정말로 그럴까? 이미 전화로 실제 사람과 소통하는 것은 사실상 거의 불가능하다. 이것이 정말로 온라인에서는 더욱 쉬운 일일까?

6 진술방식   대조 CONTRAST   예시 EXAMPLE   열거 LISTING

Key Point undaunted는 분사구문으로 강조의 의미로 받아들여야 한다. 앞에서 논의된 온라인의 한계에도 불구하고 사이버 옹호론자들은 굴하지 않고 주장한다는 의미이다. maintain은 '주장하다'라는 뜻으로, 보통 that절 안에 '(should)+동사원형'을 수반한다. 이 단락에서는 당위적 내용을 주장하는 것이 아니라, 주장의 내용을 소개하고 있으므로 직설법 현재시제를 사용했음을 유의하자.

Focused Reading 소셜미디어를 통해 소수의 골리앗에서 다수의 다윗들에게 권력 이양이 이루어지고 있다고는 하나, 소수의 골리앗으로 대변되는 대기업은 자신들의 영향력을 더욱 공고히 하기 위해서 소셜미디어를 더 적극적으로 활용할 수 있다는 내용이다. 다수의 다윗들인 개인의 미디어화가 심화되고 있지만, 그만큼 대기업들도 기존의 엄청난 영향력their already formidable influence에 더한 영향력을 행사하기 위해 노력하고 있다며 한 단락 안에서 각기 다른 입장을 소개하고 있다.

해석 뚝심 있는 사이버 옹호론자들은 소셜 기술이 소수의 골리앗에서 다수의 다윗에게 권력을 이양하고 있다고 주장한다. 평범한 사람들이 자신의 의견을 쉽게 개진하고 자신의 네트워크를 확장할 수 있다. 대기업들은 이러한 신세계에 적응하지 않으면 파산하게 되어 있다. (디지털 지식층의 주장. "모든 사업들은 결국 인터넷처럼 보이게 되는 것으로 귀결될 것이다.") 그러나 대기업은 고객들에게 이미 엄청난 영향력을 행사하고 있는 것에 더욱 박차를 가하기 위해 소셜 데이터를 활용할 수 있다. 포드, 펩시콜라, 사우스웨스트 항공은 소셜미디어에 게시된 포스팅을 모니터 하여 회사 마케팅 캠페인의 영향력을 점검하고, 이에 따라서 마케팅 수준을 조절하고 있다. 그리고 구글이나 마이크로소프트와 같은 일부 인터넷에 정통한 회사들은 역사가 오래된 회사들처럼 업무에 대해 공개하지 않는다.

7 *The "Army of Davids" argument—to borrow a phrase from Glenn Reynolds, an American blogger—is often applied to politics.* **For example**, Ilya Ponomarev, a member of the Russian Duma, argues that social media **make** it **easier** for protesters in Russia to organise. (Russians spend **more** time on the internet **than** western Europeans, **not least because** they have no faith in state television.) *This is true,* **but** *the secret police in many countries are equally excited about technology.* **New** tools **allow** them **to** eavesdrop retrospectively, and to trace networks of dissidents. During the Egyptian uprising the advantage was clearly on the side of the dissidents, **since** the Egyptian secret police were digital dullards. **But** this may not be the case in China, where the regime's online snoops are highly sophisticated.

단어
protester 시위자, 시위단
eavesdrop 도청하다, 엿듣다
retrospectively 시대를 과거로 거슬러 올라가서
dullard 무지한 사람, 멍청이
sophisticated 고도로 정교한

8 *Cyber-enthusiasts gush about the* **way** *social media* **help** *entrepreneurs. They have a point: disruptive technologies reconfigure old businesses and* **create new** *ones.* Facebook could **let** companies aim their ads **more** accurately. Firms are starting to use internal social-networking tools, **such as** Yammer and Chatter, to encourage collaboration, discover talent and cut down on pointless e-mails. Youngsters are happy to embrace it, **but older** managers may be **less** keen. The use of social media within companies could be quite disruptive to traditional management techniques, **particularly** in strongly hierarchical firms.

단어
entrepreneurs 기업(가), 사업(가)
disruptive 문제가 되는, 지장을 주는
embrace 수용하다, 포옹하다
hierarchical 위계질서의

7 진술방식   대조 CONTRAST   예시 EXAMPLE   열거 LISTING

Key Point not least because라는 어구의 해석에 유의할 필요가 있다. 직역하면 '중요도에 있어서 가장 낮지는 않다'인데 '상당히 중요한 이유가 된다'라는 뜻이 된다. 영어에는 이중부정이 가지는 독특한 표현이 많은데, 이도 그중 하나라고 할 수 있다. 유사한 발상으로 last but not least라는 표현이 있는데 '마지막이지만 여전히 중요한', '마지막이긴 해도 앞에 열거한 것들에 비해 중요도가 못지않은', 즉 '마지막으로 중요한 것은'이라는 의미가 된다. 접속사 앞에 붙는 부사에 유념하자. (largely because, partly because)

Focused Reading 논의를 정치 분야에 적용해서 정치적인 파급력에 대해 소개하고 있다. 러시아, 이집트의 경우를 예로 들면서 다윗 군단의 영향력을 소개하고 있지만, 온라인 감시가 고도화되어 있는 중국의 반례를 통해서 한계를 지적하고 있다. 이 글에서는 온라인의 장점과 한계에 대해서 다루고 있다는 점을 주목해야 한다. 우리는 양시양비론을 경계하고 하나의 결론이 나는 것에 익숙하지만, 영어에서는 양자택일 형태의 글도 흔하다.

해석 "다윗의 군단"이라는 주장(미국 블로거인 글렌 레이놀즈의 표현에서 인용)은 정치에서도 적용되는 경우가 자주 있다. 예를 들면, 러시아 국회의원인 일야 포노마레프는 소셜미디어가 러시아 시위자들의 조직력을 강화하는 데 기여했다고 주장한다. (러시아인들은 서유럽보다 인터넷에 더 많은 시간을 할애하는데 이는 러시아인들이 국영 방송을 신뢰하지 않는 것에 대한 충분한 이유가 될 것이다.) 이러한 주장은 사실이다. 그러나 마찬가지로 많은 국가 내 비밀경찰도 온라인에 주목하고 있다. 새로운 기술은 그들로 하여금 과거로 거슬러 올라가서 도청하는 것을 가능하게 하며 반체제 인사들의 네트워크를 추적하는 것을 가능하게 한다. 이집트 혁명 기간 동안 이러한 이점은 분명히 반정부 인사들에게 유리하게 작용했다. 왜냐하면 이집트 비밀경찰은 이러한 디지털 기술에 무지했기 때문이다. 그러나 정부의 온라인 감시와 도청이 고도로 전문화되어 있는 중국의 경우에는 해당되지 않는 이야기일 수 있다.

8 진술방식   대조 CONTRAST   예시 EXAMPLE   인과 CAUSE&EFFECT

Key Point 조동사 could, may가 등장하고 있다. 여기서 조동사는 가능성을 나타낸다. 보통은 could, may, might의 큰 차이는 없고 심리적인 거리감의 차이만 존재한다고 보는 게 일반적이다. 즉, 조동사의 과거형은 현재형과 비교해서 그만큼의 거리감만 발생한다고 기억해 두는 것이 좋다. 조동사는 현재형과 과거형이 실제 시제를 나타내기보다 심리적, 정서적 태도를 나타내는 경우가 훨씬 많다.

Focused Reading 소셜미디어로 인해서 전통적인 산업구조가 변화하고 신사업 분야가 등장할 수 있다는 것이다. 이러한 변화에 적응하느냐의 여부는 전통적인 경영방식과의 충돌과 궤를 같이할 것이라는 예측이다.

사이버 옹호론자들은 소셜미디어가 친기업적이라고 열변을 토한다. 그들의 주장에는 일리가 있다. 문제의 소지가 있는 기술은 기존의 사업을 뒤집고 신사업을 만들어낸다. 기업은 페이스북을 통해서 광고를 보다 정확하게 타겟팅하는 것이 가능하다. 기업은 야머나 채터와 같은 사내 소셜 네트워킹 기술을 사용하기 시작했다. 이를 통해 콜라보레이션을 하고 인재를 발굴하며 의미 없는 이메일을 줄이고 있다. 젊은층은 이를 기꺼이 수용하지만, 나이가 있는 매니저들은 이를 잘 모를 것이다. 사내 소셜미디어의 사용은 전통적인 관리 기술, 특히 권위적이고 위계질서가 분명한 회사들 내에서는 큰 파장을 일으킬 수 있다.

A new medium: neither rare nor well-done
새로운 매체: 좋지도 나쁘지도 않다.

9 *Dreaming up new companies is not terribly difficult*: at the conference Andreas Weigend, the founder of Social Data Lab, came up with the idea of "another person's hat"; a product that **allows** you **to** don the digital identity of, say, an Islamic fundamentalist and see what the world looks like through his eyes. This sounds neat, **but** some of the **new** social-media technologies have a clown-suit quality to them. They are amusing the first time, **but** rapidly become tedious.

단어
founder 설립자
come up with 제시하다, 내놓다
fundamentalist 근본주의
neat 훌륭한, 정돈된, 말끔한
clown-suit 광대 옷
tedious 지루한, 진부한

결론에서는 경제의 제1 원칙인 희소성의 원칙을 강조하면서, 소셜미디어의 정보의 다양성이라는 문제 때문에 정보의 중요성에 대한 분별력 있는 판단이 중요할 것이라고 전망하고 있다. 정보의 중요성을 판단할 수 있는 필터, 기준의 중요성을 예측하고 있다.

10 *Most commentary on social media ignores an obvious truth— that the value of things* **is** largely **determined by** *their rarity.* The more people tweet, the **less** attention people will pay to any individual tweet. The more people "friend" even passing acquaintances, the less meaning such connections have. *As communication grows* **ever easier**, *the important thing is detecting whispers of useful information in a howling hurricane of noise.* For speakers, the new world will be expensive. Companies **will have to** invest in **ever more** channels to capture the same number of ears. For listeners, it will be baffling. Everyone will need **better** filters—editors, analysts, middle managers and so on—to **help** them extract meaning from the blizzard of buzz.

단어
commentary 논평, 언급, 주장
rarity 희소성
acquaintance 아는 사람, 지인

9 진술방식　　대조 CONTRAST　　예시 EXAMPLE　　인과 CAUSE&EFFECT

사전에 실려 있지 않은 표현이라도 하이픈을 활용해서 형용사를 만들 수 있다. 하이픈을 사용해서 형용사로 만들 때는 명사를 하이픈으로 연결하거나(e.g. heart-to-heart talk), 부사구를 하이픈으로 연결(e.g. on-the-job training)하거나, '명사+수동태'를 하이픈으로 연결(e.g. two-faced girlfriend)한다. 이외에도 하이픈을 활용해서 사전에는 존재하지 않는 다양한 표현을 만들어낼 수 있다.

새로운 회사를 설립하는 것이 어려운 일은 아니지만 처음에는 신기한 듯해도 새로운 제품이 시장을 침투하거나 새로운 시장을 개척하는 것은 쉬운 일이 아님을 지적하고 있다.

해석 새로운 회사를 꿈꾼다는 것은 엄청나게 어려운 일이 아니다. 소셜 데이터 랩 설립자인 안드레아스 웨이겐드는 컨퍼런스에서 "다른 사람의 모자"라는 개념을 주장했다. 이는 당신이 디지털 아이덴티티를 몸에 지니게 해줄 수 있는 것을 말한다. 예를 들면 이슬람 근본주의의 디지털 아이덴티티를 소지하게 하고 그의 눈에서 세상이 어떻게 인식되는지를 알게 해 주는 것이다. 이는 얼핏 보면 훌륭한 듯하지만, 일부 소셜미디어 기술은 광대 옷 수준의 퀄리티에 불과하게 느껴진다. 처음에는 재미있지만, 이내 지루해지고 만다.

10 진술방식　　대조 CONTRAST　　예시 EXAMPLE　　인과 CAUSE&EFFECT

개념을 나타내는 명사는 동격의 that절을 취해서 구체적인 내용을 설명할 수 있다. 본문에서 truth—that이 그러한 경우이다. 이러한 명사에 해당하는 것으로는 doubt, evidence, certainty, idea, possibility, hope, suggestion, thought 등이 있다.

소셜미디어를 사용하는 주체를 화자, 기업, 청자 등으로 구별해서 비용의 발생에 따른 효과 분석을 하고 있다. 정보의 과잉으로 가치가 떨어지며, 이러한 정보의 홍수 속에서 값진 정보, 즉 희소성이 확보되는 정보를 찾는 게 중요하다고 역설하고 있다. 정보의 유용성을 판단할 수 있는 필터가 필요한데, 에디터, 애널리스트, 중간 경영자 등이 이에 해당한다고 한다.

해석 소셜미디어에 대한 대부분의 주장은 자명한 진실을 외면하고 있다. 사물의 가치는 대개의 경우에 희소성으로 결정된다는 진실 말이다. 사람들이 더 많이 트윗을 할수록 개개의 트윗에 관심을 덜 갖게 된다. 사람들이 심지어는 어쩌다 아는 사람과 "친구"를 맺으면 그러한 관계의 의미는 희석되기 마련이다. 커뮤니케이션이 어느 때보다 수월해짐에 따라 중요한 것은 소음이 극심한 소용돌이 속에서 유용한 정보의 속삭임을 캐치하는 것이다. 화자에게는 신세계의 비용이 만만치 않을 것이다. 회사들은 같은 수의 귀를 사로잡기 위해서 그 어느 때보다 많은 채널에 투자해야 할 것이다. 듣는 사람들 입장에서는 이러한 사실이 당황스러울 수도 있다. 모든 사람들은 소음의 소용돌이 속에서 의미를 추출하기 위해서는 더 좋은 필터(에디터, 애널리스트, 중간 관리자 등등)가 필요할 것이다.

LOGIC ANALYSIS

▶ 문제 상황 ⇨ 원인 분석 ⇨ 대안 평가 ⇨ 최적 대안

문제 상황 (EFFECT)
소셜미디어에 대한 찬반양론이 거세다.

원인 분석 (CAUSE)
소셜미디어는 막대한 기회를 제공하는 동시에 큰 문제를 야기할 것으로 보인다.

기존 대안 (EXISTING ALTERNATIVE)
❶ 소셜미디어는 기업과 고객 간의 장벽을 허문다.
❷ 소셜미디어는 부정적인 고객들의 반응에 기민하게 대처한다.
❸ 평범한 사람들이 자신의 의견을 쉽게 개진하고 네트워크를 확장할 수 있다.
❹ 대기업들은 소셜미디어의 데이터를 활용한다.
❺ 정치적으로 소셜미디어를 통해서 영향력을 행사할 수 있다.
❻ 소셜미디어를 통해서 기업가들이 도움을 받을 수 있다.
❼ 소셜미디어를 통해서 새로운 기업을 창업할 수 있다.

대안 평가 (EVALUATION)
소셜미디어에 대한 대부분의 평가는 사물의 가치가 희소성에 의해서 결정된다는 자명한 진실을 외면한다. 다량의 정보에서 유용한 정보를 골라내는 것이 무엇보다 중요하다는 것을 외면하고 있다.

최적 대안 (OPTIMIZED ALTERNATIVE)
소음의 소용돌이 속에서 유용한 정보를 파악하기 위해서는 더욱 유용한 필터가 필요하다.

STATEMENT ANALYSIS

무엇이 사실인가? (FACTUAL)
소셜미디어는 엄청난 기회를 제공하지만, 큰 문제도 야기할 것이다.

Social media provides huge opportunities, but will bring huge problems.

어디에 가치가 있는가? (EVALUATION)
사물의 가치는 대부분 희소성에 의해서 결정된다.

The value of things is largely determined by their rarity.

어떻게 해야 하는가? (DOS AND DON'TS)
커뮤니케이션이 어느 때보다 쉽게 접근 가능해지고 있기 때문에 소음이 가득한 소용돌이 속에서 유용한 정보의 속삭임을 캐치하는 것이 중요하다.

As communication grows ever easier, the important thing is detecting whispers of useful information in a howling hurricane of noise.

The attraction of solitude

better half라는 말이 있다. '더 나은 반쪽'이라는 뜻이다. 자신과 평생을 약속하는 반려자는 나보다 더 나은 존재일까. '나 혼자 산다'는 것이 매력 있다는 말은 결국 혼자 사는 것에 대해 불편한 시선이 있어서가 아닐까. 그렇다면 혼자 사는 것이 더불어 사는 사회에 끼치는 영향이 무엇일지, 그리고 개인에게 있어서의 매력은 무엇일지 생각해 보자.

- Living alone is on the rise all over the world. Is this bad news?

  부제 전 세계적으로 독신주의가 증가 일로에 있다고 한다. 이는 골치 아픈 소식인가? 독신, 독거에 대한 우려의 목소리가 커지고 있다. 이러한 독신주의에 대해서 부정적인 가치 판단이 과연 옳은 것일까라는 질문을 던지고 있다. 주된 흐름은 가치명제가 될 것이며 독신 문제가 갖는 문제점을 해결하는 당위명제가 나올 것임을 예측할 수 있다.

【부제를 통한 예상 논점 정리】

1. 독신으로 산다는 것은 어떠한 의미인가. (현상 설명)
2. 독신을 유발하는 원인은 무엇인가. (원인 규명)
3. 독신의 문제점은 무엇인가. (원인 규명)
4. 독신이 야기하는 문제를 해결할 수 있는 방안은 무엇인가. (해결 방안, 대안 제시)

The attraction of solitude

🌐 BEGINNING

[1] THE Prada-toting protagonists of "Sex and the City", a once-popular American television show about single thirty-somethings in New York, are unlikely role models for Middle Eastern women. The second movie spin-off was partially set in Abu Dhabi, **but** the authorities stopped it from being filmed or even screened there.
【대조】

[2] *Yet the single lifestyle appears to be catching on even in the Gulf.* According to the latest statistics from the United Arab Emirates' Marriage Fund, a government body that provides financial assistance to the affianced, about 60% of women over 30 are unmarried, up from 20% in 1995—a trend that Said al-Kitbi, a government spokesman, calls "very worrying".
【대조】

단어 **tote** 나르다　**protagonist** 주인공　**unlikely** 그럴 것 같지 않게　**spin-off** 스핀오프, 영화·TV의 파생상품　**partially** 일부, 부분적으로　**yet** 그러나　**catch on** 인기를 얻다, 유행하다　**affianced** 약혼한

[3] If it is any comfort, the UAE is **far from** alone. *Singledom is on the rise everywhere.* Euromonitor, a research firm, predicts that the world will add 48m new solo residents by 2020, a jump of 20%. This means that singletons will be the fastest-growing household group in most parts of the world.
【대조】

[4] The trend is most marked in the rich West, where it has been apparent for some time. Half of America's adults, **for instance**, are unmarried, up from 22% in 1950. **And** nearly 15% live by themselves, up from 4%. **But** singles are multiplying in emerging economies **too**—and are changing consumption patterns. In Brazil annual sales of ready-made meals—much favoured by lone-rangers—have more than doubled in the last five years, to $1.2bn; sales of soups have tripled.
【예시】【열거】【대조】【열거】

단어 **far from** 결코 …이 아니다　**singledom** 독신 생활　**on the rise** 증가 추세에 있는　**singleton** 독신자　**mark** 기록하다, 특징을 갖다　**for some time** 한동안　**ready-made meals** 인스턴트 음식　**favour** 편애하다, 관심을 갖다　**lone-ranger** 독신주의자

서론에서는 전 세계적으로 독신주의가 증가하고 있다는 것을 소개하고 있다. 서구권 선진국이나 신흥국가 모두 독신주의가 대세라고 한다. 앞으로 독신주의의 배경에 대해 소개할 것을 알 수 있다.

| 1~2 진술방식 | 대조 CONTRAST | 예시 EXAMPLE | 열거 LISTING |

Key Point 객관적 판단을 나타내기 위해서 appear를 사용했다. 뒤 문장에서 통계 자료를 인용해서 중동 지역에서 독신주의가 인기를 끌고 있다catch on는 것을 보여주고 있으므로 객관적인 판단을 나타내는 appear를 사용했음을 알 수 있다. appear는 한국어로는 '보인다'로 해석되지만 seem보다 좀 더 객관적인 상황에서 '외관상 그렇게 보인다' 정도의 의미이다.

Focused Reading 전 세계적으로 유행한 〈섹스 앤 더 시티〉가 중동에서 상영 금지 조치를 받을 정도로 중동 지역에서 개방적인 여성은 환영받지 못하고unlikely role model 있지만, 중동 지역에서조차 독신주의가 유행하고 있다고 소개하고 있다.

해석 한때 인기가 상당했던 뉴욕의 30대 싱글 여성을 그린 미국 TV 쇼인 〈섹스 앤 더 시티〉에서 프라다 백을 들고 다니는 주인공은 중동 여성들의 롤모델이 되기 어려워 보인다. 후속작으로 스핀오프가 아부다비에서 부분적으로 시작되었지만, 당국에서는 촬영을 금하거나 심지어는 상영되는 것을 금지시켰다.

그러나 싱글 라이프 스타일이 심지어는 중동에서도 유행하고 있는 것처럼 보인다. 약혼자들에게 자금 지원을 제공하는 정부 단체인 아랍에미리트 결혼 기금 통계에 따르면, 1995년에 20%였던 30대 미혼 여성이 대략 60%로 증가했다고 한다. 정부 대변인인 사이드 알 키트비는 이를 "매우 우려할 만한 수준"이라고 칭했다.

| 3~4 진술방식 | 예시 EXAMPLE | 열거 LISTING | 대조 CONTRAST |

Key Point far from은 '결코 …이 아니다'라는 뜻으로 본문에서는 대조의 신호어로 사용되고 있다. 직접적인 부정 형태는 아니지만 부정을 나타내는 표현으로는 anything but(결코 …가 아니다), the last(결코 …하지 않을 것 같다) 등이 있다. 전치사 표현으로는 out of, above, beneath, against, past, beyond 등이 부정적인 의미를 가지고 있음을 기억하자. 또한 변화, 추세, 발달, 경향 등을 나타낼 때는 현재진행시제를 사용한다는 것에 유의하자. 독신주의가 전 세계적으로 유행하고 있고 소비 패턴의 변화를 유발하고 있다고 소개하면서 현재진행시제를 사용하고 있다. have tripled는 수치가 '세 배가 된다'는 뜻이다. '배'라는 표현은 영어에서 굉장히 자주 쓰는 표현이다. '세 배', '두 배'라는 표현을 영어에서는 동사를 써서 표현한다.

Focused Reading 서방 선진국뿐만 아니라 개발도상국에서도 독신주의가 유행하고 있으며, 이로 인해서 독신자들이 선호하는 인스턴트식품의 연간 매출액이 급증하고 있다는 이야기를 하고 있다. 즉, 인스턴트식품 매출 증가를 통해서 주된 고객층인 '싱글 이코노미'의 증가를 추정하고 있는 것이다.

 이는 비단 아랍에미리트에만 해당하는 일이 아니라는 것이 위로가 될 수 있을까. 거의 전 세계로 독신이 확산되고 있다. 리서치 회사인 유로모니터는 2020년까지 4800만 명의 1인 가구가 추가로 증가하게 되는데 이는 20%의 급증세라고 예측하고 있다. 이는 1인 가구가 가장 빠르게 증가하는 가구 유형이 될 것임을 의미한다.

이러한 추세는 서방 선진국에서 가장 두각을 나타내고 있다. 꽤 오랫동안 이러한 추세는 계속 유지되었다. 예를 들면, 미국 성인의 절반이 미혼인 상태인데 이는 1950년의 22%에서 늘어난 상황이다. 그리고 거의 15%가 1인 가구로 살고 있는데 이는 4%에서 상승한 수치이다. 그러나 이는 개발도상국가에서도 급증하고 있으며 이러한 경향으로 인해서 소비 패턴이 변화하고 있다. 브라질에서는 독신주의자에게 많은 사랑을 받고 있는 인스턴트식품의 연간 생산이 지난 5년에 비해서 2배 이상 늘어나 12억 불이 되었다. 수프의 판매량은 3배로 치솟았다.

5 ***Although*** the phenomenon is global, the **factors** that **drive** it **vary**. Dilma Rousseff, the unattached president of Brazil, leads a country where rapid industrialisation has gone hand in hand with people getting married less and later. In Japan women are refusing to swap their careers for the fetters of matrimony. Even in Islamic Iran, **some** women are choosing education over marriage, exploiting newly relaxed divorce laws or flashing fake wedding rings to secure sole lodgings.

6 The picture is **more** troubling in China and India, where the dark arts of selection for male babies promise a generation of bachelors with diminished conjugal prospects. **The inverse is true** among African-Americans. America's prison system ensnares one in nine black men between the ages of 19 and 34, narrowing the pool for black women who, by and large, do not marry outside their racial group.

단어

phenomenon 현상, 장관
drive 만들다, 가다, 운전하다
unattached 사귀는 사람이 없는, 소속되어 있지 않는
hand in hand 서로 손을 잡고, 손에 손을 잡고
refuse to 거절하다, 거부하다
swap 교환하다, 바꾸다
fetters 족쇄, 구속, 속박
matrimony 결혼, 기혼
exploit 이용하다, 개발하다
lodging 임시 숙소, 하숙, 셋방
bachelor 미혼남, 독신남
conjugal 부부의, 부부관계의
inverse 반대의, 역의
ensnare 유혹하다, 덫으로 잡다
by and large 대체로, 전반적으로
racial 인종의

7 ***Three*** **explanations** *apply in general*, ***however***. **First**, women are often marrying later as their professional opportunities improve. **Second, thanks to** increased longevity, bereaved spouses are outliving their partners for longer than the widows and widowers of yesteryear. **And third**, changing social attitudes in many countries mean that the payoffs of marriage—financial security, sexual relations, a stable relationship—can now often be found outside the nuptial bed.

단어

explanation 설명, 해석, 해명
longevity 장수, 수명, 생명
bereaved 사별한, 유족이 된
spouse 배우자
outlive …보다 오래 살다, 살아남다
widow/widower 미망인/홀아비
yesteryear 지난해, 작년
payoff 보상, 분배, 청산
nuptial 결혼 생활의, 결혼의

본론에서는 독신주의 현상이 각국에서 나타나는 다양한 요인, 독신주의를 선호하는 현상을 설명할 수 있는 원인, 그리고 독신주의의 전 세계적인 확산에 따른 문제점을 제시하고 있다. 개인의 선택인 독신주의 현상의 배경에는 사회의 구조적인 배경이 있다는 것을 소개하고 정책적인 판단이 해결 방안이라는 것을 전제로 논의가 전개되고 있음에 유의하자.

5~6 진술방식 | 예시 EXAMPLE | 인과 CAUSE&EFFECT | 대조 CONTRAST

Key Point
앞선 논의에 이어 독신주의의 확산이 세계적으로 나타나고 있다는 것을 현재진행시제를 사용해서 보여주고 있다. 본문에서 관계부사 where가 보인다. 관계부사는 한국어에는 없는 표현이므로 해석에 유의해야 한다.

Focused Reading
브라질, 일본, 이란, 중국, 인도, 미국의 경우를 나열하면서 독신주의의 전 세계적인 다양한 양상을 소개하고 있다. 나라의 사정이 제각각이기 때문에 이러한 다양한 상황을 설명하는 일반적인 진술이 필요하다는 것을 예측하면서 읽어야 한다. 다양한 근거를 제시하는 이유는, 인과관계를 나타내는 주장이나 명제의 근거를 충분하게 마련하기 위해서이다.

해석 이러한 현상은 전 세계적으로 확산되고 있지만, 현상을 유발하는 요인은 제각각이다. 브라질의 싱글 대통령인 지우마 호세프는 결혼을 늦추거나 하지 않은 사람들에 힘입어서 급속한 산업화를 달성하게 되었다. 일본에서는 여자들이 자신의 경력을 결혼 생활의 구속과 맞바꾸는 것을 거부하고 있다. 심지어는 이슬람 국가인 이란에서도 일부 여성들은 결혼 대신에 교육을 택하고 있으며 새롭게 개정되어 관대해진 이혼 관련 법을 이용하거나 1인 숙사를 확보하기 위해서 가짜 결혼반지 사진을 찍기도 한다.
남아 감별이라는 불법 시술이 은밀히 이루어지고 있기 때문에 장래에 결혼 상대자들이 줄어들게 되어 독신 남성들의 세대가 예상되는 중국과 인도에서는 상황이 더욱 심각하다. 아프리카계 미국인들은 이와 정반대의 상황이다. 미국 교도소는 19~34세 흑인 남성의 9명 중 1명이 수감되어 있어, 대체로 같은 인종과 결혼하는 흑인 여성들의 배우자 선택 폭이 줄어들고 있다.

7 진술방식 | 열거 LISTING | 인과 CAUSE&EFFECT | 대조 CONTRAST

Key Point
in general이라고 한 것은 앞서 논의에서 전 세계적으로 나타나는 독신주의의 다양한 양상에 대해서 공통적으로 적용되는 설명을 하기 위해서이다. increased longevity의 경우 '늘어난 장수'라고 해석하기보다 '수명이 늘어나다'처럼 명사는 주어, 형용사는 서술어의 주술관계로 해석하는 것이 자연스럽다. 역으로, 영작을 할 때에는 주술관계는 '형용사+명사'의 명사구로 처리하는 것이 영어다운 표현이다. mean that 구문에서 주어는 판단의 근거가 되고 that절은 판단의 결과가 되므로 '…을 통해서 …을 알 수 있다'로 해석하면 된다.

Focused Reading
경력 관리를 위한 결혼 연기, 수명의 증가로 인한 사별 후 독신 기간, 사회적 인식 변화에 따른 결혼의 이점 상쇄 등으로 인한 독신 선호 현상을 설명하고 있다. 독신 선호 현상에 대해서 세 가지 설명이 적용 가능하다는 것은 독신 선호 현상의 원인을 분석하는 것이다. 앞서 소개되었던 지역마다 다른 독신 선호 현상에 대한 일반적인 원인에 대해서 설명하고 있는 단락으로 이 글의 핵심 단락 중 하나이다.

해석 일반적으로 세 가지 설명이 적용 가능하다. 첫째로, 여자들은 자신의 경력이 개선될 수 있는 기회를 기다리기 때문에 종종 결혼을 늦추고 있다. 둘째로, 수명이 늘어남에 따라 배우자와 사별한 후에 과거보다 더 오랫동안 독신으로 살고 있다. 그리고 셋째로, 많은 국가들에서 사회적 태도가 변화함에 따라서 재정적 안정, 성적 관계, 안정적인 관계 형성 등의 결혼의 이점을 혼인을 하지 않고서도 누릴 수 있는 경우가 흔하다.

8 *The spread of singledom has drawbacks.* One-person households have a **bigger** carbon footprint **than** joint dwellings and **drive up** housing costs. Singles tend to have **fewer** children, **increasing** the **burden** on the young to support an ageing population. **And** single people appear **more** vulnerable and **thus** potentially **costlier** to society **than** those who have a partner: numerous studies have confirmed the psychological and health benefits of stable romantic unions.

단어
drawback 결점, 문제점
carbon footprint 이산화탄소 배출량
dwelling 주거, 거택
drive up 빠르게 끌어올리다
burden 부담, 짐, 책임
ageing population 노령 인구, 노인 인구
vulnerable 취약한, 연약한, 영향받기 쉬운
costlier 값이 비싼, 사치스러운, 손해가 많은
numerous 수많은, 다양한, 다수의

9 *Yet these worries may be overdone.* The term "single" lumps all unmarrieds into one basket, **making** it **hard** to distinguish between true loners and those who cohabit out of wedlock or live with friends or family. Even those who live alone are not necessarily solitary. "Living alone, being alone and feeling lonely are three different social conditions," says Eric Klinenberg, a sociologist at New York University and author of a recent book, "Going Solo".

10 **Far from** being loners, Mr Klinenberg argues, singles are **more** likely to spend time with friends and neighbours, and to volunteer in civic organisations. This **explains why** singlehood proliferates in places where such networks can crystallise, he says: in many urban centres and in Scandinavia, where strong social safety nets free people to pursue their own goals. By 2020, Euromonitor predicts, almost half of households in Sweden will contain only one person.

단어
yet 그러나
overdo 과장하다, 지나치게 하다
lumps 덩어리, 혹, 한 무더기
distinguish 구별하다, 구분하다
cohabit 동거하다, 양립하다
wedlock 결혼, 혼인 부담, 짐, 책임
not necessarily 반드시 …일 필요는 없다
solitary 혼자 있는, 혼자서 잘 지내는, 외딴
author 작가
far from 전혀 아닌, 오히려
be more likely to …하려는 가능성이 더 있다
proliferate 급증하다, 확산되다
crystallise 확고해지다, 결정체를 이루다
contain 포함하다, 억누르다, 방지하다

8 진술방식   인과 CAUSE&EFFECT   열거 LISTING   대조 CONTRAST

Key Point
burden 다음에 나오는 전치사 on은 '영향'의 의미에서 분화되어 '부담', '의무'를 나타낸다. 전치사는 대표적인 의미를 중심으로 공부하는 것이 중요하다. 앞서 소개한 mean that 구문과 마찬가지로 numerous studies have confirmed 이하도 주어를 판단의 근거, 목적어는 판단의 결과로 해석하면 자연스럽다. 따라서 '수많은 결과를 통해서 확인되었다' 정도로 해석하면 될 것이다.

Focused Reading
독신주의가 가지는 문제점을 지적하고 있다. 탄소 배출 증가에 따른 주거 비용의 증가, 자녀를 덜 가지게 됨으로써 생기는 노인세대 부양의무 증가, 사회적 취약성에 따른 잠재적 비용의 증가가 그것이다. 실제로 1인 가구들이 가지는 잠재적인 비용에 대해서 정부가 해결해야 한다는 목소리가 커지고 있는 것이 현실이다. 로맨틱한 결합을 통해 안정을 추구한다는 연구가 흥미롭다.

해석 독신주의 확산에는 문제가 있다. 1인 가구는 2인 가구에 비해서 탄소 배출량이 더 많고 주거비도 더 높다. 싱글은 아이를 가지는 경향이 적기 때문에 젊은 세대가 노인을 부양해야 하는 부담이 증가하게 된다. 그리고 독신자들은 더 취약한 것처럼 여겨지기 때문에 2인 가구보다 사회적으로 잠재적 비용이 더 높은 것으로 보인다. 수많은 연구가 안정적으로 로맨틱한 결합을 하는 것이 심리적으로나 건강에 있어서 유익함을 입증하고 있다.

9~10 진술방식   대조 CONTRAST   인과 CAUSE&EFFECT   예시 EXAMPLE

Key Point
may라는 조동사를 사용한 것으로 보아 판단이 확정적이지 않다는 것을 알 수 있다. 본문에 등장하는 not necessarily는 부분 부정을 나타내는 표현으로 '반드시 …일 필요는 없다'라는 뜻이다. 이러한 부분 부정 표현으로는 not always, not necessarily, not entirely, not altogether, not exactly 등이 있으며 '반드시 …인 것만은 아니다'로 해석해야 한다.

Focused Reading
독신이라는 개념의 애매모호함 때문에 실제 독신자와 동거자, 친구 혹은 가족과 함께 사는 사람과 구별하기 어렵다는 점을 들고 있다. 또한 혼자 사는 사람이 반드시 고독한 것은 아니라는 점을 들고 있다. 혼자 사는 것, 혼자 있는 것, 외로움을 느끼는 것은 각각 다른 사회적 상태라는 것이다. 여기에서는 개념의 불분명함, 분류의 애매모호함 때문에 빚어지는 오해로 인해 우려가 너무 지나치게 확대해석되고 있다고 경계하고 있다.

해석 그러나 이러한 우려는 지나친 것일 수 있다. "싱글"이라는 용어는 모든 미혼자들을 하나의 카테고리로 여기기 때문에 실제 독신자와 동거자, 혹은 친구나 가족들과 같이 사는 사람들 간의 구별이 어렵다. 심지어는 혼자 사는 사람이 반드시 고독한 것만은 아니다. "혼자 사는 것, 혼자 있는 것, 그리고 외로움을 느끼는 것은 각각 다른 사회적 상태"라고 뉴욕 대학교의 사회학자이자 최근 출간된 〈Going Solo〉의 저자 에릭 클리넨버그는 지적한다.
싱글들은 외톨이로 지내는 것이 아니라 오히려 친구, 이웃들과 시간을 보내거나 사회 활동에 더 참여하는 경향이 있다고 그는 주장한다. 이는 사회적 관계가 더욱 분명한 지역에서 독신자들이 늘어나는 것을 설명한다. 많은 도시 중심 지역이나 스칸디나비아에서는 강한 사회 안전망 덕분에 사람들이 자신들의 목표를 추구하는 것에 자유롭다고 한다. 2020년까지 스웨덴의 가구 중 거의 절반이 1인 가구가 될 것으로 유로모니터는 전망하고 있다.

11 *Policymakers have tended to ignore singletons*—and been guilty of what Bella DePaulo, a social psychologist at the University of California in Santa Barbara, calls "singlism". From tax breaks to holiday arrangements, couples and spouses often enjoy a host of benefits that singles do not.

Fewer marriages, better marriages
혼인율의 감소, 결혼의 매력

12 *Some governments are now trying to stem the tide.* The UAE's Marriage Fund, **for instance**, has spent almost $16m this year in one-off grants to **encourage** couples **to** tie the knot. It **also** sponsors mass weddings, and publishes a regular information bulletin whose title translates as the Journal of Passion. In America the Obama administration has continued to fund the "Healthy Marriage Initiative", a programme launched by George W. Bush, to encourage unmarried parents to get hitched, at a cost of $150m a year.

13 *Such efforts may not work, or may even backfire.* Recent studies of marriage promotion in America suggest that it is **ineffective** when directed towards non-white or poor families, for whom financial security seems to have a **higher** priority **than** improving intimate relationships. **More broadly**, **some** of the things that **make** marriages today **more** unstable—their voluntary nature and women's higher standards in relationships—**also explain why**, when marriages work, they are **fairer** and **more** intimate **than** ever before, points out Stephanie Coontz, the author of "Marriage: A History".

결론 부분에서는 독신에 대한 정부의 인식 부족, 최근의 독신에 대한 정부의 노력, 그리고 향후의 전망에 대해서 이야기하고 있다.

| 11~12 진술방식 | 예시 EXAMPLE | 열거 LISTING | 인과 CAUSE&EFFECT |

Key Point 현재완료시제와 현재진행시제의 쓰임에 유념하자. 지금껏 정책 담당자들이 독신주의를 경시해 온 분위기를 소개하기 위해서 과거와 현재의 지속성을 나타내는 현재완료시제를 사용했으며, 최근에 그 흐름을 바꾸기 위해서 노력하고 있는 중이라는 태도 변화를 나타내기 위해서 현재진행시제를 사용하고 있다.

Focused Reading '싱글리즘'이라는 혐의에서 자유로울 수 없는 정부가 최근에는 독신주의를 해결하기 위해서 정책을 입안하고 집행하는 등의 변화가 감지되고 있다고 한다. 지금까지 글의 전개로 보아 이 부분에서 정부가 독신주의의 유행에 따른 문제점을 심각하게 인지하지 못했다는 문제 제기를 하기 위해서 논의를 전개해 왔음을 알아채야 한다.

해석 입법 당국자들은 독신자들에 대해서 관심이 없었던 것처럼 보인다. 그리고 산타 바바라에 있는 캘리포니아 대학의 사회 심리학자 벨라 드파울로가 지적한 대로 "싱글리즘"에 대해 입법 당국자들의 책임이 있는 것이 사실이다. 세제 혜택부터 휴일 계획까지 커플과 배우자들은 싱글들이 누리지 못하는 엄청난 혜택을 누리는 것은 흔한 일이다.
일부 국가에서는 이러한 차별적 분위기를 막기 위해서 노력하고 있는 중이다. 예를 들면, 아랍에미리트 결혼 기금은 결혼 장려 보조금 명목으로 올해 1600만 달러를 사용했다. 그리고 단체 결혼식을 지원하고 〈열정의 저널〉이라고 번역되는 정기 간행물을 출간하고 있다. 미국에서는 오바마 정부가 조지 부시 전 대통령 집권 당시에 출범한 "건강한 결혼 장려 프로그램"을 계속 지원하기로 했다. 결혼하지 않은 부모가 결혼하게 하기 위해서 연간 1억5천만 달러를 지출하고 있다.

| 13 진술방식 | 인과 CAUSE&EFFECT | 열거 LISTING | 대조 CONTRAST |

Key Point 본문에 나온 suggest, explain은 판단의 근거-판단의 결과를 나타내기 위해서 사용한 동사이다. 대조의 진술 방식을 통해서 정부 정책의 실효성이 전무하거나 부작용이 있을 수 있다는 것을 극대화하고 있다. more broadly는 얼핏 보면 대조의 신호어라고 생각할 수 있으나, 의미상 열거로 보는 것이 바람직하다. 기계적으로 신호어를 적용할 것이 아니라, 문맥을 고려해서 진술방식을 파악할 수 있어야 한다.

Focused Reading 정책 대상에 있어서 백인이 아니거나 빈곤 가정인 경우 비효율적이라는 설명을 하고 있다. 즉, 대상의 적용에 있어서 정책의 실효성을 검증하고 있다. 보통 논리적인 글에서 논리의 취약성을 입증(weaken the argument)할 때에는 논의의 대상, 적용의 대상, 혹은 주체의 상이함으로 접근하는 경우가 많다.

해석 그러나 이러한 노력은 별로 효과가 없거나 오히려 역효과를 가져올 수 있다. 최근 미국의 결혼 장려에 관련한 연구에 따르면 백인이 아니거나 빈곤층인 가정을 직접적으로 대상으로 할 때 이들이 친밀한 관계 형성보다는 재정적인 안정을 우선시하기 때문에 효과가 없다고 지적한다. 더 광범위하게 보면, 오늘날 결혼을 더욱 불안하게 하는 요소들(자발적으로 선택하는 성향이나 관계에 있어서 여자들이 가지는 높은 기준)이 또한 결혼이 효과가 있을 때 그들이 그전보다 더 공평하고 더 친밀하다는 것을 설명해 주는 이유가 된다고 〈결혼: 하나의 역사〉라는 책의 저자 스테파니 쿤츠가 지적하고 있다.

14 *So governments should stop panicking.* When Cupid's hand **is forced**, his arrow is liable to misfire. In early imperial Rome, when the emperor Augustus put a tax on celibacy in response to anaemic marriage rates, he faced a spate of betrothals to underage women, an open revolt from his senators—and a decline in his citizens' conjugal appetites.

 **진술방식** | 프로세스 PROCESS | 인과 CAUSE&EFFECT | 예시 EXAMPLE

Key Point 본문에서 when은 '만약'이라는 조건의 의미로 해석하는 게 적절하다. If절로 쓰지 않은 이유는 확실성의 정도가 더 높기 때문이다. '만약 큐피드의 손을 강제적으로 조정하게 되면'이라고 해석되지만, 화살이 잘못 발사될 확률이 if절로 표현할 때보다 더 높기 때문에 when으로 표현한 것이다. 다시 말해서 큐피드의 손을 방임하지 않고 정부가 개입하는 것이 일반적인 현상이고, 이에 따른 부작용이 분명하기 때문에 when을 사용한 것이다. 이렇게 when으로 표현된 의미가 시간으로 해석이 안 될 때는 조건절로 해석하거나 because와 같은 원인의 의미로 해석하면 더 자연스러울 때가 있으니 유의하자.

Focused Reading 역사적인 사실을 통해서 자신의 논지를 강화하고 있다. 정부가 독신주의에 대해서 전전긍긍하고 호들갑을 떨게 되면 그 부작용이 더욱 커질 것이라고 하며 대안평가로 글을 마무리하고 있다.

해석 따라서 정부는 이제 호들갑을 떠는 일이 없어야 하겠다. 큐피드의 손이 강제로 조정될 때 화살은 결국 불발에 그치게 된다. 고대 로마제국의 아우구스투스 황제가 저조한 혼인율에 대해 독신자들에게 세금을 부과했을 때 성년이 되지 않은 여자들이 대거 약혼을 하거나 원로들의 공공연한 저항을 직면하게 되었다는 것을 기억해야 한다. 결국, 강제적인 정책이 시민의 결혼 욕구의 감소로 나타났던 사실 말이다.

When I look to the future, it's so bright, it burns my eyes.
나는 미래를 보노라면 너무나도 밝아서 눈이 부실 지경이다. -오프라 윈프리

LOGIC ANALYSIS

▶ 문제 상황 ⇨ 원인 분석 ⇨ 대안 평가 ⇨ 최적 대안

문제 상황 (EFFECT)
전 세계적으로 독신주의가 확산되고 있으며 이는 여러 가지 문제점을 수반하고 있다.

원인 분석 (CAUSE)
독신주의의 근본적인 원인은 경력 관리를 위한 결혼 연기, 평균 수명의 증가로 인한 사별 후 독거 기간의 증가, 결혼의 독점적인 매력의 감소 등이 있다.

기존 대안 (EXISTING ALTERNATIVE)
정부는 독신자들을 자주 간과해 왔으며 독신자들을 차별해 왔다. 당국자들의 노력이 있었지만 큰 실효가 없었거나 오히려 역효과를 낳게 되었다.

대안 평가 (EVALUATION)
❶ 1인 가구는 탄소 배출량, 주거비 등의 비용 증가, 아이가 없는 것으로 인한 노인 부양 부담의 증가, 사회적 취약으로 인한 잠재적 비용의 문제가 있다.
❷ 독신이라는 용어의 애매모호함 때문에 실제 독신자, 동거자, 친구나 가족과 같이 거주하는 사람 간의 구별이 어렵다.
❸ 독신자들은 외톨이로 지내는 것이 아니라 오히려 이웃들과의 교제나 사회 참여에 더욱 적극적이다.

최적 대안 (OPTIMIZED ALTERNATIVE)
정부가 독신주의에 대해서 유난을 떠는 일을 삼가야 한다. 지나친 독신주의에 대한 개입은 정책의 효과가 없거나 심지어는 부작용을 낳게 될 수 있으니 유념해야 한다.

STATEMENT ANALYSIS

무엇이 사실인가? (FACTUAL)
전 세계적으로 독신주의가 다양하게 나타나고 있으며 늘어나고 있는 추세이다.

Singledom is on the rise everywhere.

어디에 가치가 있는가? (EVALUATION)
독신주의를 지향한다는 것이 반드시 외로움을 의미하는 것은 아니다. 혼자 사는 것, 혼자 있는 것, 외로움을 느끼는 것은 각기 다른 사회적 상태이다.

Even those who live alone are not necessarily solitary. Living alone, being alone and feeling lonely are three different social conditions.

어떻게 해야 하는가? (DOS AND DON'TS)
정책 당국자들의 노력은 실효성이 없거나 심지어는 부작용이 있을 수 있다. 따라서 정부는 독신주의에 대해서 유난을 떠는 일을 삼가야 한다.

Such efforts may not work, or may even backfire. So governments should stop panicking.

The chaebol conundrum

'재벌'이라는 말은 '김치'처럼 한글을 영어로 그대로 발음하여 표기한다. 재벌은 창업주와 직계가족들이 연합하여 기업을 지배하는 독특한 구조로서 세계에서 유래를 찾아볼 수 없는 기업 형태이다. 한국의 재벌은 권력과의 공생을 통해서 다양한 특혜를 누리고 막대한 부를 축적하며 형성되었다. 재벌 문제의 큰 원인은 정경 유착이기 때문에 재벌이라는 말이 유래한 배경대로 권력의 비호 아래에서 벗어나자고 주장한다.

- Korea Inc is back and booming. So it's time to stop coddling the all-conquering chaebol

  부제 한국 주식회사가 회복세를 넘어서서 부흥하고 있다. 이제 엄청난 세력을 자랑하는 재벌을 끼고도는 것은 그만둘 때가 왔다. 한국 주식회사라는 표현이 긍정적인 표현이 아니라는 것은 짐작할 것이다. 재벌을 중심으로 성장을 구가했지만 그로 말미암은 부작용으로 인해서 한국 경제의 건전성이 의심을 받는 상황이다.

【부제를 통한 예상 논점 정리】

1. 한국 주식회사라고 명명할 수 있는 이유가 무엇인가. (원인 규명)
2. 한국이 다시 부흥할 수 있었던 원인이 무엇인가. (원인 규명)
3. 재벌이 한국 경제에 기여한 바와 부작용은 무엇인가. (원인 규명, 한계 입증)
4. 재벌 문제를 해결하기 위한 구체적인 방법은 무엇인가. (해결 방안, 대안 제시)

The chaebol conundrum

 **BEGINNING**

1 PERHAPS it is the **result** of being sandwiched between the
【인과】
imperial dynasties of China and Japan. It may **have something to**
【인과】
do with having a nuclear-armed hermit to the north. *Whatever*
the reason, South Koreans nurture a deep sense of insecurity.
【인과】
That makes them good capitalists. So good, **in fact**, that if any
【인과】   【대조】
rich country can claim to have done well in the recent global
crisis, it is theirs. Last year, **despite** its dependence on exports
【대조】
and the collapse of world trade, South Korea's economy grew
faster than any other in the OECD.
【대조】

단어 **imperial** 제국의, 황제의　**dynasty** 왕조　**hermit** 은둔자　**nurture** 양성하다, 육성하다, 품다
insecurity 불안감

2 South Korea's remarkable resilience is partly **down to** clever
【인과】
economic management. The government provided lashings of
stimulus. **But** it was **not just** domestic demand that **kept** the
【대조】   【열거】   【인과】
economy going. *The export prowess of those peculiar corporate*
beasts, called the chaebol, was also responsible.
                              【열거】 【인과】

단어 **resilience** 회복력, 반동, 탄력　**down to** …때문에 생기다　**lash** 채찍질　**stimulus** 자극, 충동
prowess 기량, 솜씨　**peculiar** 이상한, 기이한　**responsible** 책임 있는, 원인이 되는

서론 부분에서는 한국의 경제 성장에 재벌이 등장한 배경을 설명하고 있다. 한국인 특유의 불안감으로 말미암아 자본주의에 집중했고, 이러한 자본주의의 상징이 재벌임을 소개하고 있다.

| 1 진술방식 | 인과 CAUSE&EFFECT | 열거 LISTING | 대조 CONTRAST |

Key Point
have something to do with는 관련성을 나타내는 표현으로, 넓은 의미의 인과관계로 볼 수 있다. to have done은 완료부정사로 한 시점 앞선 시간 표현을 구별하기 위해서 사용한다. despite its dependence on exports and the collapse of world trade에서 명사의 서술적인 표현에 유의하자. '의존하다'라는 depend on의 서술적 구조에서 주어인 it은 명사를 수식하기 위해서 its가 되고 특정 전치사인 on은 그대로 활용된다. 그래서 '한국이 수출에 의존했음에도 불구하고' 라는 식의 주술관계로 해석해야 한다.

Focused Reading
중국, 일본 사이의 샌드위치 관계보다 덜 확정적이기 때문에 앞에서는 결과의 의미의 result, 뒤에서는 약한 의미의 인과관계를 표현하기 위해서 관련성을 나타내는 have something to do with를 사용했다. 상관관계와 인과관계는 엄밀한 의미에서 구별할 필요가 있다. 한국인의 불안감이 단순한 수준이 아니기 때문에 자본주의자가 되었다는 설명이 흥미롭다.

해석 아마도 이는 제국주의의 왕조인 중국과 일본 사이에 끼인 샌드위치와 같은 처지에서 비롯한 결과일 수도 있다. 혹은 핵 무장한 은둔자 북한과 관련이 있을 수도 있다. 원인이 무엇이든 간에 한국 사람들은 불안이라는 감정을 뿌리 깊게 가지고 있다. 이러한 불안감 때문에 한국인은 훌륭한 자본주의자가 될 수 있었다. 사실, 만약 어떤 선진국에서 최근 세계 경제 위기에 대처를 잘 해왔다고 주장을 할 수 있다면 이는 한국일 것이다. 한국이 수출에 의지하고 전 세계적으로 무역이 원활하지 않았음에도 불구하고 작년 한 해 동안 한국 경제는 OECD 다른 어느 국가보다 급격한

| 2 진술방식 | 인과 CAUSE&EFFECT | 열거 LISTING | 대조 CONTRAST |

Key Point
down to가 생소한 표현일 수 있어도 문맥상 인과관계, 즉 원인과 결과를 따져보고 있다. 말미에 responsible을 통해서 '…의 책임이다'라는 뜻을 유추해 볼 수 있다. resilience는 영어에서 매우 중요한 개념으로 '회복력', '탄력성'이라는 뜻이다. 이 단어는 비단 경제 개념뿐 아니라 개인의 인격적인 성장과 회복에도 쓰이는 단어임을 유념하자.

Focused Reading
한국의 놀랄 만한 회복세의 원인을 분석하면서 나열하고 있다. 이는 현명한 경제 관리, 국내 수요와 더불어서 기이한 peculiar 형태의 기업 야수인 재벌의 덕택이라고 밝히면서 논의를 재벌로 집중하고 있다. 영어에서는 이런 식으로 중심 논제를 이야기하기 위해서 화제를 먼저 제시한 다음 논의의 범위를 점점 좁혀가는 것이 일반적이다.

해석 한국의 놀라운 회복성은 부분적으로는 현명하게 경제 운용을 해왔기 때문일 것이다. 정부는 많은 경기 부양책을 제공했지만 이 회복성은 경제가 활력을 띄도록 유지하는 국내 수요 때문만은 아니었다. 이는 재벌이라고 불리는 기이한 형태의 기업 야수의 수출 역량에도 그 원인이 있다.

3 *In the years after the Asian financial crisis of 1997-98, these unwieldy conglomerates, known disparagingly as Korea Inc, were regarded as villains, because of their habits of crony capitalism.* Their shabby corporate governance and their dominance of the economy were widely criticised. Since then, bosses have been jailed, transparency increased and corporate governance improved.

단어
unwieldy 다루기 불편한, 거추장스러운
conglomerate 재벌
disparagingly 얕보아, 경멸하여
villain 악당
crony 친구, 패거리
shabby 허름한, 구식의
dominance 지배, 우월함, 권력
jail 투옥하다, 교도소
transparency 투명성

4 *Since the global economic crisis they have been regarded as saviours in South Korea.* **Though** the country's exports slid, its biggest companies, **such as** Samsung Electronics and Hyundai Motors, gobbled up market share from competitors in Japan, Europe and America. Granted, they benefited from a cheap won. **But** they **also** made a fine job of selling things **like** electronics, chips and ships in fast-growing emerging markets to make up for some of the sales lost in the West. Samsung's profits this year are forecast at a record $10 billion, and its sales at $130 billion, which would confirm its lead over Hewlett-Packard as the world's biggest technology company by revenue.

단어
saviour 구원자, 구세주
gobble 잡아먹다, 게걸스럽게 삼키다
granted 당연히, 확실히
make up for 벌충하다, 상쇄하다, 보상하다
forecast 예측하다, 예상하다
confirm 확실하게 하다, 확증하다, 확인하다
revenue 수입, 수익, 이익

본론에서는 재벌 중심의 한국 경제 발전의 배경과 원인에 대해서 서술하고 있다. 1997~98년에 아시아 금융 위기를 전후로 평가가 달라진 원인을 밝히고 있다. 나아가서 재벌 중심의 경제 체제가 향후 현대 비즈니스의 환경에 적절하지 못하다는 한계를 내부적인 약점과 외부적인 위협으로 나누어서 밝히고 있다.

3 진술방식 | 인과 CAUSE&EFFECT | 열거 LISTING | 대조 CONTRAST

Key Point
be widely criticized는 '널리 비난받다'라는 표현이다. 하나의 동사가 만드는 콜로케이션은 '동사+전치사', '동사+명사(타동사의 목적어)', '부사+동사'이다. 동사가 만드는 관용구는 전치사, 명사, 부사의 순으로 중요하다.

Focused Reading
1997~98년 아시아 금융 위기 때 정실 자본주의로 인해서 비난을 받던 재벌에 대해서 소개하고 있다. 재벌 중심의 전근대적 기업 지배 구조에 대한 자각으로, 재벌 총수들이 투옥되고 기업의 투명성이 확보되고 지배 구조가 개선되었다는 설명이다.

해석 1997~98년에 일어난 아시아 금융 위기 이후, 다루기 까다로운 한국의 거대한 재벌 기업들은 악당처럼 인식되었다. 이는 재벌의 정실 자본주의적인 낡은 습관 때문이었다. 재벌의 낡은 기업 경영 구조와 경제 지배는 크게 비난받았다. 그 이후로 재벌 총수들은 교도소로 보내졌고 기업의 투명성이 증가되고 회사의 경영이 개선되었다.

4 진술방식 | 예시 EXAMPLE | 열거 LISTING | 대조 CONTRAST

Key Point
Granted (that)는 보통 '설사 ~라도'의 의미로 even if, even though와 같은 양보의 접속사로 사용된다. 그러나 본문에서는 '당연히'라는 문장 수식부사 임에 유의하자. make up for는 '벌충하다', '상쇄하다', '보상하다'라는 뜻으로 atone for, compensate for가 같은 뜻으로 자주 사용되니 기억해 두자. 보상한다는 것은 비즈니스 상으로나 법률적으로 중요한 의미이므로 상업을 통해 발달한 영어에서는 이에 대한 다양한 표현이 발달한 것이 당연하다.

Focused Reading
세계 경제 위기 이후에 재벌에 대한 평가가 바뀌고 있다는 것을 예시를 통해서 보여주고 있다. 그전에는 악당villains 취급을 받던 재벌 기업이 이제는 구세주saviours로 세간의 평가가 바뀌었다는 설명이다. 글에서 미묘하게 재벌에 대한 비난의 뉘앙스가 있다는 것을 느낄 수 있어야 한다.

 세계 경제 위기 이후 재벌은 한국에서 환영받았다. 비록 한국의 수출이 하향세였어도 삼성전자와 현대자동차와 같은 대기업들은 일본, 유럽, 미국 경쟁자들의 시장 점유율을 압도했다. 재벌은 원화 가치절하를 통해 이익을 보았다. 그러나 재벌은 서양에서 부진했던 판매의 일부를 만회하기 위해서 빠르게 성장하던 이머징 마켓에서 전자, 반도체, 조선 분야에서 수출 호조를 훌륭하게 만들어 낸 것도 사실이다. 올해 삼성의 이익이 100억 달러에 이를 것이라고 예측하고 있으며 제품 판매는 수입에서 세계 1위인 전자 회사 휴렛패커드를 능가하는 1300억 달러에 달할 것이라고 전망하고 있다.

5 *The national paranoia has served them well.* **Though** Samsung, **for example**, is a world leader in televisions and flash memory chips, it continues relentlessly to measure itself against its competitors. Having rebuilt their balance-sheets over the past decade, the chaebol have invested enough in technology, design and branding to remain far ahead of low-cost competitors in China and elsewhere. **What's more**, they artfully avoided Japan's trap of fetishising expensive, state-of-the-art technology for its own sake.

6 **So** the chaebol are certainly due an apology from those, including this newspaper, who thought they would be too unwieldy for modern business. *But from South Korea's point of view, they are a narrow base on which to build a country's economic future.* **First**, they face competition in new forms for which their hierarchical management structures and complicated, dynastic ownership are ill suited. Apple's iPhone and the ubiquitous BlackBerry crept up on Samsung Electronics, exposing its shortcoming in smart-phones.

7 **Second**, the size and strength of the chaebol risk stifling entrepreneurialism elsewhere. By and large, their local suppliers are the only medium-sized South Korean companies to have thrived in recent years. Some young businesses **such as** internet search and gaming have done well, **but** these are in fields where the chaebol cannot yet be bothered to tread. If they ever do, they may smother **rather than** nurture independent talent.

| **5** 진술방식 | 예시 EXAMPLE | 열거 LISTING | 대조 CONTRAST |

Key Point
served them well에서 them은 문맥상 다루고 있는 주제인 재벌들을 의미한다. 보통 주제가 되는 핵심어는 다양한 표현으로 패러프레이징 된다. 패러프레이징 되는 주된 표현은 지시형용사, 지시대명사, 다른 형태의 명사, 명사구 등이다. 주되게 반복되는 것이 대명사이다. 필자와 독자가 서로 알고 있다는 암묵적인 전제 하에 대명사를 사용하는 것이므로 글 안에서 동일한 대상을 다양하게 지칭하더라도 문맥을 파악할 수 있어야 한다.

Focused Reading
내셔널 패러노이아, 즉 '국가적 편집증' 덕분에 재벌이 체질 개선을 할 수 있었다는 설명이다. 이러한 관점은 다소 과장된 것으로 보인다. 가열찬 자기 혁신이냐 지나친 피해망상이냐는 해석의 차이이기 때문이다. 다만 글 초두에서 언급한 대로 불안감a deep sense of insecurity과 논의를 일관되게 유지하기 위해서 언급된 것으로 보인다.

해석 한국의 편집증이 덕분에 재벌은 기세등등할 수 있었다. 삼성의 경우 TV와 플래시 메모리 칩에서 세계적인 선두주자이지만, 지속적으로 경쟁사에 앞서가기 위해 스스로 끊임없이 노력하고 있다. 지난 몇 십 년 이상 재벌은 대차대조표를 다시 쓰며 신기록을 세우고 있다. 재벌은 중국의 저가 업체들과 그 외 다른 회사들보다 앞서기 위해 기술, 디자인, 브랜드에 대한 투자를 충분하게 유지하고 있다. 또한, 재벌은 가성비가 떨어질 정도로 지나치게 고가이며 첨단 기술만을 추구하는 일본이라는 함정을 교묘하게 피할 수 있었다.

| **6-7** 진술방식 | 예시 EXAMPLE | 열거 LISTING | 대조 CONTRAST |

Key Point
본문에서 현대 비즈니스에 비해 너무 규모가 커서too unwieldy 적합하지 않을 것이라는 판단에서 조동사 would가 쓰인 것에 주목하자. 본문에서 조동사 would는 불확실한 판단, 가정적인 판단을 나타내어 거리감remoteness을 주기 위해 사용했다. by and large는 '대체로'라는 뜻으로 in general, on the whole 등이 동의 표현이다.

Focused Reading
한국 경제의 태생적이고 본질적인 한계에 대해서 지적하고 있다. 하나는 재벌 특유의 위계질서와 왕조적 지배 구조로 인해서 새로운 형태의 경쟁을 대처하는 데 적합하지 않다는 점, 다른 하나는 창의적인 기업가 정신이 재벌의 압도적인 크기와 파워로 말미암아 질식되고 억압될 수 있다는 측면이다. 전자는 외부의 경쟁에 대해서, 후자는 내부의 공조와 협조에 대해서 그 한계를 지적하고 있다. SWOT 분석을 빌리면서 외부의 위협과 내부의 약점에 대해서 언급하고 있다.

해석 이렇다 보니, 재벌은 본지를 포함해서 현대 비즈니스에는 재벌이라는 것이 다소 거추장스럽다고 생각하는 이들로부터 사과를 받아야 하는 것이 당연하다. 그러나 한국의 관점에서 보면, 재벌은 나라의 미래 경제를 구축할 제한된 토대이다. 첫째로, 그들은 새로운 형태의 경쟁에 직면해 있는데, 이는 그들의 위계적인 경영 구조와 복잡하고 왕조적인 소유권과는 어울리지 않는 형태이다. 애플의 아이폰과 유비쿼터스 블랙베리는 삼성전자에 슬금슬금 다가가서 삼성 스마트폰의 약점을 노출하고야 말았다.

둘째로, 재벌의 어마어마한 규모와 위세 때문에 재벌은 다른 분야의 기업가 정신을 질식시킬 위험이 있다. 대체로, 그들의 지역 내 공급자들은 최근에 성장한 한국의 중소기업뿐이다. 인터넷 검색이나 게임 사업 같은 신생 기업들이 잘 되고 있다고 하더라도, 이러한 사업들은 재벌들이 아직은 꺼려하는 분야이다. 만약 재벌이 진입한다면 그것의 독립적인 재능을 성장시키기보다 질식시켜 죽일지도 모른다.

⁸ President Lee Myung-bak still seems to be promoting the chaebol. He has just pardoned Lee Kun-hee, the boss of Samsung, who was convicted of tax evasion in 2008, **enabling** him **to** retake the reins of Samsung Electronics. The president has also successfully championed his chaebol chums in a contest to provide nuclear power to Abu Dhabi. **And** his government wants to relax holding-company laws that would **make** it **easier** for the conglomerates to own financial firms.

⁹ It is **one thing** to provide leadership. It is **another** to choose favourites and pick winners. If President Lee wants to promote anyone, it should be South Korea's underdogs—the small companies that risk getting squashed by the country's privileged monsters. The chaebol have proved themselves highly successful capitalists. **Let** them take care of themselves.

단어
pardon 사면하다
convict 유죄를 선고하다
tax evasion 탈세
retake 탈환하다
rein 질식시켜 죽이다
champion 옹호하다, 싸우다
chum 한패, 친구
holding-company 지주회사
conglomerate 대규모 기업집단, 재벌
promote 촉진하다, 고취하다
underdog 약자, 약체
squash 짓누르다, 눌리다
privileged 특권을 가지는, 특혜를 누리는
capitalist 자본주의자
take care of 돌보다, 처리하다

Just don't give up trying to do what you really want to do.
Where there is love and inspiration, I don't think you can go wrong.
자신이 진정으로 원하는 것을 하는 일을 절대로 포기하지 마라. 사랑과 영감이 있는 곳이라면 잘못된 길로 들어설 리가 없다. –엘라 피츠제럴드

결론에서는 재벌을 끼고도는 한국 정권의 정책 추진에 대해서 비판하고 있다. 정작 보호를 받아야 할 대상은 중소기업이라고 밝히면서 자생력이 있는 대기업을 보호할 것이 아님을 비판하며 논의를 마무리하고 있다.

| 진술방식 | 프로세스 PROCESS | 예시 EXAMPLE | 열거 LISTING | 대조 CONTRAST |

Key Point 영어에서 현재완료를 쓰는 이유는 과거의 일이 현재에도 영향을 끼치기 때문이다. 이러한 성격 때문에 독자(청자)를 주목시키기 위해서 현재완료를 쓰는 경우가 다반사이니 유념하자. 본문에서 금융지주법 완화로 인해서 얻어지는 효과를 단정적으로 예단할 수 없기 때문에 will이 아닌 would가 쓰였다는 것에 주목해야 한다. 법안 처리나 계류 중인 법안 등에 조동사 would는 아주 자주 쓰는 표현이다.

Focused Reading 재벌을 육성하고 보호하려는 이명박 정권의 움직임에 대해서 경종을 울리고 있는 부분이다. 리더십을 강화한다는 것이 자칫 고래 싸움에 새우등 터지는 격이 되면 안 된다는 것이다. 스스로 성공적으로 자본주의자가 되었기 때문에 국가가 외부적으로 개입할 것이 아니라 제 스스로 돌볼 수 있도록 내버려 두라는 것이 이 글의 취지이다.

해석 이명박 대통령은 여전히 재벌을 후원하고 있는 듯하다. 그는 이미 2008년 탈세 혐의로 구속되었던 삼성전자 이건희 회장을 사면한 적이 있으며, 이로써 이 회장이 삼성전자에 복귀할 수 있게 됐다. 또한 이 대통령은 아부다비의 원전 개발에 대한 경쟁에서도 재벌에게 우선 협상권을 줬다. 그리고 정부는 지주회사법을 완화시켜 재벌들이 금융 기업을 쉽게 소유할 수 있도록 했다.

이는 어찌 보면 리더십을 제공하는 것이겠지만, 다른 한편으로는 자기편을 편애하고 승자가 독식하게 하는 것이다. 만일 이 대통령이 어느 누구든 뒤를 봐주고 싶다면 그러한 후원은 나라의 특권을 가진 괴물들인 대기업에게 짓눌리고 있는 약자인 중소기업에게로 돌아가야 할 것이다. 재벌은 스스로를 성공적인 자본가로의 능력이 있다는 것을 입증해 왔다. 이제는 재벌이 자신 스스로를 돌볼 수 있도록 하자.

LOGIC ANALYSIS

▶ 문제 상황 ⇨ 원인 분석 ⇨ 대안 평가 ⇨ 최적 대안

문제 상황
(EFFECT)
한국 경제가 과도하게 재벌 중심의 구조로 형성되어 있다.

원인 분석
(CAUSE)
재벌을 중심으로 '한국 주식회사'가 부흥했기 때문에 재벌을 감싸고 돌 수밖에 없다.

기존 대안
(EXISTING ALTERNATIVE)
재벌 중심의 육성 정책을 통해서 리더십을 통한 한국 경제의 발전을 도모한다.

대안 평가
(EVALUATION)

❶ 재벌 기업의 권위적인 위계질서와 지나치게 복잡한 지배 구조는 외부의 새로운 형태의 도전이라는 위협에 대처하는 데 적절하지 않다.

❷ 재벌의 막대한 규모와 힘으로 인해서 다른 분야의 독립적이고 창의적인 기업가 정신을 질식시킬 위험이 있다.

최적 대안
(OPTIMIZED ALTERNATIVE)
리더십이라는 것은 약자를 돌볼 때 의미가 있다. 정부는 지나치게 비대한 재벌을 육성하다가 중소기업들을 내몰 것이 아니라 재벌 스스로가 스스로를 돌볼 수 있게 내버려 두어야 한다.

STATEMENT ANALYSIS

무엇이 사실인가?
(FACTUAL)
재벌이라고 일컬어지는 야수 같은 기업의 수출 역량 덕분에 한국이 놀라운 회복을 할 수 있었다.

The export prowess of those peculiar corporate beasts, called the chaebol, was also responsible for South Korea's remarkable resilience.

어디에 가치가 있는가?
(EVALUATION)
정부의 경제 육성 정책이 실효성이 있기 위해서는 특권을 누리는 재벌이라는 괴물 사이에 압사될 위험이 있는 중소기업에 초점이 맞춰져야 한다.

If President Lee wants to promote anyone, it should be the small companies that risk getting squashed by the country's privileged monsters.

어떻게 해야 하는가?
(DOS AND DON'TS)
정부는 재벌 스스로 돌볼 수 있게 내버려 두어라.

Let them take care of themselves.

Never the twain?

"East is East. West is West and never the twain shall meet." 노벨 문학상을 수상한 영국의 시인 러디어드 키플링의 유명한 시 구절이다. '동쪽과 서쪽은 만나지 않는다'는 뜻이다. 동명의 제목으로 영국의 시트콤이 있기도 했다. TV와 인터넷이 멀티태스킹으로 함께 존재할 수 있는가에 대해서 다루는 글이다.

- TV and the Internet

  부제 오늘날 가장 각광을 받는 미디어는 인터넷이다. 인터넷의 영향력이 점점 거세짐에 따라서 TV가 설 자리를 잃게 될 것인가, 아니면 TV는 나름의 독자적인 영역을 구축하게 될 것인지가 미디어 업계의 관심사이다. 제목과 연관해서 생각을 해 보면 동쪽과 서쪽이 만나지 않는 것과 마찬가지로 TV와 인터넷은 서로 독자적인 영역인지, 상호작용을 할 수 있는지 이 글을 통해서 알아보도록 한다.

【부제를 통한 예상 논점 정리】

1. TV는 오늘날 인터넷 발달과 어떠한 관계가 있는가. (현상 설명)
2. 인터넷은 TV에 어떠한 영향을 끼치는가. (원인 규명)
3. 인터넷과 TV가 공존할 수 있는 방법이 무엇인가. (대안 제시, 해결 방안)
4. TV 매체가 더욱 발전하기 위해서 인터넷을 활용한다면 무엇이 있을까. (향후 전망)

Never the twain?

 **BEGINNING**

¹ A FEW years ago, some media executives feared (and many bloggers gloated) that people were abandoning television for the internet. That hasn't happened. The most rigorous studies show that television-watching has not declined—if anything, it has increased. Couch potatoes are learning to multi-task, watching TV while tapping away at their laptops or smartphones. **But** how much do they multi-task, and what websites do they visit? New numbers from Nielsen, a firm that tracks all sorts of old-and new-media consumption, provide some **answers**.

> **단어** executives 경영진, 임원 fear 걱정하다, 두려워하다 gloat 흡족해하다, 고소하게 생각하다
> abandon 포기하다, 버리다, 폐기하다 rigorous 철저한, 엄격한 couch-potato TV 마니아
> tap 두드리다 track 추적하다

MIDDLE

² *The most striking thing is that multi-tasking is still fairly rare.* During this year's Academy Awards, only 11.6% of viewers used the fixed web at some point (Nielsen measures simultaneous TV-computer use but not yet TV-mobile use). Those who went online during the programme were connected to the internet for just over 30 minutes, or about 15% of the show's duration. The pattern was **similar** during the Superbowl. Even during the Grammys, a pop awards ceremony that attracts young viewers, people who went online only did so for about 20% of the programme's length.

> **단어** the most striking thing 가장 눈에 띄는 것, 놀라운 fairly 패, 공정하게, 완전히
> rare 드문, 진기한 duration 지속, 기간

서론에서는 인터넷과 TV의 상관관계에 대해서 소개하고 있다. 인터넷으로 인해서 TV를 외면할 것 같지만 실제로는 그렇지 않다는 것이다. 이에 대한 구체적인 데이터를 제시하기 위한 도입부이다.

1 진술방식　　대조 CONTRAST　　인과 CAUSE&EFFECT

Key Point　abandoning television for the internet에서 for는 '이유'의 뜻으로 해석되지만 '교환'의 의미로도 해석된다. 기본적으로 전치사 for는 '목표', '목적'의 의미지만 TV를 포기하고 인터넷과 '맞바꾸었다'라는 의미가 부여된다고 봐도 될 것이다. 본문에서 등장하는 진행시제는 변화·추세·경향을 나타내고 있다. if anything은 본문에서 '오히려'라는 뜻으로 사용되고 있다. 원래 뜻은 '어느 편인가 하면'인데, 여기에 선택의 의미가 부여되어 '오히려'라는 대조의 의미가 생겼다는 것을 염두에 두자.

Focused Reading　TV와 인터넷은 함께할 수 없을 것 같지만 실제로는 멀티태스킹을 통해서 TV시청과 인터넷 사용을 같이 한다는 것이다. 멀티태스킹의 정도, 그리고 웹사이트의 종류에 대해서 조사한 닐슨의 조사 결과를 소개하면서 글을 시작하고 있다.

해석　몇 년 전만 하더라도, 일부 언론 간부들은 사람들이 인터넷을 선택하고 TV를 외면하고 있다는 것에 대해 두려워했다. (반면 많은 인터넷 블로거들은 흡족해했다). 그러나 TV가 버려지는 일은 아직 일어나지 않았다. 정말 엄격하게 수행된 한 조사 결과에 따르면 TV시청은 줄지 않고 있고 오히려 더 늘고 있다고 한다. 소파에 앉아서 TV만 계속 보던 사람들도 TV를 보면서 노트북을 두들기거나 핸드폰을 하는 것과 같이 멀티태스킹을 익히고 있다고 한다. 그런데 사람들이 얼마나 많이 멀티태스킹을 하고, 또는 어떤 웹사이트를 방문할까? 다양한 형태의 신·구 미디어 소비 행태를 파악하는 회사인 닐슨이 새로운 수치를 통해서 이에 대한 답변을 제시하고 있다.

본론에서는 사람들의 멀티태스킹 수준을 인터넷을 하는 경우와 TV를 하는 경우를 비교하며 설명하고 있다. 또한, TV라는 매체의 위력과 TV를 중심으로 멀티태스킹이 어떤 방식으로 나타나는지를 설명하고 있다.

2 진술방식　　예시 EXAMPLE　　열거 LISTING

Key Point　the most striking thing은 열거의 신호어로 생각하면 된다. 가장 두드러진 것 이후로 중요도의 역순으로 열거할 것임을 알 수 있다. fairly와 quite를 구별해야 한다. fairly는 '꽤', '상당히'라는 뜻이지만 quite에 비해서 '그저 그렇다'는 의미가 들어가 있다. 다시 말해서 fairly는 quite에 비해서 그 정도가 낮은 의미로 받아들일 수 있다. 다양한 문맥을 통해서 구별해야 할 것이다. 본문에서는 여전히 '꽤 드물다'라는 의미로 해석된다.

Focused Reading　아카데미 시상식, 슈퍼 볼, 그래미 시상식의 경우를 조사함으로써 TV시청 중 멀티태스킹이 꽤나 드문 일이라고 소개하고 있다. '가장 놀라운 것 the most striking thing'이라는 표현은 강조의 의미도 있지만, 본문에서는 열거의 의미로 쓰였다.

해석　가장 놀라운 사실은 멀티태스킹이 여전히 흔한 일이 아니라는 것이다. 올해 〈아카데미 시상식〉이 TV에 방영되는 동안 시청자의 11.6%만이 그 시간대에 해당 웹사이트에 접속했다. (닐슨 사는 TV와 컴퓨터의 동시 사용에 대해서는 측정하지만, 아직 TV와 핸드폰의 동시 사용 수치는 내지 않았다.) 시상식이 진행되는 동안 웹사이트에 접속한 시청자들은 약 30분 이상, 혹은 전체 진행 시간의 약 15%에 해당하는 시간 동안 인터넷을 사용했다. 그 패턴은 〈슈퍼 볼〉 프로그램이 진행되는 시간에서도 유사하게 파악되었다. 젊은 시청자들에게 어필하는 팝 시상식인 〈그래미 시상식〉 방송 시간대에도 온라인에 접속한 시청자들은 시상식 진행 시간의 약 20% 동안 웹사이트에 접속한 것으로 파악되었다.

3 *Television is an extraordinarily dominant, absorbing medium that sucks up far more time than the internet.* When it is good, and even when it isn't all that good (the Academy Awards, **for example**) it shoulders everything else aside. In December 2009, Nielsen estimated that 34% of internet users had the television on while surfing the net. **But** when tuning in for a programme, television-watchers used the internet only about 3% of the time. *This dominance goes a long way to explaining why television has so far resisted the disruptive effect of technology.*

단어
extraordinarily 이례적으로, 엄청나게
dominant 우세한, 지배적인
absorb 흡수하다, 빨아들이다
suck up 잠식하다
shoulder aside 밀쳐내다
go a long way to 크게 도움이 되다
resist 저항하다, 반항하다, 이겨내다
disruptive effect 파괴적 효과

4 *And what do people do online while they are watching television?* **Most of all**, they mess around on Facebook. According to Nielsen, Facebook was the most popular website during the Superbowl, the Grammys and the Academy Awards (normally Google is the most popular). AOL.com **also** got **more** attention **than** it normally does. **But** the big winner was Zynga, a maker of free games. Its most famous game, Farmville, ranked 51st in overall web traffic during February 2011. **But** during the Superbowl it came 10th.

단어
mess around 빈둥거리다, 꾸물거리다
attention 주의, 환기
Zynga 징가(미국의 온라인 게임 회사)
web traffic 온라인 점유율

3 진술방식   예시 EXAMPLE   인과 CAUSE&EFFECT   열거 LISTING

Key Point
shoulder aside는 '밀쳐내다'라는 뜻이다. 보통 push aside, push away라는 표현이 일반적이지만, 본문에서는 TV와 인터넷을 나란히 비교하고 있기 때문에 두 매체가 '어깨를 나란히 하다'라는 개념에서 shoulder aside를 썼을 것으로 추정된다. 영문독해를 할 때 가장 중요한 것은 맥락을 근거로 리딩하는 것이다.

Focused Reading
웹 서핑 중에 TV를 보는 비율과 TV를 시청하는 사람이 인터넷을 하는 비율을 비교함으로써 TV가 월등하게 지배적이고 흡입력 있는 미디어an extraordinarily dominant, absorbing medium라고 하고 있다. 본문에 등장하는 혁신적 기술disruptive technology은 기존 기술을 무력화하고 산업을 획기적으로 혁신시키는 기술의 효과를 일컫는다. 기술의 혁신적인 발전에도 불구하고 구매체라고 할 수 있는 TV가 여전히 영향력 있는 매체라는 설명을 하고 있다.

해석 TV는 인터넷보다 훨씬 더 많은 시간을 소비하게 되는 월등하게 지배적이고 흡입력 있는 미디어이다. TV 매체 장악력이 압도적일 때나 혹은 그다지 좋지 않을 때도(예를 들자면 〈아카데미 시상식〉) TV는 다른 매체를 압도했다. 2009년 12월에 닐슨은 인터넷 사용자의 34%가 인터넷 서핑을 하면서 TV 시청을 했다고 추정했다. 하지만 TV 시청자들이 프로그램을 바꿀 때 그들은 그 시간의 3% 동안만 인터넷을 사용했다. 이러한 TV의 압도적인 우위 선점은 왜 TV가 IT 기술의 혁신적인 효과에도 불구하고 지금까지 자리매김을 해왔는지를 설명하는 데 도움이 된다.

---

4 진술방식   예시 EXAMPLE   대조 CONTRAST   열거 LISTING

Key Point
mess around에서 등장하는 around는 '주변에', '주위에'라는 뜻에서 파생되어서 '여기저기에', '이곳저곳에'라는 뜻이 생기게 되었다. mess around는 원래 '미적거리다', '빈둥대다'라는 뜻인데, 여기서는 페이스북 상에서 '여기저기 기웃거리고 코멘트를 남긴다'는 뜻으로 쓰였다. 그래서 전치사는 이미지로 기억해 두는 것이 가장 좋다. 원어민들도 전치사에 대한 접근이 이와 다르지 않다. 전치사나 부사는 기본적인 이미지와 이에서 파생되는 확장적인 이미지를 기억해 두면 처음 보는 표현이더라도 문맥 상에서 유추할 수 있다.

Focused Reading
바로 앞 단락에서는 인터넷을 하면서 TV를 하는 경우였고, 이 단락에서는 TV를 하면서 딴짓하는 경우, 즉 멀티태스킹을 할 때 무엇을 하는지 조사한 단락이다. 보통 페이스북, 구글, AOL.com을 하는 경우가 일반적이지만, 진정한 승자는 게임이라는 것이다.

해석 사람들이 TV를 보면서 동시에 온라인에서는 무엇을 할까? 무엇보다도 사람들은 제일 먼저 페이스북을 기웃거린다. 닐슨사에 따르면 페이스북은 〈슈퍼 볼〉, 〈그래미 시상식〉, 그리고 〈아카데미 시상식〉이 진행되는 동안 가장 인기 있는 웹사이트였다. (보통은 구글에 제일 많이 접속한다.) AOL.com 역시 평소의 인기보다 방문자 수가 더 많았다. 그러나 가장 큰 수혜자는 무료 게임 제작사인 징가였다. 징가의 가장 인기 있는 게임인 팜빌은 2011년 2월에 전체 웹사이트 중 51위에 올랐다. 하지만 〈슈퍼 볼〉 동시간대에는 10위를 기록했다.

 END

5 *This is both good and bad news for old media firms.* Good news **because** it suggests that television continues to grip audiences. Bad news **because** it is clear that efforts to steer television viewers' online behaviour ("visit our website!") have not yet borne substantial fruit. People who go online while watching television are not, for the most part, trying to augment their TV viewing **by looking** up football statistics or Eminem's discography. **Instead**, they are watering their digital crops.

단어
grip 사로잡다, 어필하다, 주의를 끌다
steer (방향을) 돌리다, 조종하다, 영향력을 발휘하다, 이끌다
have not borne fruit (bear fruit) 결실을 맺다
augment 늘리다, 증가하다, 증대하다
discography 음반 발매 목록

Life is not a spectator sport.
인생은 보기만 하는 스포츠가 아니다. −리복

미디어 회사가 주목해야 할 시사점에 대해서 소개하면서 마무리하고 있다. 보통 결론은 필자의 주장(주제의 반복, 강조), 해결책(정책, 플랜), 예측과 전망이 주를 이루게 된다. 결론에서는 닐슨의 조사 결과가 가지는 의미를 통해서 향후의 예측과 전망을 하는 것으로 마무리하고 있다.

Key Point

steer의 본래 뜻은 '조종하다', '몰다'이다. 구체적인 동작의 뜻에서 확장되어서 '영향력을 발휘하다', '이끌다'라는 추상적인 의미가 생겨나게 되었다. 동사 중에서는 구체적인 동작에서 추상적인 의미로 확장되는 것들이 많이 있으니 평소에 유념해서 학습하도록 하자. for the most part는 '대부분'이라는 뜻이다. substantial fruit은 '상당한 결실을 맺다'라는 의미인데 말미에 '디지털 작물에 물을 주다'라는 개념 때문에 등장한 표현으로 보인다.

Focused Reading

일반적으로 TV 시청 중에 하는 온라인 활동이 TV에 나오는 정보에 대해서 검색하는 것이 아니고 전혀 다른 것을 한다는 것이 핵심이다. 즉, TV에서 나오는 내용을 확인하기 위해서 인터넷을 사용하는 것이 아니라 게임을 하면서 TV를 보는 것이기 때문에 TV 매체는 시청률 통계치를 맹신해서는 안 된다는 지적이다. 따라서 TV 시청자들이 TV 관련 콘텐츠에 집중하도록 온라인 대책을 마련하는 것이 시급하다고 밝히고 있다.

해석 TV가 여전히 지배적인 매체라는 것은 오래된 언론기관의 입장에서는 좋은 소식인 동시에 나쁜 소식이다. 좋은 소식인 이유는 TV가 계속 시청자를 점유하고 있다는 것을 시사하기 때문이다. 하지만 TV 시청자들로 하여금 온라인 활동("우리의 웹사이트를 방문하세요")을 하라는 손짓을 보내는 노력이 아직 상당한 결실을 맺지는 못했다는 것이 명확하기 때문에 나쁜 소식이기도 하다. TV 시청을 하면서 온라인 활동을 하는 사람들은, 대부분의 경우 미식축구 통계치나 에미넴 음반을 검색하면서 TV 시청 시간을 쌓아가려고 노력하는 것이 아니기 때문이다. 대신에 시청자들은 자신들이 소유하고 있는 게임의 작물에 물을 주면서 키우면서 TV를 보는 것에 불과하기 때문이다.

LOGIC ANALYSIS

문제 상황 ⇨ 원인 분석 ⇨ 대안 평가 ⇨ 최적 대안

문제 상황 (EFFECT)
본격적으로 인터넷 시대가 시작되면서 TV와 인터넷이 함께 갈 수 있는가 하는 문제가 대두되었다.

원인 분석 (CAUSE)
멀티태스킹은 아직 드문 일이며 여전히 TV가 다른 미디어에 비해서 상당 시간을 차지한다. 이는 혁신적 기술이 왜 아직까지 TV에 영향력을 끼치지 못하는지를 설명한다.

기존 대안 (EXISTING ALTERNATIVE)
TV와 인터넷은 같은 콘텐츠를 공유할 것이기 때문에 교차 참조 cross reference 등의 멀티태스킹이 원활하게 이루어지도록 유도해야 한다.

대안 평가 (EVALUATION)
❶ TV와 인터넷을 함께 하는 멀티태스킹은 현저하게 낮게 나타나고 있다.
❷ TV를 시청하는 사람들은 인터넷 사용에 집중하지 못한다.
❸ TV를 시청하면서 온라인 활동을 하는 사람들은 페이스북을 하거나 팜빌을 하는 것으로 나타났다.
❹ TV 시청자들은 TV 관련 콘텐츠를 검색하거나 참조하는 것이 아니라 전혀 별개의 활동에 열중한다.

최적 대안 (OPTIMIZED ALTERNATIVE)
TV 시청자들이 TV 관련 콘텐츠에 집중하도록 온라인 대책을 마련하는 것이 시급하다.

STATEMENT ANALYSIS

무엇이 사실인가? (FACTUAL)
TV 시청은 증가하고 있으며 멀티태스킹은 아직 활성화되어 있지 않다.

Television-watching has not declined—if anything, it has increased. Multi-tasking is still fairly rare.

어디에 가치가 있는가? (EVALUATION)
미디어 회사에 좋은 소식은 TV가 여전히 시청자들을 확보하고 있다는 점이며, 나쁜 소식은 TV 시청자들의 온라인 행동에 영향력을 행사하려는 노력이 아직 상당한 실효를 거두지 못했다는 게 분명하다는 것이다.

Good news because it suggests that television continues to grip audiences. Bad news because it is clear that efforts to steer television viewers' online behaviour ("visit our website!") have not yet borne substantial fruit.

어떻게 해야 하는가? (DOS AND DON'TS)
TV 시청을 하면서 인터넷을 하는 사람들이 자신의 TV 시청을 강화하기 위해서 관련 정보를 찾을 수 있도록 유도해야 한다.

People who go online while watching television should be trying to augment their TV viewing by looking up relevant information.

Gendercide

'제노사이드'라는 말이 있다. 이는 특정 집단이나 민족을 말살시키려는 목적으로 행하는 집단적 살인을 말한다. 이 표현에서 유래해서 '젠더사이드'라는 말이 생겨났다. 성별에 의한 대량 학살을 일컫는 말로, 특히 여아 살해를 일컫는 경우가 대부분이다. 남아 선호 사상으로 말미암은 성 감별로 인해서 여아들에 대한 학살이 전 세계적으로 심각한 문제가 되고 있다.

- Killed, aborted or neglected, at least 100m girls have disappeared—and the number is rising

  부제 남녀 성차별에 따른 여아 학살이 전 세계적인 문제가 되고 있다. 특히 중국에서 산아 제한으로 성비 불균형이 사회 문제로 대두되고 있는 이때에 젠더사이드를 해결해야 한다고 의식 변화를 촉구하고 있는 것이 이 글의 논지이다.

【부제를 통한 예상 논점 정리】

1. 사망, 낙태, 부모의 무관심이 어떻게 나타나고 있는가. (현상 설명)
2. 여자 아이들이 사라지기 때문에 생기는 문제점은 무엇인가. (원인 규명)
3. 젠더사이드가 일어나는 이유는 무엇인가. (원인 규명)
4. 젠더사이드를 해결할 수 있는 방안은 무엇인가. (해결 방안, 대안 제시)

Gendercide

🌐 BEGINNING

1 IMAGINE you are one half of a young couple expecting your first child in a fast-growing, poor country. You are part of the new middle class; your income is rising; you want a small family. *But traditional mores hold sway around you, most important in the preference for sons over daughters.* Perhaps hard physical labour is still needed for the family to make its living. Perhaps only sons may inherit land. Perhaps a daughter is deemed to join another family on marriage and you want someone to care for you when you are old. Perhaps she needs a dowry.

> 단어 fast-growing 급성장하는, 빨리 성장하는 mores 풍습, 관습
> hold sway 지배하다, 자기 마음대로 하다 preference 선호, 특혜, 우선
> physical labour 육체노동 make one's living 생계를 유지하다 inherit 상속받다, 물려받다
> deem 여기다, 생각하다 dowry 지참금

2 Now **imagine** that you have had an ultrasound scan; it costs $12, **but** you can afford that. The scan says the unborn child is a girl. You yourself would prefer a boy; the rest of your family clamours for one. *You would never dream of killing a baby daughter, as they do out in the villages. But an abortion seems different.* What do you do?

> 단어 ultrasound 초음파 cost 비용이 들다, 희생시키다 afford 여유가 되다, 형편이 되다
> clamour for 요구하다, 떠들어 대다 dream of 꿈꾸다, 상상하다 abortion 낙태, 임신 중절

서론에서는 여아 선별 낙태로 인해서 성비 불균형이 심각하다는 상황을 제시하고 여아 선별 낙태에 대한 입장의 차이를 소개하고 있다. 특히 아시아 사회에서의 심각성을 부각시키면서 논의를 시작하고 있다.

1 진술방식　　인과 CAUSE&EFFECT　　대조 CONTRAST　　예시 EXAMPLE

Key Point
mores는 사회적인 '관행', '관습'의 의미이다. preference for sons over daughters는 prefer A over[above, to] B에서 동사를 명사로 품사를 바꿔 만든 명사구이다. 따라서 동사의 의미를 살려서 해석하는 것이 좋다. 영어는 명사 중심의 언어라고 할 수 있으며 한국어는 서술어 중심의 언어라고 할 수 있다.

Focused Reading
전통적 사회 관습이 영향력을 발휘하기|hold sway around 때문에 남아 선호 사상에 사로잡히게 된다는 내용이다. 이 글에서는 낙태로 인한 여아 학살gendercide 문제를 사회적 맥락에서 접근한다. 재미있는 부분은 젊은 커플임을 가정하고 다양한 상황을 가정하면서 여아보다 남아를 선호하는 근거를 제시하는 부분이다. 노동력 확보, 토지 상속, 출가외인, 지참금 문제 등 다양한 상황을 가정하는 부분을 주목해 보자.

해석 당신이 고속 성장 중인 저개발국가에서 첫 아이 출산을 앞둔 젊은 커플이라 가정해 보자. 당신은 신흥 중산층이다. 당신의 수입은 오르고 있다. 당신은 핵가족을 원한다. 하지만 남아 선호 사상이라는 전통적인 관행 때문에 마음이 흔들리고 있다. 왜 그럴까? 한 가정이 생활을 이어가려면 아마도 여전히 힘든 육체노동은 필요할 것이다. 또 아들만이 토지를 상속받을 수 있을 것이다. 딸은 결혼이라는 제도를 통해 곧 출가외인이 될 것이고 당신이 나이가 들면 자신을 돌봐줄 누군가를 원하게 될 것이다. 딸을 시집보낼 때는 결혼 지참금도 챙겨 줘야 할 것이다.

2 진술방식　　예시 EXAMPLE　　대조 CONTRAST

Key Point
첫 번째 단락에 이어서 계속 가정의 상황에서 진술을 하고 있다. 영어에서 가정을 하는 다양한 이유가 있지만, 여기서는 '대안의 잠재적 결과'를 다루고 있다. 가정법과거는 '…라면 어떤 일이 생길까?(What would happen if…?)'의 의미이다. 따라서 여러 가지 대안을 두고서 하나를 선택했을 때의 잠재적인 결과, 효과를 가정법과거를 통해서 표현할 수 있다. 가정법으로 일관하다가 맨 마지막 부분에서 다시 직설법으로 돌아오는 것에 주목해야 한다. 어떤 상황을 예를 들기 위해서 가정법을 사용한 부분과 직설법의 드라마틱한 시점의 변화에 주목하자.

Focused Reading
독자의 주의를 환기해서 여아 낙태 문제에 대해서 당신이 만약 이런 입장이라면(가정) 어떤 대안을 가지게 될 것인가?라고 질문을 던진 후에 낙태 문제가 현실에서 어떤 의미를 가지고 있는지 현실(직설)로 돌아오는 진술을 택하고 있다. 마치 영화에서 상상을 하고 난 뒤 현실로 돌아오는 장면처럼 단락을 구성하고 있다. 특히 아이를 살해하는 것의 잔인성과 낙태에 대한 의식의 부족을 대비시키는 부분이 충격적이다.

해석 자, 이제 당신이 초음파 검사를 했다고 가정해 보자. 비용은 12달러로 당신에게 부담되지 않는 비용이다. 검사 결과는 딸이라고 한다. 당신은 아마도 아들이기 바랐을 것이다. 당신의 가족들도 아들을 원한다. 바깥세상에서는 비일비재하게 발생하는 일이지만 뱃속의 여아를 죽일 것이라고는 꿈도 꾸지 않았을 것이다. 하지만 실제로 낙태에 대한 생각은 좀 다를 것으로 보인다. 당신이라면 어떻게 할 것인가?

3 *For millions of couples, the answer is: abort the daughter, try for a son.* In China and northern India more than 120 boys are being born for every 100 girls. Nature dictates that slightly **more** males are born **than** females to offset boys' **greater** susceptibility to infant disease. **But** nothing on this scale.

단어
abort 낙태시키다, 유산시키다
dictate 구술하다, 지시하다, 영향을 주다
slightly 약간, 조금, 가볍게
offset 상쇄, 보상, 벌충
susceptibility 민감성, 감성
scale 규모, 범위, 등급

4 *For those who oppose abortion, this is mass murder. For those such as this newspaper, who think abortion should be safe, legal and circumstances, but the cumulative consequence for societies of such individual actions is catastrophic.* China alone stands to have as many unmarried young men—"bare branches", as they are known—as the entire population of young men in America. In any country rootless young males spell trouble; in Asian societies, where marriage and children are the recognised routes into society, single men are almost like outlaws. Crime rates, bride trafficking, sexual violence, even female suicide rates are all rising and will rise further as the lopsided generations reach their maturity.

단어
circumstance 상황, 환경, 사정
cumulative 누적되는, 점증되는
consequence 결과, 중요함
catastrophic 대재앙, 참사, 파멸의, 비극적인
rootless 정처 없는, 뿌리를 내리지 못하는, 사회와 조화되지 못하는
spell 초래하다, 가져오다
outlaw 범죄자, 무법자, 추방자
trafficking 밀매
lopsided 한쪽으로 치우친, 한쪽이 처진
maturity 성숙함, 원숙함, 만기

3 진술방식   프로세스 PROCESS   예시 EXAMPLE   대조 CONTRAST

Key Point
the daughter라고 한 부분은 바로 앞 단락에서 가정해 본 딸아이를 말하는 것으로, 정관사를 통해서 특정하는 것이다. 문장, 문단을 연결하는 방법에는 접속사 외에도 대명사, 지시형용사, 지시대명사, 접속사, 다른 품사로의 전환 등이 있다. For millions of couples에서 for는 주제구문을 이끄는 접속사로 '말하자면'의 의미이다. 같은 의미로 as far as concerned, speaking of, as for, when it comes to 등이 있다. 진행시제와 완료시제, 그리고 수동태의 결합인 진행수동(be being p.p.), 완료수동(have been p.p.), 그리고 완료진행수동(have been being p.p.)에 대해서 유념해야 한다.

Focused Reading
남아가 여아보다 질병에 민감한 것을 상쇄하기 위해 자연적으로 남아가 여아보다 조금 많이 태어나지만, 현재의 성비 불균형이 자연적인 것이 아니라 인위적임을 말하고자 하는 것을 알 수 있다. 따라서 이러한 성비 불균형이라는 문제 상황을 자연 상태와 대비하여 부각시키고자 함을 읽어내야 한다. 그래서 필자는 대조적인 상황을 나타내는 국가들을 비교해서 예시함으로써 주장의 타당성을 점점 강화해 가고 있다.

해석 수많은 커플들에게 물어보면 대답은 한결같을 것이다. 아들을 낳기 위해서 딸은 낙태한다는 것이다. 중국과 인도 북부에서는 여아 100명당 남아 120명이 태어나고 있다. 남아가 질병에 훨씬 더 취약하고 그를 상쇄시키기 위해 자연적으로 남아가 좀 더 많이 태어난다고 한다. 하지만 요즘과 같은 이러한 성비 불균형은 이례적인 현상이다.

---

4 진술방식   인과 CAUSE&EFFECT   예시 EXAMPLE   프로세스 PROCESS

Key Point
다루는 주제를 전환하기 위해서 주제구문 For those who oppose abortion을 활용하고 있다. 본문에서 전치사 for는 약한 의미를 지니는 주제구문이다. '보통 …로 말할 것 같으면'이라는 표현은 as for, as with, speaking of, as far as … be concerned 등이 있다. 영어에서는 주어를 반드시 써 줘야 하는 문법적 성격 때문에 주제와 주어를 구별하나, 한국어에서는 주어와 주제가 선명하게 구별되지 않을 때도 있다. 이러한 차이 때문에 영어에서는 수동태와 능동태가 발달했다는 점도 기억해 두어야 한다. 앞 단락에서는 딸이면 낙태하겠다는 사람들의 입장을 설명했는데, 이 단락에서는 낙태에 반대하는 입장을 이야기하고 있으므로 주제구문을 활용했다.

Focused Reading
개인의 선택, 즉 이 글에서는 여아를 선별해서 낙태하는 행위가 누적되어서 사회에 미치는 여파가 재앙과 같다고 한다. 이 글에서는 여아 선별 낙태 문제의 심각성과 그것이 사회에 미치는 영향, 그리고 이러한 문제를 근절해야 한다는 문제의식을 제시하고 있다는 것을 알아 두자. 즉, 개개인의 선택이 사회에 악영향을 미치므로 이를 개선하여 부정적, 재앙적 인과관계를 해소하려고 할 것이다.

해석 낙태를 반대하는 사람들 시각에서 보면, 이러한 상황은 대량 학살과 같다. 본지와 마찬가지로 낙태가 안전하고 합법적이며 드물어야 한다(빌 클린턴의 표현을 빌림)고 주장하지만, 그러한 개별적인 행위가 축적된다면 결과는 재앙이 될 것이라고 생각하는 사람들에게는 이러한 상황은 대량 학살과 다름없는 끔찍할 수밖에 없는 일이다. 중국만 놓고 봤을 때 미혼 남성의 수가 미국의 젊은 남성의 전체 인구수와 거의 같아져서 심지어는 "열매가 없는 가지"라는 별명을 가지고 있다. 어떤 국가에서든 뿌리를 내리지 못하는 젊은 남성은 문제를 일으키게 된다. 결혼과 아이를 가지는 것이 사회에 진입하기 위한 통로로 인식되고 있는 아시아 사회에서 미혼 남성은 거의 범법자와 같다. 범죄, 신부 매매, 성폭행, 심지어 여성 자살률도 계속 높아지고 있고, 성비가 한쪽으로 치우친 세대가 성숙기에 도달하면 이러한 비율은 더 증가하게 될 것이다.

 **MIDDLE**

5 *It is no exaggeration to call this gendercide.* Women are missing in their millions—aborted, killed, neglected to death. In 1990 an Indian economist, Amartya Sen, put the number at 100m; the toll is higher now. *The crumb of comfort is that countries can mitigate the hurt, and that one, South Korea, has shown the worst can be avoided. Others need to learn from it if they are to stop the carnage.*

단어
exaggeration 과장
gendercide 젠더사이드, 특정 성별에 대한 대량 학살
toll 사상자 수, 희생자 수
crumb 약간, 소량, 부스러기
mitigate 완화시키다, 누그러뜨리다, 가라앉다
carnage 대학살, 살육

본론에서는 여아 낙태의 구체적인 실상을 나라별로 소개하고 있다. 이러한 여아 낙태를 유발했던 원인을 오랜 남아 선호 사상, 핵가족 선호, 태아 감별 기술의 발달 등으로 제시하며, 한국이 성비 악화의 문제를 예외적으로 해결했다고 소개하고 있다.

5 진술방식 인과 CAUSE&EFFECT   프로세스 PROCESS   예시 EXAMPLE   열거 LISTING

Key Point 전치사 at은 가변 선상에서 어느 한 점이 속도, 수심, 온도, 나이 등의 수치적인 개념을 나타낼 수 있다. put the number at 100m에서 at은 수치의 개념을 나타낸다. 전치사는 핵심적인 하나의 이미지, 개념을 통해서 다양한 맥락에서 중심 내용을 익혀가는 것이 중요하다. 숙어나 콜로케이션 등도 이런 식으로 접근해야 한다.

Focused Reading 성비 살해라고 할 수 있는 상황에서 그나마 위안이 되는 것은 이러한 고통을 완화할 수 있다고 하면서 여아 학살 문제의 해결의 실마리를 제시하고 있는 점이다. 영어에서 can, may, might, could 등 가능성을 제시하는 조동사는 필자의 태도가 드러나는 부분이니 꼭 유념해서 보아야 하겠다. 한국이 성비 살해로 말미암은 최악의 사태를 피할 수 있는 해답이 된다고 언급한 대목에서 필자의 의도가 정확하게 드러나고 있다. 필자의 태도가 명시되어 있지 않더라도 함축적이거나 태도를 유보하는 부분 역시 필자의 입장이 드러나는 것은 마찬가지다.

해석 이러한 여아 낙태의 상황을 여성 학살이라고 불러도 과장이 아니다. 여성 수백 명이 낙태, 살해, 죽음을 방관하는 이유들로 사라지고 있다. 1990년에 인도 경제학자인 아마르티아 센은 그 숫자를 1억으로 추산했다. 희생자의 수치는 현재 더 높게 파악된다. 그나마 위안이 되는 것은 국가가 나서서 여성의 고통을 줄여줄 수 있다는 것이다. 그러한 예를 보여주는 나라가 한국이다. 한국은 최악의 경우는 피할 수 있음을 보여준다. 다른 나라들은 만약 여성 학살에 조치를 취하고 싶다면 한국을 통해 배울 필요가 있다.

The future depends on what we do in the present.
미래는 현재 우리가 무엇을 하고 있는가에 달려 있다. −마하트마 간디

The dearth and death of little sisters.
죽어가는 여자아이들, 그로 인해 부족한 여자아이들.

6 *Most people know China and northern India have unnaturally large numbers of boys.* **But** *few appreciate how bad the problem is, or that it is rising.* 【대조】 In China the imbalance between the sexes was 108 boys to 100 girls for the generation born in the late 1980s; for the generation of the early 2000s, it was 124 to 100. In some Chinese provinces the ratio is an unprecedented 130 to 100. The destruction is worst in China but has spread far beyond. **Other** East Asian countries, **including** Taiwan and Singapore, 【열거】 former communist states in the western Balkans and the Caucasus, and even sections of America's population (Chinese- and Japanese-Americans, for example): all these have distorted sex ratios. Gendercide exists on almost every continent. It **affects** 【인과】 rich and poor; educated and illiterate; Hindu, Muslim, Confucian and Christian alike.

단어
unnaturally 비정상적으로, 부자연스럽게, 이상하게
imbalance 불균형
unprecedented 전례 없는
far beyond 훨씬 넘어서, 지나치게 과도하게
distort 왜곡하다, 비틀다
affect 영향을 주다, 작용하다

---

7 *Wealth does not stop it.* Taiwan and Singapore have open, rich economies. Within China and India the areas with the worst sex ratios are the richest, best-educated ones. **And** China's one-child 【열거】 policy can only be part of the problem, **given** that so many other 【인과】 countries **are affected**. 【인과】

단어
ratio 비율
one-child policy 한 자녀 정책
given 고려해 볼 때

6 진술방식 　예시 EXAMPLE　대조 CONTRAST　인과 CAUSE&EFFECT

Key Point
두 번째 문장에서 변화, 추이, 추세를 나타내기 위해서 현재진행시제를 쓴 부분을 확인할 수 있다. 한 글에 여러 시제가 나오기 때문에 그 의미를 구별해서 봐야 한다. few는 간접부정의 의미로 '거의 없다', '수가 아주 적다'라는 뜻이다. 한국어는 동사인 서술어만 부정되는 반면, 영어는 명사를 직접 부정할 수 있다. 그 옆 appreciate는 영어에서 굉장히 중요한 의미를 가지는 어휘인데 이 글에서는 '위험, 중요성을 충분히 인식하다'의 의미로 쓰였다.

Focused Reading
많은 사람들이 이미 중국, 인도 북부 지역에 비정상적으로 남아의 수가 많다는 것을 알고 있지만, 이 문제의 심각성과 남녀 성비 불균형이 점점 심화되고 있다는 사실을 충분하게 인식하지 못한다고 한다. 사태의 심각성이 점점 악화되고 있는 추이를 충분하게 인지하지 못하는 사람이 태반이라고 경각심을 불러일으키고 있다. 글 안에서 다시 문제의 심각성을 제시하는 것은 뒤에서 제시할 자신의 입장을 강화하기 위해서이기도 하지만, 구체적인 데이터를 제시함으로써 예상되는 반박을 미리 잠재우기 위해서이기도 하다.

해석 대부분의 사람들이 알고 있는 대로 중국과 인도 북부에서는 비정상적으로 남아의 수가 많다. 하지만 그 문제가 얼마나 심각한지를 이해하는 이는 거의 없고 혹은 문제가 심각해지고 있다는 것을 이해하는 사람들도 거의 없다. 중국의 경우, 1980년 후반에 태어난 세대는 남아 108명 대 여아 100명으로 성별 균형이 맞지 않았다. 또, 2000년대 초반에 태어난 세대는 남아 124명 대 여아 100명이었다. 중국 일부 지역에서 그 비율은 130 대 100의 이례적인 수치를 보여준다. 이 수치는 중국 내에서 최악의 수준이며 점점 더 악화되며 확산되고 있는 실정이다. 대만과 싱가포르, 서 발칸 지역과 코카서스 전 공산주의 국가들, 그리고 심지어 미국 인구의 일부(예를 들면 중국계, 일본계 미국인)를 포함한 여타 동아시아 국가들은 모두 남녀 비율을 왜곡해 왔다. 성별 학살은 전 세계에서 나타나고 있다. 성별 학살은 부유층과 빈곤층에게 영향을 미친다. 교육을 받은 자와 글을 읽고 쓸 줄 모르는 자뿐만 아니라 힌두교, 이슬람교, 유교, 그리고 천주교에도 영향을 끼친다.

7 진술방식 　인과 CAUSE&EFFECT　예시 EXAMPLE　열거 LISTING

Key Point
stop은 본문에서 '해결하다'의 의미로 광의의 인과관계로 보면 된다. 'stop=멈추다' 이렇게 단어의 뜻을 1:1 대응으로 공부하면 영어 실력이 늘지 않는다. 영어와 한국어는 1:1의 대응을 이룬다고 생각해서는 발전이 없다.

Focused Reading
여아 낙태 문제는 부유함으로도 해결되지 않는다고 한다. 경제적인 수준의 문제가 아니라 인식의 문제임을 암시하고 있으며, 부유함이 아닌 다른 조건이 필요함을 알 수 있다. 앞 단락에서 언급했던 여성 학살은 거의 모든 대륙에서 자행되고 있으며 부의 수준, 교육 유무, 종교와 상관없이 모든 이들에게 영향력을 끼치고 있다는 것에 대해서 구체적으로 진술하고 있다.

해석 경제수준이 여성 학살을 해결하지는 못한다. 대만과 싱가포르는 개방되고 부유한 경제 체제를 가지고 있다. 중국과 인도에서 최악의 성별 비율을 가지는 곳은 최고 부유층과 최고의 교육을 받은 사람들이 있는 곳이다. 그리고 너무 많은 국가들이 여성 학살에 시달리고 있다는 것을 놓고 볼 때, 중국의 1자녀 정책은 여성 학살의 단지 일부에 불과할 수 있다.

8 *In fact the destruction of baby girls is a product of three forces: the ancient preference for sons; a modern desire for smaller families; and ultrasound scanning and other technologies that identify the sex of a fetus.* In societies where four or six children were common, a boy would almost certainly come along eventually; son preference did not need to exist at the expense of daughters. But now couples want two children—or, as in China, are allowed only one—they will sacrifice unborn daughters to their pursuit of a son. That is why sex ratios are most distorted in the modern, open parts of China and India. It is also why ratios are more skewed after the first child: parents may accept a daughter first time round but will do anything to ensure their next—and probably last—child is a boy. The boy-girl ratio is above 200 for a third child in some places.

How to stop half the sky crashing down
하늘의 반이 무너지는 것을 막는 방법

9 *Baby girls are thus victims of a malign combination of ancient prejudice and modern preferences for small families. Only one country has managed to change this pattern.* In the 1990s South Korea had a sex ratio almost as skewed as China's. Now, it is heading towards normality. It has achieved this not deliberately, but because the culture changed. Female education, anti-discrimination suits and equal-rights rulings made son preference seem old-fashioned and unnecessary. The forces of modernity first exacerbated prejudice—then overwhelmed it.

| 8 진술방식 | 인과 CAUSE&EFFECT | 열거 LISTING | 예시 EXAMPLE |

Key Point as in은 as for와 같은 주제구문의 변형으로 보면 된다. 장소의 개념 때문에 for가 in으로 바뀐 것이다. 본문에서 would와 will의 차이는 과거와 미래가 아니라 과거의 경향과 현재의 경향으로 읽어야 한다. 조동사 will은 미래의 의미로 가장 많이 쓰이지만, 경향을 나타낼 때도 쓰인다는 것을 기억해 두어야 한다.

Focused Reading 여아 선별 낙태의 주 원인 세 가지를 언급하고 있다. 과거부터 지속되어 온 오래된 남아 선호 사상, 오늘날 현대사회의 핵가족 선호 현상, 태아 감별 기술이 바로 그것이다. 따라서 이어지는 글에서는 이러한 요인들을 중점적으로 해결할 것이다. 인과관계에 의해서 선별 낙태로 인한 여아 학살이 이루어지고 있으므로 이러한 사태를 유발하는 원인을 근원적으로 규명하고 이를 제거해야 사태가 해결될 것이기 때문이다. 글을 읽으면서 유념해야 할 것은 이 요인들이 과연 동등한 중요성을 가지는지, 필자가 가장 중요한 요인을 해결하고 나머지 요인들은 글을 읽는 독자가 제기할 수 있는 예상되는 반박을 잠재우는 정도로 언급하는지를 생각하며 읽는 것이다. 어떠한 문제든 요인이 복합적이기 때문에 모든 것을 동등한 중요성을 가지고서 다루기보다 중요한 부분을 해결하면서 글의 주장이 더욱 선명해질 수도 있다.

 사실 여아 학살은 세 가지 원인에서 기인한다. 첫째는 전통적으로 계속된 남아 선호 사상, 둘째는 핵가족을 선호하는 최근 동향, 셋째는 초음파 기계 등의 성별 감식 기술이다. 4명에서 6명의 자녀를 흔히 두었던 과거에는 남아 한 명이 태어날 가능성은 거의 확실히 있었을 것이다. 즉, 남아 선호가 여아 낙태라는 희생을 통해서 이뤄질 필요는 없었을 것이다. 하지만 요즘 커플들은 두 명의 아이를 원한다. 혹은 중국에서처럼 단 한 명의 아이만 낳도록 제한되기도 한다. 다시 말하면 태어나지 않은 여아가 남아 선호를 위해 희생된다. 그래서 성별 비율은 현대화 및 개방된 중국과 인도의 일부에서 가장 왜곡된다. 첫 아이 출산 후 남녀 비율은 더 왜곡된다. 왜냐하면 부모들은 첫째로 딸아이는 그런대로 받아들일지도 모르지만 둘째인 동시에 아마도 막내가 될 아이는 반드시 남자여야 하기 때문이며, 이를 위해서는 무슨 일이든 감행할 것이기 때문이다. 일부 지역에서는 남아 대 여아의 비율은 셋째 아이를 기준으로 볼 때 200이 넘는다.

| 9 진술방식 | 인과 CAUSE&EFFECT | 대조 CONTRAST | 예시 EXAMPLE |

Key Point 정상을 찾아가고 있다는 의미의 변화를 나타내기 위해서 본문에서 현재진행시제를 사용했다. 변화의 감지에 대한 진술 전후에는 현재완료시제와 과거시제를 사용함으로써 객관적인 사실 전달에 주력하고 있다.

Focused Reading 이 단락이 글의 가장 핵심적인 논증이라는 것을 유념하자. 논리가 힘을 가지게 되는 것은 강한 주장이 아니라, 논증을 얼마나 엄밀하고 정확하게 하느냐에 달려 있다. 단락의 구성상 이 부분에서 핵심적인 논증이 등장하는 것은 마치 영화의 클라이맥스처럼 당연한 것이다. 오래된 편견과 현대사회의 핵가족 선호 현상이 해로운 방식으로 결합하여 여아가 희생양이 되고 있다는 것을 thus라는 신호로 인과관계를 밝히고 있다. 이를 통해 문제 해결 방안으로 과거부터 계속된 남아 선호 사상을 타파하는 것에 초점을 맞출 것임을 예측해 볼 수 있다. 여기서 한국이 모범 사례로 제시되고 있다. 한국 내 문화의 변화로 말미암아 인식의 변화가 일어났고, 이로 인해서 사회 현상의 문제점이 해결되었다고 입증하고 있다.

 따라서 여아는 과거의 편견과 현대 핵가족 선호라는 악성적인 조합의 희생양이다. 이 패턴을 변화시켜 온 나라는 유일하게 한 곳, 바로 한국이다. 1990년대 한국의 성별 비율은 중국만큼 왜곡되어 있었다. 그러나 현재 그 왜곡된 성별 비율은 정상화를 찾아가고 있다. 한국은 이를 의도적으로 얻은 것이 아니라 문화가 변했기 때문에 가능해진 것이다. 여성 교육, 성차별 소송, 그리고 성평등 판결이 남아 선호 사상을 구시대적이고 불필요한 존재로 느껴지게 만들었다. 현대화의 힘은 처음에 남아 선호 사상이라는 편견을 악화시켰지만 후에는 이러한 편견을 극복했다.

10 *But this happened when South Korea was rich.* If China or India—with incomes one-quarter and one-tenth Korea's levels—wait until they are as wealthy, many generations will pass. *To speed up change, they need to take actions that are in their own interests anyway.* Most obviously China **should** scrap the one-child policy. The country's leaders will resist this **because** they fear population growth; they **also** dismiss Western concerns about human rights. **But** the one-child limit is no longer **needed to** reduce fertility (if it ever was: other East Asian countries reduced the pressure on the population as much as China). **And** it massively distorts the country's sex ratio, with devastating **results**. President Hu Jintao says that creating "a harmonious society" is his guiding principle; it cannot be achieved while a policy so profoundly perverts family life.

단어
obviously 분명히, 명백히, 확실히
scrap 폐지하다, 철폐하다, 백지화하다
resist 저항하다, 반대하다, 참다
dismiss 일축하다, 해고하다, 무시하다
concern 우려, 걱정, 근심
fertility 생식력, 비옥함
massively 단단하게, 육중하게
distort 왜곡하다, 비틀다
devastating 대단히 파괴적인, 엄청난 손상을 가하는
profoundly 깊이, 극심하게, 완전히
pervert 왜곡하다, 비뚤어지게 하다

결론에서는 나라의 실정에 맞는 조치를 강구해야 한다는 앞 단락의 진술에 이어 여아의 가치를 높이기 위해서 여성 교육의 신장, 딸의 유산상속권을 막는 법의 철폐, 낙태를 시술하는 병원 일벌백계 등의 각 나라의 구체적인 정책을 소개하고 있다.

11 *And all countries need to raise the value of girls.* They **should** encourage female education**;** abolish laws and customs that prevent daughters inheriting property**;** make examples of hospitals and clinics with impossible sex ratios**;** get women engaged in public life—using everything from television newsreaders to women traffic police. Mao Zedong said "women hold up half the sky." The world **needs to** do **more** to **prevent** a gendercide that will have the sky crashing down.

단어
abolish 폐지하다, 없애다, 철폐하다
property 재산, 부동산, 소유
crash down 무너져 내리다

10 진술방식 프로세스 PROCESS 인과 CAUSE&EFFECT 예시 EXAMPLE 열거 LISTING

Key Point 정도를 강조하기 위해서 obviously, massively, devastating, profoundly 등의 형용사, 부사를 사용하고 있다. 본문에 will이 등장하고 있는데, 미래의 의미를 가지고 있다고 봐도 되지만 어떤 경향, 의지, 고집의 느낌을 전달한다.

Focused Reading 이러한 변화는 한국이 부유했기 때문에 가능했다고 언급함으로써 앞서 언급한 문제 해결 방식의 한계를 지적하고 있다. 그래서 중국과 인도가 변화의 속도, 즉 성비 불균형을 정상화하는 속도를 높이기 위해서는 자국에 맞는 조치, 즉 최적화된 문제 해결을 지향해야 한다고 한다. 이 부분에서 필자는 예상되는 반박을 적절하게 잠재우고 있다. 글을 읽으면서 '모든 국가에 일괄적으로 적용할 수 있는가?' '한국은 다른 나라와 다른 상황, 요인이 있지 않았나?' '지금 와서 그런 선례를 적용하기에는 무리가 아닐까?' 등등의 예상되는 의심, 반박을 적절하게 통제하고 있다. 앞서 보았듯이 원인과 결과를 나열하거나 문제에 대한 해결책을 나열할 때 중요도에 따라서 언급하고 나머지는 배제하는 것이 글의 설득력이나 독자의 호흡을 배려하는 것임을 염두에 두자.

 그러나 이는 부유한 한국이었기 때문에 가능했다. 소득 수준이 한국의 1/4, 1/10 정도인 중국이나 인도가 비슷한 소득 수준을 기대하며 기다린다면 몇 세대가 지나가야 할 것이다. 변화에 박차를 가하기 위해서는 어쨌든 모두 자국에 득이 되는 전략을 취할 필요가 있다. 가장 우선적으로 중국은 1자녀 정책부터 폐지해야 한다. 중국의 지도자들은 인구 증가를 두려워하기 때문에 이 정책 폐지에 반대 입장을 보일 것이다. 뿐만 아니라 중국 지도자들은 인권에 대한 서구 세계의 우려를 무시한다. 그러나 중국의 1자녀 제한 정책은 더 이상 출산율을 줄이는 데 필요하지 않다 (만약 정말로 필요하다고 하더라도, 다른 동아시아 국가에서는 중국 정도로 인구에 대한 압력을 행사하지 않는다). 그리고 1자녀 제한 정책은 참혹한 결과를 가져오며 중국의 성비를 많이 왜곡시킨다. 후진타오 국가주석은 "조화로운 사회"를 만드는 것이 자신의 통치라고 말한다. 하지만 가정을 심하게 망가뜨리는 정책이 계속 추진된다면 그러한 통치 원칙은 지켜질 수 없을 것이다.

11 진술방식 프로세스 PROCESS 인과 CAUSE&EFFECT 열거 LISTING

Key Point prevent sb/sth from doing sth이 일반적인 문형이지만, 본문에서처럼 prevent sb doing sth도 종종 보이는 표현이다. 보통 목적격을 쓰기도 하고, 동명사의 의미상의 주어로 생각해서 소유격을 쓰기도 한다. 문맥상 의미가 분명하므로 소유격이나 목적격을 생략하여 prevent sb doing sth의 구조가 되었다.

Focused Reading 모든 국가들은 여아의 가치를 높여야만 한다고 말하고 있다. 지금까지 전개된 인식 변화의 중요성을 강조하면서 구체적으로 해결책을 제시하고 있는 부분이다. 주장이 공허한 외침이 되지 않으려면 구체적인 솔루션이 있어야 한다. 마지막으로 마오쩌둥이 "여성들이 하늘의 반쪽을 떠받친다."라고 한 말을 인용하면서 하늘을 무너뜨릴 수 있는 여성 학살을 예방하기 위해 더 많은 노력을 기울여야 한다고 강조하고 있다. 인식의 변화는 구체적, 실효적, 그리고 실질적인 정책을 통해서 실현된다는 것을 이야기하고 있다고 볼 수도 있다. 즉, 어떠한 솔루션을 통해서 인식의 패러다임이 바뀔 수도 있다고 생각해 볼 수 있는 것이다.

해석 결과적으로 전 세계적으로 여자아이가 지니는 가치를 높여야 한다. 각국 정부는 여성 교육을 장려해야 한다. 딸의 유산 상속권을 막는 법과 관습은 폐지해야 한다. 말도 안 되는 성별 비율을 조장하는 병원과 클리닉들을 징계하는 선례를 만들어야 한다. 여성을 사회적 활동에 참여시키도록 해야 한다. TV 아나운서에서 여성 경찰까지 그 경우는 헤아릴 수 없이 많다. 마오쩌둥 전 국가주석은 "여성들이 하늘의 반쪽을 떠받친다."라고 말했다. 세계는 하늘을 무너뜨리게 될 성 학살을 막기 위해 더욱 노력해야 할 것이다.

LOGIC ANALYSIS

▶ 문제 상황 ⇨ 원인 분석 ⇨ 대안 평가 ⇨ 최적 대안

문제 상황 (EFFECT)
극단적 수준의 여성 선택 낙태가 이루어지고 있어 성비 불균형이 극에 달하고 있으며, 특히 중국과 인도 북부 지역에서 두드러지게 나타나고 있다.

원인 분석 (CAUSE)
여아 선택 낙태의 배후에는 오래 지속된 남아 선호 사상, 현대 사회의 핵가족 선호, 태아 감별 기술이 자리잡고 있다.

기존 대안 (EXISTING ALTERNATIVE)
성비 불균형이 가장 극단적으로 나타나는 중국의 경우 인구 증가 속도를 우려해서 1자녀 정책을 고수하고 있으며 인권에 대한 서구 우려가 있음에도 이를 고집하고 있다.

대안 평가 (EVALUATION)
❶ 출산 억제를 위한 1자녀 정책은 더 이상 실효성이 없다.
❷ 파괴적인 결과를 초래하며 중국의 성비를 극단적으로 왜곡하고 있다.
❸ 성비 불균형이 심화되고 있다는 문제의 심각성을 제대로 인식하는 이가 거의 없다.

최적 대안 (OPTIMIZED ALTERNATIVE)
오래된 남아 선호 사상과 현대사회의 핵가족 선호 현상이 해롭게 결합되어 여아들이 학살되고 있는 지금, 한국의 선례를 통해서 교훈을 얻어야 할 것이다. 편견을 심화하는 문화적 인습을 정책적으로 해결(1자녀 정책 폐지)함으로써 인식의 변화를 꾀하여 결국 여아의 가치를 회복하도록 해야 한다.

STATEMENT ANALYSIS

무엇이 사실인가? (FACTUAL)
뿌리 깊은 남아 선호 사상이 여전히 영향력을 발휘하고 있다. 수백만의 커플들이 양자택일의 문제에 직면했을 때 딸을 낙태하고 아들에 다시 도전한다고 한다.

Traditional mores hold sway around you, most important in the preference for sons over daughters. For millions of couples, the answer is: abort the daughter, try for a son.

어디에 가치가 있는가? (EVALUATION)
여아는 과거의 편견과 현대의 핵가족 선호 현상의 악성적인 결합의 희생양이다. 여성 교육, 성차별 관련 소송, 성평등 판결을 통해서 남아 선호 사상이 구식의 불필요한 관념이 되었다. 현대화는 처음에는 편견을 강화시켰지만 이를 극복하게 되었다.

Baby girls are thus victims of a malign combination of ancient prejudice and modern preferences for small families. Female education, anti-discrimination suits and equal-rights rulings made son preference seem old-fashioned and unnecessary. The forces of modernity first exacerbated prejudice—then overwhelmed it.

어떻게 해야 하는가? (DOS AND DON'TS)
만연해 있는 여아 학살을 막기 위해서는 여아의 가치를 높이기 위해서 노력해야 한다.

All countries need to raise the value of girls.

No killer app

killer app은 시장에 출시되자마자 경쟁 상품군이 포진해 있는 시장을 압도하고 새롭게 시장을 재편하는 제품 및 서비스를 가리키는 용어로서, 미국 노스웨스턴 대학교의 래리 다운스 교수와 비즈니스 전문지 편집장 춘카 무이의 공저인 〈Unleashing the Killer App〉이라는 책에서 처음 사용되었다. 용어의 중의적 언어 유희를 통해서 실제로 사람을 죽이는 앱은 존재하지 않는다고 주장하면서 비디오게임이나 폭력성과의 인과관계를 해체하여 서로 어떠한 인과관계도 성립하지 않는다고 논증한다.

- The moral panic about video games is subsiding

  부제 비디오게임에 대한 도덕적 혼란이 진정되고 있다는 내용이다. 영어에서 현재진행시제는 최근의 추세, 경향, 변화 등을 나타낸다. 즉 비디오게임에 대해 도덕적 논쟁이 있었다는 것을 암시하며 이러한 논쟁이 진정 국면에 이르렀다는 것을 알 수 있다. 본문에서는 비디오게임에 대한 이견들이 제시될 것을 유추해 볼 수 있다.

【부제를 통한 예상 논점 정리】

1. 진정 국면으로 접어들고 있다고 말할 수 있는 근거가 무엇인가. (타당성 입증)
2. 도덕적인 혼란은 왜 생기는가. (원인 규명)
3. 비디오게임에 대한 도덕적인 혼란이 있다고 판단하는 게 맞는 것인가. (타당성 입증)
4. 도덕적 혼란을 해결할 수 있는 방안은 무엇인가. (해결 방안, 대안 제시)

No killer app

🌐 BEGINNING

1 IN THE LATE morning of April 20th 1999 a pair of teenagers, Dylan Klebold and Eric Harris, walked into the cafeteria at Columbine High School in Colorado and began gunning down their classmates. The two senior-year students killed 13 people in a 45-minute rampage before turning their weapons on themselves. *The massacre remains the deadliest high-school shooting in American history.*

단어 gun down 쏘아 떨어뜨리다 rampage 광란 massacre 학살 deadliest 가장 치명적인

2 In the days after the killings it emerged that, **besides** [열거] enjoying violent movies, the two liked playing "Doom", a gory video game from the mid-1990s in which the heavily armed players use shotguns and rocket launchers to dispose of legions of zombies and demons. *Parents, politicians and psychiatrists fretted that exposure to virtual violence had prepared the* **ground** [인과] *for the real-world killings. Two years later the parents of some of the victims sued dozens of gaming companies, including id Software, the developers of "Doom", alleging that their products* **had contributed to** *the murders.*
[인과]

단어 gory 유혈의, 유혈이 낭자한 heavily armed 중무장한 dispose of 죽이다, 없애다, 처리하다
legion 부대, 군단 psychiatrist 정신과 의사 fret 조마조마하다 virtual 가상세계의
ground 근거, 이유 sue 고소하다 allege 혐의를 제기하다, 혐의를 주장하다
contribute to 기여하다, 제공하다, 공헌하다

서론에서는 콜롬바인 고등학교 총격 사건으로 촉발된 비디오게임의 폭력성과 폭력 사건의 관련성에 대해 논의하기 위한 도입 부분을 마련하고 있다.

| 진술방식 | 예시 EXAMPLE |

Key Point 본문에서 사용되는 시제는 구별해서 이해해야 한다. 총격 사건을 설명하면서 당시의 정황을 설명할 때는 과거시제, 유례없는 고등학교 총격 사건이라고 이야기할 때에는 본문의 remains처럼 현재시제를 사용했음을 주목하자. 보통 사건을 소개할 때는 현재완료시제로 독자에게 주의를 환기하고 그 이후에는 과거 시제로 일관하는 경우가 일반적이지만, 여기서는 과거시제-현재시제 순으로 배치했다는 것이 흥미롭다.

Focused Reading 콜롬바인 고등학교 총격 사건이 미국 역사상 가장 끔찍한 고등학교 총격 사건으로 남았다는 진술을 통해 이후에 이어질 논의에 대한 독자의 관심을 유도하고 있다. 도입 부분에서는 특징적인 신호어가 발견되지 않는 경우도 있다. 도입 부분에서는 뒤에서 논의하기 위해서 다루고자 하는 토픽을 바로 제시하는 경우도 있지만, 이 단락처럼 배경을 제시하는 경우도 있다. 신호어가 발견되지 않는 경우는 거의 없지만, 이처럼 배경을 제시하는 경우나, 필자가 하고자 하는 말이 명시적으로 나오지 않고 함축되는 경우도 있다는 것을 유념해야 한다.

해석 1999년 4월 20일 늦은 아침에 2명의 십대 청소년, 딜런 클레볼드와 에릭 헤리스가 콜로라도 주에 있는 콜롬바인 고등학교의 카페테리아로 걸어 들어와서 자신의 반 친구들을 향해 총을 쐈다. 두 명의 학생들은 자살하기까지 광란의 45분 동안 총 13명의 사람을 죽였다. 이 대학살은 미국 역사상 가장 끔찍한 고등학교 총격 사건으로 기록되었다.

| 진술방식 | 인과 CAUSE&EFFECT | 예시 EXAMPLE | 열거 LISTING |

Key Point 여기서 주목해야 할 것은 과거완료의 쓰임새이다. 과거시제를 통해서 시간적인 선후관계를 설정함으로써, 가상 현실을 접하는 것이 이유가 되어 실제로 살인 사건이 일어났다는 것이다. 보통 법률 관련 글에서는 시간적인 선후관계를 명시해서 인과관계를 설명하는 경우가 많으니 유념해 두자. 한국어에서는 과거완료와 과거시제가 의미의 구분 없이 쓰이지만, 영어에서는 디테일하게 시간을 구별한다. 계약관계, 법률관계 등 다양한 주체들이 무역과 분쟁을 통해서 사회·경제가 발전되었다는 점, 언어를 통해서 구체적으로 시제 감각을 발달시켜 왔다는 점을 알아야 한다.

Focused Reading 폭력성을 유발한다고 간주되는 폭력물 영화와 비디오게임을 소개하고, 이 비디오게임을 중심으로 학부모, 정치인, 정신과 의사들이 가상 폭력이 실제 살상의 직접적인 이유가 되고 있다고 주장한다. 그래서 본문에서 인과관계를 광으로 나타내는 **had prepared**가 등장했으며 직접적으로 **ground, had contributed to**가 등장하고 있다. 1:1로 번역하여 '준비했었다'로 해석하면 이 단락에서 인과관계를 정확하게 읽어내지 않은 것이다. 무엇보다 영어에서는 인과관계를 최우선시한다는 것만 기억해도 영어 실력은 대폭 늘어날 것이다.

해석 총격 사건이 발생한 지 며칠 후에, 그 둘은 폭력적인 영화를 즐겼다는 것 외에 1990년대에 발매된 "Doom"이라는 비디오게임을 좋아했다는 것이 밝혀졌다. 이는 중무장한 플레이어들이 엽총과 로켓탄 발사기를 사용해서 좀비와 악령들의 지역에 배치되어 싸우는 유혈과 폭력이 난무하는 비디오게임이다. 학부모, 정치가, 정신과 의사들은 그러한 가상 폭력이 현실세계에서 살인을 저지르는 근거를 마련해 줬다는 것에 대해서 호들갑을 떨었다. 2년 후에 일부 희생자들의 부모는 수십 개의 게임 회사를 상대로 소송을 제기했는데, 여기에는 "Doom"이라는 게임을 개발한 id 소프트웨어가 포함되어 있으며, 사람들은 그들 제품이 살인자를 만들어내는 원인이 되었다고 주장했다.

3 *The massacre fed long-standing worries about video games, particularly in America, the industry's biggest national market.* Governments from California to Switzerland have tried to ban the sale of violent games to children, and most countries have an age-rating system similar to that for films.

단어
feed 제공하다, 공급하다
long-standing 오래된
ban 금지하다
age-rating system 연령 등급 체계
similar to 비슷한, 유사한

4 *However, since gaming has become more mainstream, the proportion of violent games has fallen.* According to vgchartz, a website that tracks games sales, the ten bestselling console games of 2010 included just three violent shooters. The rest were inoffensive sports and fitness titles, a Super Mario platform-jumping game and a Pokémon product, a cartoony franchise of games based on a Japanese TV series for children. Many games that do feature violence serve up a slapstick version. The sort of gruesomely realistic killings found in serious war films are rare.

단어
mainstream 주류, 대세
proportion 비율
fitness title 운동 게임, 체력 증진 게임
cartoony 만화적인
franchise 가맹점
feature 특징을 이루다
serve up 내놓다, 차려 주다
slapstick 야단스러운 몸짓이 있는 유머
gruesomely 소름 끼치게, 섬뜩하게

3 진술방식　인과 CAUSE&EFFECT　예시 EXAMPLE

Key Point　콜럼바인 고등학교 총격 사건 때문에 비디오게임에 대한 불신이 오랫동안 지속되었다는 논지이다. feed의 과거형 fed 역시 인과관계의 신호어임을 알 수 있다. 글을 쓰는 입장에서는 너무 분명하게 인과관계를 나타내는 단어를 쓰기보다, 넓은 의미에서의 인과관계를 나타내는 것이 훨씬 세련된 표현임을 고려해서 쓸 것이다. 따라서 평소에 공부할 때 단어 하나하나의 의미보다 머릿속에서 주된 의미를 파악하는 것이 중요하다.

Focused Reading　각국 정부에서는 어린이들에게 비디오게임을 판매 금지하는 조치를 취하려고 하며, 영화 쪽에서도 유사한 움직임이 있다고 소개하고 있다. 앞서 논의한 폭력 사건의 원인을 비디오게임과 영화의 폭력성에서 찾고 있는 논지이다. 총기 사건의 인과관계를 해소하기 위해서 폭력적인 게임이나 영화가 잔인한 사건의 원인이라는 판단에 의해 규제되고 있다는 지적이다. 물론 이러한 지적은 뒤에서 뒤집히게 된다. 단순한 인과관계에 주목하는 것은 '밑 빠진 독에 물 붓기'처럼 진정한 의미의 해결책이 아니라는 것을 예측해 볼 수 있다.

해석　이 대학살은 비디오게임에 대해 오랫동안 지속되었던 불신에 기름을 붓는 격이 되었다. 특히, 미국에서 비디오게임 산업은 자국 내 시장에서 규모가 큰 산업이다. 캘리포니아에서 스위스까지 각국 정부는 어린아이들에게 폭력적인 게임을 판매하는 것을 금지하려고 노력했으며, 대부분의 나라에서는 영화에 있는 시스템과 비슷한 나이 제한 등급을 시행했다.

---

4 진술방식　인과 CAUSE&EFFECT　예시 EXAMPLE

Key Point　첫 문장인 since절과 주절이 모두 현재완료시제임을 유념해서 읽어 보자. 보통 since절은 시점을 나타내기 위해서 과거시제가 사용되는 것이 일반적이지만, 본문에서는 게임이 과거부터 지금까지 더욱 주류가 되었다는 시간의 경과의 의미가 들어가기 때문에 시점을 나타내는 과거시제를 사용하지 않고 현재완료시제를 사용하게 되었다. 따라서 의미상 since절 안에서 게임이 줄곧 주류가 되어 왔다는 지속성을 강조하기 위해서 현재완료시제를 사용했음을 유념하자.

Focused Reading　앞 단락에서 논의된 폭력 게임의 근절 노력에 대해서 우회적으로 비판하고 있다. 게임 산업이 이전보다 더 주류 산업이 되었기 때문에 폭력적인 게임의 비율이 줄어들고 있다고 하고, 이에 대한 근거로 폭력적인 게임은 극히 일부이며 나머지 게임은 비폭력적인 스포츠와 피트니스 게임이라는 예시를 들고 있다. 이에 미국 정부 당국의 제재 조치가 현실을 반영하지 못한 탁상공론에 불과하다고 비판하고 있다. 즉, 게임에 대한 통제는 부분을 가지고 전체를 판단하는 이른바 '성급한 일반화의 오류'를 범하고 있다는 것을 지적하고 있는 부분이다.

해석　그러나 게임 산업은 이전보다 더 주류 산업이 되었기 때문에 폭력적인 게임에 대한 비율은 줄어들었다. 게임 판매를 추적하는 사이트인 VGChartz에 따르면, 2010년 베스트셀러 10위에 드는 게임에서 폭력 슈팅 게임은 3개에 불과하다. 나머지는 무해한 스포츠 게임, 운동 게임, 아이들을 위한 일본 TV 시리즈를 바탕으로 한 슈퍼 마리오나 포켓몬 같은 만화 게임이었다. 폭력적인 것을 특징으로 하는 많은 게임들은 악살스러운 버전으로 나와 있다. 심각한 전쟁 영화에서 나올 법한 소름 끼치는 생생한 살인 같은 것은 찾기 힘들다.

⁵ **Still**, many games **require** the player **to** dispose of great numbers of Nazis, gangsters, aliens and other bad guys. A few games serve up stylised violence for its own sake. **And** *the critics say there is a crucial* **difference** *between films, plays or books, where the players are just passive onlookers, and video games, where they are active participants in the simulated slayings. That, the argument goes,* **makes** *it* **more** *likely that they will resort to violence in the real world,* **too**.

단어	
serve up	제공하다
for one's own sake	…를 위해
crucial	주요한, 중요한
passive	수동적인
onlooker	구경꾼, 관망자
simulate	모의 실험하다
slay	죽이다
resort to	기대다, 의지하다, 호소하다

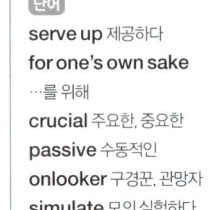

본론에서는 게임의 폭력성과 현실세계의 폭력 사건의 상관관계가 인과관계로 확정될 수 있을 만큼 높지 않다고 논증하고 있다. 인과관계가 성립한다는 것을 증명하기가 쉽지 않다는 여러 가지 사례를 들고 있다. 게임의 폭력성과 현실세계의 폭력성 발현의 인과관계가 존재하지 않는다고 반론을 제시하면 가장 좋을 것이지만, 이는 인과관계가 존재한다고 증명하기 어려운 문제이므로 기존의 주장을 반박하는 데 초점을 맞추고 있음을 유의하자.

It's all in the mind
마음먹기 나름이다.

⁶ *But the* **evidence** *is hard to pin down.* Violent crime in America, Britain and Japan, the three biggest video-game markets, has dropped over the past decade at the same time as sales of video games have soared. That does not, by itself, exonerate the industry—after all, without games violent crime might have fallen **still further**. **And** several studies purport to show that playing violent video games raises aggression levels. **But** Chris Ferguson, a psychologist at Texas A&M International University, points out that much of this work is of poor quality. In a meta-analysis published in 2007, he found no evidence that games **made** their players violent. *Indeed, after decades of research, he has concluded that violence in any media* **has little or no effect on** *their consumers.* A review commissioned by the Australian attorney-general, published last year, backed this up.

단어	
pin down	정확히 이해하다
soar	급등하다
exonerate	무죄를 입증하다, 무죄를 밝히다
purport	주장하다
meta-analysis	메타 분석
commission	운영하다
attorney-general	법무부 장관
back up	지원하다

5 진술방식 　인과 CAUSE&EFFECT　예시 EXAMPLE　대조 CONTRAST

Key Point　단락 맨 앞에 등장하는 접속부사 Still의 해석에 유의하여야 한다. '여전히', '아직도'라고 해석해서는 본문의 의도를 파악하지 못할 것이다. 이는 접속부사의 용법으로 '그럼에도 불구하고', '그래도', '그렇기는 하지만' 등의 역접의 의미가 있다. 따라서 앞서 논의된 폭력적인 게임에 대한 금지 조치가 기우에 불과하다고 하지만, 한편으로는 여전히 잠재적인 폭력성을 가지고 있다(이러한 잠재성을 본문에서는 styilsed violence라고 표현하고 있다)고 하며 이러한 폭력성을 처리해야dispose of 할 필요가 있다고 강조하고 있다.

Focused Reading　비디오게임에서는 플레이어가 능동적인 참여자가 된다는 점 때문에 현실세계도 그들이 폭력에 의존하는 경향을 가질 확률을 높이게 된다는 게임 비판자들의 입장을 제시하고 있다. 물론 이러한 입장 제시는 뒤에 반론을 제시하기 위해서 상대방의 주장을 부분적으로 수용하는 것이다. 즉, 논의 전개상 자신의 주장을 전개하기 위해서 상대방의 의견을 존중하는 일보 후퇴 이보 전진의 논리 전개라고 할 수 있다. 다시 말해서 상대방 입장을 부분적으로 수용하는 것은 결국 나의 주장을 강화하는 동시에 상대방 주장을 약화하는 효과적인 논리가 된다.

해석　그럼에도 불구하고, 많은 게임들 안에서 플레이어가 다수의 나치 당원이나 폭력배들, 외계인, 악당들을 처리하게 된다. 일부 게임은 양식화된 폭력성을 내보이기도 한다. 비평가들은 영화, 게임, 책에는 결정적인 차이점이 있다고 말한다. 영화, 책에서는 소극적인 구경꾼이 되는 반면에 비디오게임에서 플레이어들은 살인의 능동적인 참여자가 된다는 점이다. 이러한 논의는 그들이 현실세계에서도 폭력성에 기댈 수밖에 없을 것이라는 논리로 귀결된다.

6 진술방식 　인과 CAUSE&EFFECT　대조 CONTRAST　예시 EXAMPLE

Key Point　본문에서 가정법과거완료의 쓰임새에 유의해야 할 필요가 있다. 게임이 없었더라면without games 폭력 범죄가 더 감소했을 수도 있다violent crime might have fallen still further는 부분에서 게임 판매량 증가와 폭력 범죄의 감소 추세와의 상관관계를 정밀하게 검증하고 있다. 상관관계, 나아가 인과관계를 입증하기 위해서는 필요조건, 충분조건, 필요충분조건을 따져 보아야 한다.

Focused Reading　앞 단락에서 언급한 게임의 폭력성을 지적하는 주장을 지지할 만한 증거를 분명히 밝히는 일pin down은 쉽지 않다고 한다. 주장을 입증하기 위해서는 주장을 뒷받침하는 과학적 증거가 충분하게 있어야 하는데 상관관계를 밝히는 연구의 질이 떨어진다는 연구자의 말을 인용하고 있다. 게임을 포함한 어떠한 미디어의 폭력성도 소비자들에게 영향이 없다고 기존의 주장에 대해서 반증하고 있다. 우리가 주목해야 할 것은, 영어로 된 글에서는 양시양비론의 글이 정말 많다는 점이다. 이는 영어가 열거의 진술방식이 발달된 결정적인 이유 중 하나이다. 주장을 명확하게 하는 것만이 좋은 글이라고 알고 있는 우리로서는 당황스러운 부분이 바로 이 부분이다. 주장을 담고 있다는 것이 꼭 하나의 주장을 해야 한다는 것은 아니다. 여러 대안을 견주어 보고 그 안에서 최적화된 대안을 선택하는 것이 정말 설득력 있고 좋은 글일 수 있다는 것을 보여주고 있다.

해석　하지만 증거를 밝히는 일은 쉽지 않다. 거대한 비디오게임 시장을 가진 3개 국가 미국, 영국, 일본에서의 폭력적인 범죄는 지난 10년에 걸쳐 감소했으며, 동시에 비디오게임 판매량은 급증했다. 이 내용이 비디오게임 산업이 책임이 없음을 밝혀 주지는 않는다. 결국에는 게임이 없었더라면 폭력 범죄가 더 감소했을 수도 있다. 그리고 일부 연구들은 폭력적인 비디오게임을 하는 것은 공격성의 레벨을 높일 것이라는 것을 보여주려고 한다. 하지만 텍사스 A&M 국제 대학의 심리학자 크리스 퍼거슨은 이에 대한 연구들은 대부분 질이 낮다고 지적한다. 2007년에 발표된 메타 분석에서 그는 게임이 플레이어들을 폭력적으로 만든다는 어떠한 증거도 찾지 못했다. 실제로, 뒤이은 수십 년의 연구에서 그는 미디어에서 등장하는 어떠한 폭력성이든 접하는 소비자에게 아주 작은 영향을 주거나 아예 영향을 주지 않는다는 결론을 내렸다. 호주 법무부장관 주관으로 이루어진 작년에 간행된 리뷰도 이를 뒷받침한다.

7 **But** *might players not get addicted to gaming?* In 1983 David Sudnow, a sociologist, wrote a bestselling book, "Pilgrim in the Microworld", in which he described his obsession with a game called "Breakout". It consists of the player bouncing a ball off a paddle to destroy a collection of bricks on the screen. "Thirty seconds of play…and I'm on a whole new plane of being, all synapses wailing," he wrote.

8 That sensation of losing track of time will be **familiar to** most gamers. *Again, critics point to the interactive nature of video games, which* **allows** *their designers to tweak risks and rewards to* **make** *them irresistible.* **Some** countries, **including** China and South Korea, are attempting to limit the number of hours that youngsters can play online games. Even games developers themselves have expressed concern about online games that **rely on** keeping players hooked. **But** *there is no suggestion that games are addictive in the sense that they* **create** *physical* **dependence** *in their players.* That **makes** them akin to **other** compelling but legal pastimes, **such as** gambling, following a football club or collecting stamps.

단어
sociologist 사회학자
consist of 구성되다
bounce off 튀기다
synapse 시냅스, 신경이 접합하는 부분
wailing 울부짖다
sensation 느낌, 감각
losing track of time 시간이 쏜살같이 지나가는
tweak 비틀다
irresistible 거부할 수 없는, 저항할 수 없는
attempt 시도하다
youngster 청소년, 아이
rely on 의존하다, 의지하다, …에 달려 있다
keep sb hooked 누군가를 어디에 빠지게 하다, 헤어나지 못하게 하다
suggestion 기미, 기색
physical dependence 신체적 의존
akin to 유사한
compelling 매력적인
pastime 취미

9 There is a long tradition of dire warnings about new forms of media, from translations of the Bible into vernacular languages to cinema and rock music. **But** as time passes such novelties become uncontroversial, and eventually some of them are elevated into art forms. That mellowing process may already be under way as the average game-player gets older. *Mr Ferguson notes wryly that the latest targets of attack are social media* **such as** *Facebook and Twitter, which are said to expose children to paedophiles, invade their users' privacy and* **facilitate** *riots. Perhaps video games are* **not so bad***.*

단어
dire 대단히, 심각한
vernacular 토착어, 방언
cinema 영화
novelty 새로움, 참신함, 신기함
unconventional 새로운, 비전통적인
elevate 승격시키다, 승진하다
mellowing 풍부하게 하다, 감미롭게 하다
be underway 이미 진행 중인
wryly 냉담하게, 비꼬는
paedophile 소아 성애자
invade 침범하다, 침공하다
facilitate 가능하게 하다
riot 폭동

| 7~8 진술방식 | 인과 CAUSE&EFFECT | 대조 CONTRAST | 예시 EXAMPLE | 열거 LISTING |

Key Point
〈이코노미스트〉가 주장하는 핵심 논지가 등장하고 있다. create physical dependence 부분에서 신체적인 의존성을 만들어내는 명확한 근거가 없다는 것, 그리고 compelling but legal pastimes라고 하면서 중독성이 있긴 하지만 합법적인 여가 활동이라고 한계를 분명하게 하고 있다. 한계를 분명하게 하는 것은 곧 인과관계가 아님을 입증하는 것인데, 이는 앞서 이야기한 대로 필요조건과 충분조건을 생각하면 해결이 된다.

Focused Reading
게임을 하는 사람들의 중독에 대해 언급하면서 비디오게임 상호작용의 본질적 측면을 비판하는 입장을 소개하고 있다. 즉, 디자이너들은 리스크와 보상체계를 조정함으로써 게임을 그만둘 수 없도록 만든다는 것이다. 그러나 게임이 플레이어들에게 신체적인 의존성을 만들어낸다는 측면에서 중독적이라는 점은 발견되지 않는다고 반증하고 있다. 즉, 정부 당국 등에서 게임의 중독성을 우려하여 게임 플레이 시간을 제한하는 시도는 효과가 없음을 밝히고 있는 것이다. 다시 말해서 중독성이 있다고 하더라도, 그것이 신체적으로 의존도가 있다는 것을 밝혀내지는 못했다고 함으로써 중독성의 의미를 명확하게 밝히고 있다. 이 글은 중독성에 대한 견해 차이로 인해서 게임 규제의 허구성을 논박하여 핵심 논증을 구성하고 있다는 점에 주목해야 한다.

해설 하지만 플레이어들은 게임에 중독되지 않을까? 1983년 사회학자 데이비드 서드나우는 〈마이크로 세계의 순례자〉라는 베스트셀러를 집필했다. 그 책에서 그는 "Breakout"이라고 불리는 게임의 중독성에 대해 묘사하고 있다. 그것은 플레이어가 화면에 있는 벽돌 더미에 공을 던져서 부수는 게임이다. "게임을 30초 하면...... 나는 모든 시냅스 전체가 활성화되어 반응하는 듯한 완전한 상태에 이른다"라고 적었다.
시간의 흐름을 못 느끼는 것 같은 느낌은 대부분의 게이머들에게는 흔한 일이다. 여기에 또 비평가들은 디자이너들이 리스크와 보상체계를 조정함으로써 플레이어들이 저항할 수 없게 만든다는 비디오게임의 상호적인 특성을 지적한다. 중국과 한국을 포함한 일부 국가에서는, 아이들이 온라인 게임을 하는 시간을 제한하려고 시도하고 있다. 심지어 게임 개발자들도 플레이어가 중독되어 의존하는 온라인 게임에 대해 걱정을 나타내고 있다. 그러나 게임이 중독적이라고 해서 그게 플레이어들의 육체적 의존성을 만들어 낸다는 것은 아니다. 도박, 축구 클럽, 우표 수집 등과 같은 다른 합법적인 취미 활동과 비슷한 특성을 보이는 것이다.

결론에서는 비디오게임보다 SNS가 더 심각한 수준에 있다고 지적함으로써 비디오게임에 대한 폭력성 논의가 진정되고 있다는 것을 말하는 한편 SNS에 대한 경각심을 부각시키면서 글을 마무리하고 있다.

| 9 진술방식 | 대조 CONTRAST | 인과 CAUSE&EFFECT | 예시 EXAMPLE |

Key Point
비디오게임은 SNS가 가지는 위험에 미치지 못한다고 열등 비교 not so bad를 하고 있다. 정확히 표현하면 Perhaps video games are not so bad as social medias.가 되겠다. 아마도 비디오게임은 소셜미디어만큼 위험하지 않다는 의미이다.

Focused Reading
인류 역사상 새로운 형태의 미디어에는 공격이 항상 존재했다고 소개하고 있다. 이 논의에 이어서 퍼거슨의 말을 인용하면서 페이스북, 트위터 같은 소셜미디어가 최근 공격 대상이라고 한다. 오히려 소셜미디어가 더 심각한 문제라고 마무리 지음으로써 논의 대상을 옮겨가서 게임의 심각성과 폭력 유발의 인과관계를 약화시키고 있다. 앞서 다양한 논의를 검증해 왔기 때문에 비디오게임보다 더 문제인 것은 오히려 소셜미디어 같은 것이니, 애먼 비디오게임을 원망하지 말라고 주문하는 〈이코노미스트〉의 주장이 흥미롭다.

해설 성경을 토착어로 바꾸려는 노력부터 영화나 록 음악에 이르기까지 새로운 매체 형태에 대해서 진지한 경고는 계속 있었던 게 사실이다. 하지만 시간이 지나면서 이러한 새로운 매체들은 더 이상 논란거리가 되지 않았고, 결국에 그 일부는 예술의 형태로 승화되었다. 이러한 자연스러운 과정은 게임 플레이어들과 함께 늙어가면서 이미 진행 중일 수도 있다. 퍼거슨은 페이스북이나 트위터 같은 소셜미디어들이 아이들을 소아 성애자에게 노출시키고, 사용자들의 사생활을 침해하며, 폭동을 촉진시킨다고 말했던 요즘 일어나는 공격 유형들에 대해 신랄하게 비꼬았다. 아마 비디오게임이 그 정도로 나쁜 것은 아닐 것이다.

LOGIC ANALYSIS

▶ 문제 상황 ⇨ 원인 분석 ⇨ 대안 평가 ⇨ 최적 대안

문제 상황 (EFFECT)
극단적 수준의 폭력 범죄가 일어나고 있다.

원인 분석 (CAUSE)
비디오게임의 폭력성이 폭력 범죄의 주 원인으로 보인다.

기존 대안 (EXISTING ALTERNATIVE)
비디오게임의 폭력성이 폭력 범죄를 유발하기 때문에 폭력 범죄를 근절하기 위해서는 비디오게임을 제한해야 한다.

대안 평가 (EVALUATION)
❶ 게임이 플레이어를 폭력적으로 만든다는 어떠한 증거도 밝혀진 바가 없다.
❷ 게임의 중독성이 신체적 의존도와는 관련이 있다는 어떠한 증거도 발견되지 않았다.

최적 대안 (OPTIMIZED ALTERNATIVE)
게임 중독을 막기 위해서 게임 플레이를 제한하는 것은 지나친 조치이며 게임보다 더 위험성을 내포하고 있는 소셜미디어가 제한 대상이 되어야 할 것이다.

STATEMENT ANALYSIS

무엇이 사실인가? (FACTUAL)
미국에서 발생한 끔찍한 총격 사건은 비디오게임에 대한 오랫동안 이어진 걱정을 증폭시키게 되었다.

The massacre fed long-standing worries about video games.

어디에 가치가 있는가? (EVALUATION)
비디오게임이 플레이어들에게 신체적인 의존성을 만들어낸다는 점에서 중독성이 있다는 어떠한 기색도 없다.

There is no suggestion that games are addictive in the sense that they create physical dependence in their players. Perhaps video games are not so bad as social medias.

어떻게 해야 하는가? (DOS AND DON'TS)
아이들을 소아 성애자들에게 노출하고 사용자들의 사생활을 침해하고 폭동을 일으킨다고 알려져 있는 소셜미디어가 제한 대상이 되어야 한다.

The targets of attack should be social media such as Facebook and Twitter, which are said to expose children to paedophiles, invade their users' privacy and facilitate riots.

The limits of leapfrogging

오늘날 첨단 기술의 발전 덕분에 현대인들은 과거에는 상상도 할 수 없었던 높은 수준의 문화를 누리고 있다. '기술 비약 전략', '도약 전략'이라고 번역할 수 있는 leapfrogging은 매우 이례적이며 특수한 현상이다. 개발도상국들이 최첨단 기술을 통해서 기술의 중간 단계를 뛰어넘어 선진국과의 기술 격차를 해소하는 전략을 사용하고 있어서 모바일 기술을 중심으로 한 도약 전략이 주목을 받고 있다.

- The spread of new technologies often depends on the availability of older ones

  부제 새로운 기술의 발달은 기존 기술의 사용 여부에 의존하고 있다고 밝히고 있다. 즉 신기술의 확산과 발달은 결국 기존 기술의 바탕을 통해서 이루어진다는 의미이다. 구기술과 신기술과의 의존, 영향 관계, 즉 인과관계가 성립한다는 것이 이 글의 전체적인 주제의식임을 압축적으로 제시하고 있다.

【부제를 통한 예상 논점 정리】

1. 신기술 확산은 어떻게 이루어지고 있는가. (현상 설명)
2. 신기술과 구기술의 상관관계는 어떤 방식으로 이루어지는가. (원인 규명)
3. 구기술이 확보되는 것이 신기술 확산과 과연 밀접한 관계가 있는가. (타당성 입증)
4. 구기술을 이용할 수 있다는 것은 어떤 의미이며, 어떻게 해결할 수 있는가. (해결 방안, 대안 제시)

The limits of leapfrogging

BEGINNING

1 *MOBILE phones are frequently held up as a good* **example** *of technology's ability to transform the fortunes of people in the developing world.* In places with bad roads, few trains and parlous land lines, mobile phones substitute for travel, **allow** price data **to** be distributed **more** quickly and easily, **enable** traders **to** reach wider markets and generally **make** it **easier** to do business. *The mobile phone is* **also** *a wonderful* **example** *of a "leapfrog" technology*: it **has enabled** developing countries **to** skip the fixed-line technology of the 20th century and move straight to the mobile technology of the 21st. Surely **other** technologies can do **the same**?

단어 hold up as 예로 들다, 제시하다 fortune 운명 parlous 위태로운, 위험한, 불확실한 substitute 대체하다, 대신하다, 대용하다

2 **Alas**, *the mobile phone turns out to be rather unusual. Its very nature* **makes** *it an especially good leapfrogger*: it works using radio, **so** there is no need to **rely on** physical infrastructure **such as** roads and phone wires; base-stations can be powered using their own generators in places where there is no electrical grid; and you do not have to be literate to use a phone, which is handy if your country's education system is in a mess. *There are* **some** *other* **examples** *of leapfrog technologies that can* **promote** *development*—moving straight to local, small-scale electricity generation based on solar panels or biomass, **for example**, **rather than** building a centralised power-transmission grid—*but there may not be very many.*

단어 turn out 드러나다, 나타나다 electrical grid 전기 설비 literate 글을 읽고 쓸 줄 아는 mess 엉망, 혼잡 centralised 중앙 집중의 power-transmission grid 송전

서론에서는 도약 기술의 대표적 사례인 휴대전화 기술을 언급함으로써 도약 기술을 가능하게 하는 요건과 그 한계에 대해서 밝히고 있다.

|  진술방식 | 예시 EXAMPLE | 인과 CAUSE&EFFECT | 열거 LISTING |

Key Point allow, enable, make easier로 이어지는 인과관계 신호어를 유념하자. 영어에서 주제를 알 수 있게 하는 중요한 단서는 유의 관계, 즉 패러프레이징이다. 글에서 주되게 다루는 것은 반복을 피하기 위해서 유의어로 치환해서 논의를 이어간다. 중요한 것은 단순히 단어가 바뀌는 것이 아니라는 것이다. 단어가 구로, 구가 단어로, 절이 단어로, 단어가 절로 풀어지기도 한다. 그래서 영어와 한국어를 1:1대응 관계로 생각해서는 영어 독해 실력, 나아가 영어 구사력이 절대로 늘 수 없다.

Focused Reading 휴대폰이 개발도상국 국민의 운명을 바꿀 수 있는 기술 능력을 보여주는 훌륭한 예라고 소개하며 예를 통해서 논의할 주제를 강조하고 있다. 또한 예시를 통해 글에서 중점적으로 논증할 도약 기술leapfrog technology을 소개하고 있다. 휴대폰이 국가의 운명을 바꿀 수 있을 정도로 기술이 중요하다는 것이다. 이렇게 구체적 기술을 언급함으로써 다루고자 하는 도약 기술의 개념적 성격에 대해서 쉽게 접근하는 것을 유의해서 읽도록 하자.

해석 휴대폰은 개발도상국 국민들의 운명을 바꾸어 줄 수 있는 기술 능력의 한 단면으로서 하나의 좋은 예로 자주 제시된다. 도로가 낙후되고, 철도가 거의 없으며, 위험한 지상 통신선이 즐비한 곳에서 휴대폰은 여행을 대신하게 되었고, 중요 정보가 좀 더 빠르고 쉽게 배포될 수 있게 하며, 상인들이 좀 더 넓은 시장으로 진입할 수 있게 할 뿐 아니라 일반적으로 이러한 사업이 더 쉽게 진행되는 것을 가능하게 한다. 휴대폰은 앞서 언급한 능력 외에 또 다른 "도약" 기술의 훌륭한 예시가 되기도 한다. 즉, 휴대폰은 개발도상국으로 하여금 20세기의 유선전화 기술을 건너뛰어 21기의 무선전화 기술로 직행하는 것에 기여한 것이다. 다른 기술 역시 같은 역할을 할 수 있을까?

|  진술방식 | 인과 CAUSE&EFFECT | 예시 EXAMPLE | 열거 LISTING |

Key Point 휴대폰이 발전을 촉진하는 이례적인 사례라고 하면서 향후 논의할 기술 발전의 속성, 즉 중간 기술의 존재 여부가 기술 발전의 필요조건임을 명시하고 있다. 부분적으로 예외가 있다는 것을 약한 추측을 나타내는 조동사 may를 활용해서 표현했다. 조동사는 말하는 사람의 생각을 드러내는 데 가장 효과적인 장치 중 하나이다. 시험에 조동사가 잘 출제되지 않는 것은 이른바 '개인의 취향'처럼 보는 사람마다 입장, 태도가 달라져서 문제로 구성하기가 어렵기 때문이다. 그래서 한국인들은 조동사 뒤에는 동사원형, 시제 일치 외에는 다양한 맥락에서 접할 기회가 없기 때문에 조동사를 제대로 배울 수 없다.

Focused Reading 앞서 본 도약 기술은 이례적인 사례라고 밝히고 있다. 즉, 어떤 기술이 도약 기술이 될 수 있는 것은 개별적 기술 자체의 속성(특징)인 것이지 기술 본연의 속성은 아니라고 언급한다. 다시 말해, 기술 자체의 특징이나 성격(본질)이 아니라 개별 기술이 나타내는 양상이라는 것이다. 기술의 근본적인 발전을 위해서는 다른 필요조건이 있음을 암시하고 있다. 본문의 제목 limits는 '한계', '경계', '한도'라는 의미로 이해할 수 있으나, 광의로 해석하면 기술 발전의 '전제', '필요조건'을 의미한다고 볼 수 있다.

해석 유감스럽게도, 휴대폰은 꽤 이례적인 것으로 판명된다. 휴대폰이 가지고 있는 본질적인 측면이 휴대폰을 특히 훌륭한 도약자의 역할을 하게 만든다. 즉, 휴대폰은 라디오를 사용함으로써 도로나 전화선 같은 물리적인 인프라 시설에 의존할 필요가 없다. 또, 기지국은 전력망이 없는 곳에서 자체 발전기를 사용하여 전력을 지원받을 수 있다. 뿐만 아니라, 휴대폰을 사용하기 위해 글을 읽고 쓸 필요가 없다. 왜냐하면 사용자의 국가의 교육제도가 엉망이라 해도 휴대폰은 사용하기 어렵지 않기 때문이다. 발전을 도모할 수 있는 도약 기술의 또 다른 예시들이 있다. 예를 들면 중앙집중 송전망을 구축하는 대신 태양전지판이나 바이오매스를 기반으로 현지에서 작은 규모의 전력 생산으로 바로 건너뛸 수 있게 만든다. 하지만 그러한 도약 기술의 사례는 많지는 않을 것으로 보인다.

3 Indeed, as a recent report from the World Bank points out, *it is the presence of a solid foundation of intermediate technology that determines whether the latest technologies become widely diffused.* It is all too easy to forget that in the developed world, the 21st century's gizmos **are underpinned by** infrastructure that often dates back to the 20th or even the 19th. Computers and broadband links are not much use without a reliable electrical supply, **for example**, and the latest medical gear is not terribly **helpful** in a country that lacks basic sanitation and health-care facilities. A project to provide every hospital in Ethiopia with an internet connection was abandoned a couple of years ago when it became apparent that the lack of internet access was the least of the hospitals' worries. **And despite** the clever technical design of the $100 laptop, which is intended to bring computing within the reach of the world's poorest children, sceptics wonder whether the money might be **better** spent on schoolrooms, teacher training and books.

point out 지적하다, 주목하다
presence 존재, 참석
determine 결정하다, 좌우하다
diffused 확산되어 있는, 널리 퍼진
gizmo 장비, 장치
sanitation 위생시설
abandon 포기하다, 버리다
apparent 명백한, 분명한, 자명한

4 The World Bank's researchers looked at 28 examples of new technologies that achieved a market penetration of at least 5% in the developed world, and found that 23 of them went on to manage a penetration of over 50%. Once early adopters latch onto something new and useful, in other words, the rest of the population can quickly follow. The researchers then considered 67 new technologies that had achieved a 5% penetration in the developing world, and found that only six of them went on to reach 50%. That suggests that *although new technologies are often adopted by a small minority of people in poor countries, they then fail to achieve widespread diffusion, so their benefits do not become more generally available.*

penetration 침투, 침입, 관통
go on to 계속해서 하다
latch onto 붙잡다, 이용하다, 사용하다, 이해하다

본론에서는 세계은행의 보고서를 인용하여 중간 단계 기술, 즉 관련 인프라의 근대적 기초가 신기술의 확산과 보급의 필수조건임을 밝히고 있다. 또한 신기술 보급의 한계로 개발도상국 내 기술 양극화 현상이 문제가 되고 있다고 한다.

3 진술방식   인과 CAUSE&EFFECT   예시 EXAMPLE   대조 CONTRAST

Key Point
강조 구문(It is … that)으로 중간 기술의 확고한 기반이 필요함을 강조하고 있다. 강조구문은 영어에서 빈번히 사용되는 문장 구조가 아니다. 자신의 핵심적인 주장을 전달하고 강조하기 위해 드물게 사용하는 구문이니 유의해야 한다.

Focused Reading
세계은행은 중간 단계 기술의 확고한 기반을 통해서만 최신 기술의 보급, 확산이 이루어질 수 있다고 지적한다. 첨단 기술의 개발도 중요하지만, 이를 널리 보급하기 위해서 반드시 필요한 것은 중간 단계 기술의 확립이라고 강조구문을 통해서 역설하고 있다.

해석 사실 최근 세계은행에서 발표한 보고서에 따르면 중간 단계 기술의 확고한 기반이 존재한다는 것은 현대 기술이 광범위하게 확산 가능한 지 아닌지를 결정한다고 한다. 선진국에서, 21세기의 기기들이 20세기 혹은 심지어 19세기에 구축된 인프라 기반에 의해서 뒷받침된다는 것을 우리는 너무 쉽게 잊어버린다. 예를 들면 컴퓨터와 고속 데이터 통신은 신뢰할 만한 전력 공급이 없이는 대부분은 사용 불가능하고, 최신 의료기기는 기본 위생과 보건 시설이 부족한 국가에서는 크게 도움이 되지 못한다. 한 사례를 보자. 에티오피아의 모든 병원에 인터넷 연결을 설치하고자 했던 프로젝트는 인터넷 연결이 되지 않는 것이 가장 사소한 문제였다는 것이 분명해졌기 때문에 프로젝트가 수포로 돌아갔다. 그뿐만 아니라 세계에서 가장 빈곤한 국가의 어린이들이 컴퓨터를 사용할 수 있도록 기획되어 생산된 100달러 상당의 노트북이 꽤 훌륭한 기술 디자인을 가졌음에도 불구하고 회의론자들은 그 100달러를 교실이나 선생들의 교육, 그리고 교재에 투자하는 것이 더 나았을지도 모른다고 의문을 표했다.

4 진술방식   인과 CAUSE&EFFECT   대조 CONTRAST   예시 EXAMPLE

Key Point
이 단락에서는 양보구문(although)을 통해서 주장하는 바를 극대화하고 있다. 소수의 국민들에게 신기술이 채택된다고 하더라도 확산에 실패하고 혜택이 광범위하게 공유되지 못한다는 인과관계 진술을 통해서 논증하고 있다. 광범위한 확산의 실패에는 중간 기술의 확고한 토대가 원인이 됨을 암시하고 있다. 인과관계가 명시되어 있지 않지만, 앞 단락과의 대조 진술을 통해서 암시하는 바를 유추할 수 있다. 양보구문은 필자가 일부 입장을 수용하면서 자신이 주장하고자 하는 바를 강화하는 장치이니 꼭 익혀 두도록 하자.

Focused Reading
개발도상국의 신기술 보급의 한계를 구체적으로 언급하고 있다. 개발도상국에서는 첨단기술 보급의 파급 효과가 극히 미미하며 신기술 혜택을 누릴 수 없다고 한다. 신기술 개발보다 더 중요한 것은 이러한 첨단기술을 신속하게 전파하고 공유할 수 있는 관련 인프라의 확충이라고 강조하고 있다. 따라서 극심한 기술 양극화는 도약 기술 자체가 갖는 속성이 아니라 중간 단계의 관련 인프라가 핵심 원인임을 논증하고 있다.

해석 세계은행 연구에 따르면 선진국 내 최소 5%의 시장 침투에 성공한 신기술 28개의 사례를 조사하여 그들 중 23가 50%가 넘는 시장 침투를 유지해 온 것을 발견했다. 다시 말하면, 일단 얼리 어댑터들이 새롭고 유용한 어떤 것을 자기 것으로 만들면 그 뒤 나머지 인구들이 재빠르게 이를 따르게 된다는 것이다. 또 연구에서는 개발도상국에서 5%의 시장 침투에 성공한 67개의 신기술을 조사한 결과 이 중 6개만이 50%의 시장 진출에 성공했다고 파악되었다. 이는 개발국가에서 소수 사람들이 사용한다고 할지라도 이러한 기술들은 곧 전국적 확산에는 실패하고 결과적으로 그 기술들이 가지는 장점이 널리 공유되지 못한다는 것을 의미한다.

Lavatories before laptops
노트북 이전에 화장실을

5 The World Bank concludes that *a country's capacity to absorb and benefit from new technology depends on the availability of more basic forms of infrastructure. This has clear implications for development policy.* Building a fibre-optic backbone or putting plasma screens into schools may be **much more** glamorous **than** building electrical grids, sewerage systems, water pipelines, roads, railways and schools. It would be great if you could always jump straight to the high-tech solution, as you can with mobile phones. **But** with technology, as with education, health care and economic development, such short-cuts are rare. Most of the time, **to** go high-tech, you **need to** have gone medium-tech first.

capacity 수용력, 능력, 허용 능력
absorb 흡수하다, 흡입하다, 빨아들이다
implication 함의, 함축, 영향력
backbone 백본, 근간, 중추
glamorous 화려한, 매력이 넘치는, 근사한
sewerage 하수, 하수처리

Ask, and it will be given you; seek, and you will find; knock, and it will be opened to you.
구하라, 그러면 얻을 것이다. 찾으라, 그러면 발견할 것이다. 두드리라, 그러면 열릴 것이다. −신약성서

결론에서는 본론에서 논의된 내용을 중심으로 다시 중간 기술의 관련 인프라 확충이 중요하다는 것을 거듭 강조하고 있다. 따라서 기술 개발도 중요하지만 전기시설, 하수시설, 송수관, 도로, 철로, 학교 증설 등의 기본 인프라 확충이 더 중요하다고 언급함으로써 국가의 정책 수립 방향을 제시하고 있다. 즉, 도약 기술에 지나치게 의존하는 것이 아니라 기본이 되는 관련 인프라의 구축, 그리고 이를 실현하는 정부의 중장기적 정책 수립이 중요하다고 역설하고 있다.

5 진술방식   인과 CAUSE&EFFECT   대조 CONTRAST   프로세스 PROCESS

Key Point
depend on 구문을 통해서 인과관계를 나타내고 있다. implication이라는 단어는 크게 두 가지 뜻이 있다. 하나는 어떠한 행동이나 결정이 초래하는 '영향', '결과'라는 뜻이고, 다른 하나는 '암시', '함축'이라는 뜻이다. 본문에서는 개발 관련 정책 수립에 분명한 함의, 영향력을 가지고 있다고 명시함으로써 개발 정책에 인과관계가 성립함을 보여주고 있다. 독해를 할 때 가장 간과하는 부분이 대명사이다. 영어 원리를 생각해 보면 글에서 주되게 다루어지는 내용을 대명사로 이야기하는 것이 당연하다고 할 수 있는데, 이를 단순히 '그것', '저것'으로 해석해서는 영어 실력 향상에서 멀어지는 지름길이다. 지시대명사 this를 통해서 글의 흐름이 인과관계로 연결되고 있음을 유의해서 독해하도록 하자.

Focused Reading
이 단락에서 주의할 사항은 필자가 신기술의 흡수와 신기술 보급을 구별하고 있다는 것이다. 즉, 신기술 흡수에는 개발도상국이 도약 기술을 통해서 신기술 흡수 속도가 빠를지 모르지만 신기술의 보급은 더딜 수 있다는 것이다. 이에 첨단 기술사회로 진입하기 위해서는 중간 단계 기술의 인프라를 확충함으로써(선결조건: 본문에 Lavatories before laptops라고 한 부분에서도 알 수 있듯이 노트북보다 연구가 선행되어야 한다고 밝히고 있다) 가능하다고 역설하고 있다. 따라서 필자는 교육, 의료, 경제 발전과 마찬가지로 기술 역시 기본에 충실해야 한다고 주문하고 있다. 이 글에서 가장 주목해야 할 부분은 기술 개발에 초점을 맞추는 것이 아니라 관련 인프라 확충이라는 개발 정책 수립을 강조한다는 점이다. 즉, 기술 개발뿐 아니라 정책 수립의 중요성을 역설하고 있다는 것을 주목해야 한다. 하이테크로 진입하기 위해서는 먼저 미디엄테크, 즉 중간기술 단계의 관련 인프라를 먼저 확충할 것을 필수적 선결조건으로 제시하고 있다.

해석 한 나라가 새로운 기술을 받아들이고 이로부터 이익을 창출할 수 있는 능력은 근본적인 형태의 인프라 시설이 존재하느냐의 여부에 달려 있다고 세계은행은 결론짓게 되었다. 이러한 결론은 개발 정책에 명확한 시사점을 가진다. 광섬유 중심 회선을 구축하거나 플라스마 화면을 학교에 설치해 주는 것이 전력망, 하수 처리 시설, 관수로, 도로, 철로, 그리고 학교를 건설하는 것보다 훨씬 더 매력적일 수도 있다. 만약 당신이 핸드폰을 가지고 할 수 있는 것처럼 바로 하이테크 솔루션에 항상 진입할 수만 있다면 얼마나 좋을까. 그러나 교육, 보건, 경제 발전과 마찬가지로 기술 역시 그러한 지름길을 기대하긴 어렵다. 대부분의 경우, 최첨단에 진입하기 위해서는 반드시 중간 기술을 먼저 거쳐야만 한다.

LOGIC ANALYSIS

▶ 문제 상황 ⇨ 원인 분석 ⇨ 대안 평가 ⇨ 최적 대안

문제 상황 (EFFECT)	선진국과 개발도상국의 기술 양극화 현상이 극심하다.
원인 분석 (CAUSE)	기술 양극화 현상은 신기술 보급이 더디기 때문이다.
기존 대안 (EXISTING ALTERNATIVE)	개발도상국은 선진국과의 기술 격차를 해소하기 위해서 도약 기술 개발에 주력하여 선진국과의 디지털 정보 격차를 해소해야 한다.
대안 평가 (EVALUATION)	❶ 신기술 보급이 더딘 이유는 중간 단계의 기술, 즉 관련 인프라가 부족하기 때문이다. (세계은행의 분석) ❷ 관련 인프라를 확충하기 위해서는 기술 개발 정책에 대한 근본적인 인식 변화가 필요하다. (《이코노미스트》의 분석)
최적 대안 (OPTIMIZED ALTERNATIVE)	신기술 도입과 보급을 위해서는 기초 인프라의 확충이 필요하며, 이를 위한 개발 정책의 수립이 필요하다.

STATEMENT ANALYSIS

무엇이 사실인가? (FACTUAL)	첨단 기술 보급에 있어 선진국과 개발도상국의 차이가 현실적으로 현격하게 나타나고 있다. Although new technologies are often adopted by a small minority of people in poor countries, they then fail to achieve widespread diffusion, so their benefits do not become more generally available.
어디에 가치가 있는가? (EVALUATION)	첨단 기술의 도입과 보급은 관련 인프라가 얼마나 확고한지 여부에 달려 있다. A country's capacity to absorb and benefit from new technology depends on the availability of more basic forms of infrastructure.
어떻게 해야 하는가? (DOS AND DON'TS)	첨단 기술의 도입과 보급을 위해서는 인프라를 확충해야 하며, 이를 위해서는 개발 정책이 분명하게 수립되어야 한다. This has clear implications for development policy. To go high-tech, you need to have gone medium-tech first.

A question of judgment

'내가 하면 로맨스, 남이 하면 불륜'이라는 말이 있다. 판단이라는 것은 결국 주관적일 수밖에 없다는 것을 보여주는 말이다. 그러나 판단에 있어 객관적인 시선은 정말로 존재하지 못하는 것일까. 판단을 할 때 사실을 근거로 최대한 객관적으로 판단한다고 하지만, 엄밀하게 말하면 기계적이고 객관적인 판단은 애초에 존재하기가 어려운 것이 사실이다. 판단을 하는 데 있어서 어떤 문제를 고려해야 하는지 함께 살펴보도록 하자.

- Interviewers favour those seen first

  부제 순서대로 면접을 진행하게 될 경우, 면접관의 주관이 개입된다는 것이다. 이론적으로는 면접자 개개인을 독립적으로 판단해야 하나 순서에 의해서 주관이 개입된다는 논지이다.

【부제를 통한 예상 논점 정리】

1. 판단의 문제가 무엇인가. (현상 설명)
2. 인터뷰의 순서가 판단에 작용하는 이유는 무엇인가. (원인 규명)
3. 편애하는 결과 어떤 차이가 생겨나는가. (원인 규명, 타당성 검증)
4. 판단의 문제를 해결할 수 있는 방안은 무엇인가. (대안 제시, 해결 방안)

A question of judgment

🌐 BEGINNING

1 A NEVER-ENDING flow of information is the lot of most professionals. Whether it comes in the form of lawyers' cases, doctors' patients or even journalists' stories, this information naturally gets broken up into pieces that can be tackled one at a time during the course of a given day. In theory, a decision made when handling one of these pieces should not have much, if any, impact on similar but unrelated subsequent decisions. Yet Uri Simonsohn of the University of Pennsylvania and Francesca Gino at Harvard report in Psychological Science that this is not how things work out in practice.

단어 break up into 분산되다, 분산시키다   tackle 문제를 해결하다, 씨름하다
the course of a given day 그날의 추이, 그날의 흐름   unrelated 관련 없는, 친족이 없는
subsequent 그다음의, 차후의   work out 다루다, 해결하다   in practice 사실상, 실은, 현실적으로

서론에서는 끊임없는 정보의 흐름 속에서 의사결정을 하는 것이 전문직의 통과의례라고 소개하면서 의사결정이 연속적으로 이루어지는 것이 상호배타적이 아니라 서로 영향력이 있을 것이라는 것을 전제하며 시작하고 있다.

1 진술방식   대조 CONTRAST   인과 CAUSE&EFFECT   프로세스 PROCESS   열거 LISTING

Key Point
tackle은 '문제를 해결하다'라는 의미이다. in theory는 '이론상'이라는 뜻으로 보통 대조적인 표현, 즉 실제와는 다른 문맥에서 많이 쓰인다. 문맥상 뒤에 나오는 in practice와 대구적인 표현이다. in practice 자체가 대조의 신호로 '사실상', '실은', '현실적으로'라는 의미를 가진다. 마지막 문장에서 report는 동사이고 that 이하가 report의 목적어이며 in Psychological Science는 부사구이다. that 이하 목적어가 길어서 전치사구를 that 앞으로 표현했다. 주술관계 호응에 유의해서 독해해야 한다.

Focused Reading
끊임없이 이어지는 정보의 흐름을 다루는 것이 대부분의 전문직의 운명이기 때문에 의사결정이 무엇보다 중요한데, 연속적인 의사결정을 하게 될 때 각기 상호배타적이어야 하지만, 실제로는 서로 배타적이거나 독립적이지 못하고 차후의 결정에 영향을 미친다는 게 이 글의 주제다. 첫 단락부터 뒤에 이어질 내용을 충분하게 유추해 볼 수 있다. 연구 사례를 통해서 뒷받침될 주제를 처음에 제시하는 것에 주목하자. 보통 어떤 연구 사례, 통계 등의 구체적인 데이터가 글에서 등장하는 경우 앞서 결론을 제시하고 뒤에 뒷받침하는 실증적인 데이터를 제시하게 된다. 자신의 생각을 변형하여 덧붙이는 경우도 있으나, 어떤 분야의 최신 견해를 소개할 때는 보통 처음에 제시한 서론의 주지를 그대로 가지고 가는 경우가 대부분이다.

해석 끊임없는 정보의 흐름은 대부분의 전문직이 경험하게 되는 숙명이다. 변호사의 소송이든 의사가 환자를 진료하든, 심지어는 기자가 기사를 취재하든지 간에 이러한 정보는 하루에 걸쳐서 자연스럽게 한 번에 하나씩 해결할 수 있는 형태로 부분 부분 나누어진다. 이론상 이러한 정보들을 처리하며 의사결정을 하게 될 때에는 의사결정의 속성이 비슷하지만, 실제로는 상관이 없는 후속 결정에 큰 영향을 끼쳐서는 안 된다. 그러나 펜실베이니아 대학의 사이먼슨과 하버드 대학의 지노는 실제로는 의사결정이 서로 영향을 끼치게 된다고 발표했다.

It is much more difficult to judge oneself than to judge others.
남을 판단하는 것보다 자기자신을 판단하는 것이 훨씬 더 어렵다. -생 텍쥐페리

 **MIDDLE**

2   Dr Simonsohn and Dr Gino knew from studies done in other laboratories that people are, on the whole, poor at considering background information when making individual decisions. At first glance this might seem like a strength that grants the ability to make judgments which are unbiased by external **factors**. **But** in a world of quotas and limits—in other words, the world in which most professional people operate—the two researchers suspected that it was **actually** a weakness. *They speculated that an inability to consider the big picture was leading decision-makers to be biased by the daily samples of information they were working with.* **For example**, they theorised that a judge fearful of appearing too soft on crime might be **more** likely to send someone to prison if he had already sentenced five or six other defendants only to probation on that day.

단어
laboratory 실험실, 실습실
unbiased 편견 없는, 공평한
external factor 외부 요인
quota 몫, 할당, 할당액
in other words 다시 말해서, 즉, 바꾸어 말하면
suspect 의심하다, 생각하다
speculate 추측하다, 예상하다
inability 무능력, 불가능
theorize 이론을 제시하다, 이론을 세우다
sentence 선고하다, 형벌
defendant 피고
probation 보호관찰, 근신

New opinions are always suspected, and usually opposed, without any other reason but because they are not already common.

새로운 의견은 아직 일반적이지 않다는 이유만으로 언제나 의심 받고 대부분 반대에 부딪힌다. –존 로크

본론에서는 실험을 통해서 의사결정을 할 때 판단의 오류가 생기는 배경을 설명하고 실제로 판단의 오류가 의사결정에서 어떠한 결과를 낳게 되는지 규명하고 있다. 연속된 의사결정에서 자신의 판단을 스스로 보충하고 때로는 덜하여 조절하게 되는 등 의사결정이 독립적으로 이루어지지 않고 왜곡된 결과를 낳게 된다는 것이 이 글의 논지이다.

2 진술방식 **인과** CAUSE&EFFECT **대조** CONTRAST **예시** EXAMPLE

 **Key Point**

an inability to consider the big picture는 '큰 그림을 그릴 수 없기 때문에'라는 의미이다. inability는 서술어 '…하지 못하다'라고 해석하는 게 바람직하다. 대개의 명사는 서술어적 성격을 띠게 되는데, 한국어로 해석할 때나 영작할 때 이를 유념해야 한다. 보통 본문에서처럼 타동사의 의미이거나 형용사적 의미(e.g. Children's cleverness = 아이들이 똑똑하다)로 해석된다. 정리하면, 영어에서는 주어, 서술어의 관계가 한국어처럼 제한적이지 않아서 명사 다음에 이어지는 말이 서술어가 되는 경우가 한국어보다 훨씬 많다.

 **Focused Reading**

쿼터와 한계의 세계는 외부적인 요소에 의해서 좌지우지되지 않는 것처럼 보이지만, 실제로는 제한된 시각 때문에 전체를 조감하지 못하고 자신이 의식하지 못한 선입견에 사로잡힐 공산이 크다는 것이다. 그래서 연속적인 의사결정에서 스스로 정성적, 정량적으로 상쇄한다는 것을 밝히고 있다. 이 단락의 주 진술방식은 대조로 보는 것이 적절하지만 실험에서 규명한 원인과 결과 관계에 주목해야 하므로 글 전체에서 보았을 때는 인과관계로 확정하는 것이 바람직하다. 이것이 이 글에서 이야기하는 큰 그림big picture을 볼 수 있는 진정한 독해 능력이다.

해석 사이먼슨 박사와 지노 박사는 다른 연구실에서 수행된 실험을 통해서 사람들은 대체로 결정에 대한 배경 정보를 고려하는 것이 능숙하지 못하다는 것을 알게 되었다. 얼핏 보면 이는 외부적인 요소에 의해 편견을 가지게 되는 영향을 받지 않고서 의사결정을 하는 장점처럼 느껴질 수도 있을지 모른다. 그러나 쿼터가 존재하고 제한조건이 존재하는 세계, 즉 대부분의 전문가들이 활동하는 세계에서는 이러한 점이 실제로는 약점이 된다고 의심하게 되었다. 연구진은 배경을 고려해서 판단하는 능력, 즉 큰 그림을 그리는 능력이 없기 때문에 의사결정을 하게 될 때 자신이 처리하는 정보에서 선택하게 되는 일상적으로 하게 되는 샘플링 때문에 선입견을 가지게 된다고 보았다. 예를 들어 보자. 범죄에 대해서 지나치게 관대하다고 생각될까 봐 걱정하는 판사가 있다. 그 판사가 만약 대여섯 명을 이미 보호관찰을 선고했다고 하면 뒤에 이어지는 판결에서는 실형을 판결할 확률이 더 커지게 될 수도 있다는 것을 이론으로 정립했다.

Whenever you find that you are on the side of the majority, it is time to reform.
자신이 다수와 의견이 같다고 느낄 때는 개선해야 할 때이다. –마크 트웨인

3 **To** test this idea, they turned their attention to the university-admissions process. Admissions officers interview hundreds of applicants every year, at a rate of 4½ a day, and can offer entry to about 40% of them. **In theory**, the success of an applicant **should not depend on** the few others chosen randomly for interview during the same day, **but** Dr Simonsohn and Dr Gino suspected **the truth was otherwise.**

4 They studied the results of 9,323 MBA interviews conducted by 31 admissions officers. The interviewers had rated applicants on a scale of one to five. This scale took numerous **factors**, **including** communication skills, personal drive, team-working ability and personal accomplishments, into consideration. The scores from this rating were then used in conjunction with an applicant's score on the Graduate Management Admission Test, or GMAT, a standardised exam which is marked out of 800 points, to make a decision on whether to accept him or her.

단어

university-admissions process 대학 입학 과정
applicant 지원자
entry 가입, 입장
in theory 이론적으로
depend on 의존하다
randomly 닥치는 대로, 임의로
suspect 의심하다
otherwise 그렇지 않으면
personal drive 개별적 동기 부여, 개인적 열정
take sth into consideration …을 고려하다
in conjunction with …와 함께
standardize 표준화하다

5 *Dr Simonsohn and Dr Gino discovered that their hunch was right.* If the score of the previous candidate in a daily series of interviewees was 0.75 points or **more** higher **than** that of the one before that, then the score for the next applicant would drop by an average of 0.075 points. This might sound small, **but** to undo the **effects** of such a decrease a candidate would need 30 **more** GMAT points **than** would **otherwise** have been necessary.

단어

discover 찾다, 발견하다
hunch 예감, 육감, 직감
candidate 후보자
undo 원상태로 돌리다, 풀다

168

| 3~4 진술방식 | 인과 CAUSE&EFFECT | 대조 CONTRAST | 예시 EXAMPLE |

 **Key Point**

suspect와 doubt는 혼동하기 쉬운 어휘이다. 전자는 '…일 거라 의심한다'의 의미이므로 think라고 생각하면 편하고, 후자는 '…이 아닐 거라 의심한다'의 의미로 don't think라고 생각하면 이해하기가 쉽다. 반전 영화로 유명한 〈usual suspect〉는 '유력한 용의자'라는 뜻으로 범죄를 저질렀다고 혐의를 두는 것이다. take sth into consideration은 '…을 고려하다'라는 뜻으로, 유사 표현으로는 take into account가 있다. 보통 유의어로 알려져 있는 make allowances for는 '(정상을) 참작하다', '관대하게 생각하다'라는 뜻으로 의미가 다르다.

 **Focused Reading**

영어로 된 글뿐만 아니라 한국어로 된 글에서도 주제문이 전면에 등장하지 않는 경우가 있다. 이는 주제의식이 함축되어 있는 경우와 앞 단락 혹은 뒷 단락에 대해서 뒷받침하는 경우 두 가지로 나누어서 생각할 수 있다. 여기서는 앞서 소개했던 경우를 예를 들어서 연구 사례를 보여주고 있으므로 주제의식은 이미 제시되어 있는 것으로 간주되므로 주제문이 전면에 등장하고 있지 않다. 모든 단락에 주제문이 있다는 생각을 버려야 좀 더 큰 그림을 그릴 수 있다. 이 단락에서는 대학 합격과 면접 중 임의적인 요소와의 상관성을 조사했다. MBA 지원자를 5등급으로 나누어서 평가하고 이를 GMAT 시험 결과와 종합해서 합격 여부를 결정했다는 것이다. 원칙적으로는 지원자 각각을 상호 배타적으로 판단해야 한다는 것이 이 실험 설계의 궁극적인 검증 목적이다.

해석 이러한 이론을 테스트하기 위해서, 연구진들은 대학 입학 과정에 눈을 돌렸다. 입학 사정관은 매년 수백 명의 지원자들을 인터뷰한다. 이는 하루에 4.5명에 해당하는 수치이다. 그리고 그들 중 약 40%를 합격시킨다. 이론상 지원자의 합격 여부는 임의적으로 선택된 다른 지원자들에 의해서 영향을 받아서는 안 되지만, 그들은 실제로는 그 반대라고 생각했다.

그들은 31명의 입학 사정관에 의해서 진행된 9,323명의 MBA 인터뷰를 조사했다. 그 입학 사정관들은 지원자들을 1-5등급으로 평가했다. 이 등급에는 의사소통, 자기 추구, 팀워크, 개인 성취 능력 등의 많은 요소들이 고려된다. 이 평가에서 얻어진 점수는 입학 사정관 테스트나 GMAT, 800점 만점으로 채점되는 표준화된 시험과 함께 연계해서 합격 여부를 판단하기 위해서 사용되었다.

| 5 진술방식 | 인과 CAUSE&EFFECT | 대조 CONTRAST | 예시 EXAMPLE |

 **Key Point**

hunch는 '직감'이라는, 뜻으로 그들의 실험이 가설에 부합했다는 뜻이다. '자신들이 예상했던 바가 적중했다'로 해석된다. 즉, hunch를 서술적인 의미로 읽을 수 있어야 한다는 것이다. 영어는 명사 중심의 언어이기 때문에 앞서 세웠던 가설을 단 한 단어인 hunch로 표현한 것이다. 영어에서 비교를 할 때는 비교의 대상이 일치하여야 하므로 that of, those of 등의 표현이 발달했다. than would otherwise have been necessary는 해석에 유의해야 한다. 가정법과거완료에 otherwise, 즉 if not의 의미가 들어가 있으므로 '만약 (점수 차이가 없었을 때) 없었을 때 필요했던 것보다'라는 의미이다.

 **Focused Reading**

실험 결과와 대비하기 위해서 가정법과거를 사용했다. 실험에서 발생될 수 있는 다양한 대안의 잠재적 결과를 고려하기 때문에 가정법과거를 사용하고 있는 것이다. 앞서 지원자가 점수가 높으면 평가자는 증가분을 상쇄하기 위해서 뒤의 지원자에게 점수를 짜게 준다. 다시 말해서, 실제로 그렇지는 않더라도 만약 이렇게 하면 어떻게 될 것인가?라는 대안적인 사고, 상상력을 제시하기 위해서 사용되었다. 실험을 수행하고 있기 때문에 대안의 잠재적인 결과를 제시하고 있다는 점에 유의하자.

해석 연구진들은 자신들의 직감이 맞았다는 것을 알게 되었다. 하루 동안 진행되는 인터뷰에서 앞선 지원자의 점수가 0.75점이거나 혹은 앞선 지원자의 점수보다 높았다면, 그다음 지원자의 점수는 평균적으로 0.075점 하락했다. 이는 작은 수치처럼 보일지 모르겠지만, 이러한 감소 효과를 상쇄하기 위해서는 GMAT 점수가 30점이 더 높아야 한다.

6 As for why people behave this way, Dr Simonsohn proposes that after accepting a number of strong candidates, interviewers might form the illogical expectation that a weaker candidate "is due". Alternatively, he suggests that interviewers may be engaging in mental accounting that simplifies the task of maintaining a given long-term acceptance rate, **by trying** to apply this rate to each daily group of candidates. *Regardless of the reason*, if this sort of thinking proves to have a *similar effect* on the judgments of those in other fields, *such as* law and medicine, it could be *responsible for far worse* things *than* the rejection of qualified business-school candidates.

단어
as for …에 대하여
illogical 비논리적인
alternatively 양자택일로, 그 대신에
acceptance rate 합격률
regardless of
…에 상관없이, 관계없이
be responsible for
…에 원인이 있는, 책임이 있는
rejection 불합격, 거부, 거절

결론에서는 앞선 지원자와 이후의 지원자 사이에 점수 차이가 나는 이유를 설명하고 있다. 합격 수준에 있는 사람을 이미 확보했을 때 이후 지원자는 합격 수준에 미달할 것이라는 비논리적인 추측과 일정한 합격률을 유지하고자 하는 심리 회계 때문이라고 밝히고 있다. 그리고 의사결정에서 발생한 판단의 오류가 가지는 영향을 전망하고 예측하면서 글을 마무리하고 있다.

6 진술방식 | 인과 CAUSE&EFFECT | 대조 CONTRAST | 예시 EXAMPLE

Key Point as for는 주제구문으로, 해당 단락에서 일관되지 않은 판단의 문제를 다루겠다는 의미이다. 맨 마지막 문장에서 조건절 안에서 직설법현재가 쓰이고 주절에서는 가정법과거가 쓰인 것처럼 보이지만, 주절에서는 확정적인 판단을 유보하기 위해서 추측의 의미로 과거형 조동사를 사용한 것이므로 해석에 주의해야 한다.

Focused Reading 의사결정을 할 때 상호 배타적, 독립적으로 하지 못하는 이유를 밝히고 있다. 합격 수준에 이른 지원자가 등장하면 다음 지원자는 함량 미달일 것이라는 비논리적 추측과 일정한 합격률을 유지하고자 하는 심리 회계 때문이라는 것이다. 이러한 판단의 오류가 법조계, 의학계에 이어진다면 그 결과는 훨씬 심각할 것이라고 전망하며 글을 마무리하고 있다. 즉, 한 사람의 합격, 불합격이 아니라 사회 전체에 의도하지 않은 악영향을 끼칠 수 있다는 게 이 글의 전망인 셈이다. 여기서 주의해야 할 것은 전면에 제시되어 있는 주제의식과 함축되어 있는 주제의식을 구별해서 보아야 한다는 것이다. 훨씬 더 심각한 문제를 일으킬 수 있다는 것은 각 분야에서 부작용에 그치는 것이 아니라, 예상보다 그 부작용은 심각하다는 전망을 하고 있다는 점이다. 거듭 말하지만, 맥락을 고려하여 독해해야 글이 의도하는 큰 그림 big picture을 이해할 수 있다.

해석 의사결정에 오류가 생기게 되는 원인에 대해서 수많은 유망한 지원자들을 합격시킨 후에 입학 사정관들은 이제 합격 가능성이 없는 사람들이 필요하다는 비논리적인 추측을 하기 때문이라고 설명한다. 그 대신에, 그는 입학 사정관들이 장기간 동안 형성되어 있는 기존의 합격률을 각각의 당일 면접자들의 그룹에 적용함으로써 합격률을 유지하는 일을 단순화하는 심리 회계에 열중하기 때문이라고 설명한다. 이러한 이유에도 불구하고, 이러한 의사결정의 오류가 법조계나 의학계 등의 다른 분야에서도 유사한 결과가 나타난다는 것이 증명된다면, 자격을 갖춘 MBA 지원자들이 탈락하는 것보다 훨씬 더 심각한 문제들을 제대로 설명할 수 있을 것이다.

We make progress if, and only if,
we are prepared to learn from our mistakes.

실수에서 무언가를 배울 준비가 되어 있을 때, 아니 그럴 때에만 우리는 진보한다. –카를 R. 포퍼

LOGIC ANALYSIS

▶ 문제 상황 ⇨ 원인 분석 ⇨ 대안 평가 ⇨ 최적 대안

문제 상황 (EFFECT)
인터뷰를 할 때 지원자의 순서에 따라서 면접 결과의 차이가 발생하고 있다. 실제로는 순서에 무관해야 할 후속 면접 결과에 앞서 이루어진 면접 결과가 의사결정에 영향을 끼치고 있다.

원인 분석 (CAUSE)
의사결정이 독립적으로 이루어지지 않는 이유는, 유망한 지원자를 합격시킨 다음 합격 가능성이 없는 사람이 필요하다는 비논리적인 기대 때문에 이후 지원자의 점수가 낮아지며, 이미 형성된 합격률을 일정하게 유지하기 위해서 심리적인 회계에 열중하기 때문이다.

대안 평가 (EVALUATION)
N/A (대안 평가는 대안이 없기 때문에 없음)

최적 대안 (OPTIMIZED ALTERNATIVE)
N/A (최적 대안 역시 앞서 제시된 대안이 없기 때문에 없음)

전망 (OUTLOOK)
의사결정의 오류가 법조계, 의학계에 나타난다면 자격이 있는 MBA 지원자를 탈락시키는 것보다 그 결과가 훨씬 심각할 것이다.

STATEMENT ANALYSIS

무엇이 사실인가? (FACTUAL)
이론적으로는 어떤 결정을 하게 될 때 한 결정이 다른 결정에 영향을 끼쳐서는 안 되지만 실제로는 영향을 미치게 된다.

In theory, a decision made when handling one of these pieces should not have much, if any, impact on similar but unrelated subsequent decisions. Yet this is not how things work out in practice.

어디에 가치가 있는가? (EVALUATION)
사람들은 개별적으로 결정을 내리게 될 때 배경 정보를 고려하는 데 능숙하지 않다.

People are, on the whole, poor at considering background information when making individual decisions.

어떻게 해야 하는가? (DOS AND DON'TS)
큰 그림을 그릴 수 있는 능력을 통해서 의사결정을 할 때 매일 접하는 정보의 샘플링 때문에 편견을 가져서는 안 된다.

An ability to consider the big picture should be leading decision-makers not to be biased by the daily samples of information they are working with.

Enterprising oldies

젊음은 젊은이들만의 전유물이 아니다. 나이가 들면서 지혜로워지며 새롭게 개선할 수 있다는 것이 인간이라는 존재가 지금껏 문명과 역사를 유지해 온 동력이 아닐까. 체험과 고민, 사색을 통해서 깨닫게 되는 삶에 대한 혜안과 세상을 바라보는 넓은 시각, 그리고 인생 실존에 대한 성찰과 스스로에 대한 반성을 통해서 인간은 거듭난다. 인생을 살면서 쌓아온 경험을 바탕으로 세상에 기여하는 것, 소중한 경험과 깨달음을 나누어가면서 인간은 세대 간의 큰 물결에 동참하게 된다.

- Founding new businesses is not a monopoly of the young, even if it seems so nowadays

  부제 새로운 비즈니스를 설립한다는 것은 오늘날 젊은이들의 전유물로 보일 수 있겠지만 사실은 그렇지 않다. IT 창업의 신화로 말미암아 창업은 곧 청년 창업이라는 등식이 성립된 것처럼 보이지만, 연륜을 가지고 있는 노인들도 창업의 주체가 될 수 있다는 것, 그리고 연륜에 의한 창업이 가지는 분명한 장점이 존재한다는 내용이다.

【부제를 통한 예상 논점 정리】

1. 청년 창업의 현실은 어떠한가. (현상 설명)
2. 청년 창업이 가지는 장점과 단점은 무엇인가. (원인 규명, 한계 입증)
3. 노인들의 창업할 때의 상대적인 장점과 단점은 무엇인가. (원인 규명, 한계 입증)
4. 노인들의 창업으로 말미암은 장점은 무엇인가. (원인 규명, 타당성 입증)

Enterprising oldies

🌐 BEGINNING

1 "A LAZY bastard living in a suit" is Leonard Cohen's description of himself in his new album, "Old Ideas". Mr Cohen is certainly fond of wearing a suit, on and off stage. **But** lazy seems a bit harsh. He is 77, which is 12 years beyond the normal retirement age in Canada, where he was born. **But** there is no sign of his laying down his guitar. He spent 2008-10 on tour, performing on stage in Barcelona on his 75th birthday. "Old Ideas" has won widespread acclaim. Mr Cohen says he has written enough songs for another album.

2 *In the 1960s pop was a young person's business.* The Who hoped they died before they got old. Bob Dylan berated middle-aged squares like Mr Jones in "Ballad of a Thin Man". *But today age is no barrier to success.* The Rolling Stones are still touring in their 60s. Bob Dylan's songwriting skills, if not his vocal chords, have survived intact. Sir Paul McCartney warbles on.

단어 **bastard** 새끼, 녀석, 개자식　**fond of** 좋아하는, 애착을 가지는　**harsh** 가혹한, 냉혹한, 혹독한
sign 징후　**lay down** 내려놓다　**perform** 공연하다　**win acclaim** 갈채를 받다, 호응을 얻다
berated 질책받은　**middle-aged** 중년의　**barrier** 장애물　**intact** 온전한, 손상되지 않은
warble 노래하다, 지저귀다, 재잘거리다

©Route66/Shutterstock.com

서론에서는 팝 분야에서 과거의 실력 있는 아티스트들이 왕성하게 활동하고 있음을 소개하면서, 팝 분야와 마찬가지로 창업이 젊은이의 전유물이라는 편견을 깨야 한다는 논의를 소개하고 있다.

 **진술방식**　　**대조 CONTRAST**　　**예시 EXAMPLE**　　**열거 LISTING**

🔑 Key Point　본문에서 현재진행, 현재완료, 과거, 현재시제를 쓰고 있는데 시제 감각을 가지고 이를 구별할 수 있어야 한다. 현재완료시제는 과거의 사건이 지금까지 그 효력을 미칠 때 사용하며, 현재시제는 과거, 현재, 미래를 통틀어서 시간 그 자체로 받아들이면 된다. 폴 매카트니의 실력은 예나 지금이나 앞으로나 그대로일 것이라는 의미이다. have survived intact는 요샛말로 '살아 있네'에 해당하는 표현이다.

👆 Focused Reading　팝이 1960년대에는 젊은이의 전유물이었지만, 오늘날 팝계에서는 나이가 성공의 장애물이 아니라는 것을 설명하고 있다. 즉, 나이가 많다고 해서 성공할 수 없다는 의미가 아니라는 것이다. 나이가 성공에 있어 장애가 되지 않는다고 한 부분에서 앞으로 이를 집중적으로 증명할 것임을 알 수 있다. 하지만 나이가 많아서 성공에 걸림돌이 되지 않을까 등등의 회의적인 시선을 거두지 말아야 한다. 비판을 위한 비판이 아니라, 논리의 흐름을 놓치지 않기 위해서 글에 대한 질문과 답을 처음부터 해 볼 수 있어야 한다.

해석　"슈트를 입고 살아가는 게으른 자식." 레너드 코헨은 신보인 〈오래된 생각〉에서 자기 자신을 그렇게 묘사했다. 코헨은 분명히 무대에서나 무대 밖에서나 슈트를 입는 것을 좋아한다. 그러나 게으르다는 말은 다소 부당한 것처럼 보인다. 그는 77세로 캐나다에서 일반적으로 은퇴 연령으로 여겨지는 나이를 열두 해 넘겼다. 그러나 그는 기타를 내려놓을 생각을 하지 않는다. 그는 75세 생일에 바르셀로나에서 공연을 하면서 2008년부터 2010년까지 순회공연을 했다. 〈오래된 생각〉은 큰 반향을 불러일으켰다. 코헨은 차기 앨범을 위해서 충분하게 작곡을 해 두었다고 한다.

1960년대 팝은 젊은이들의 산업이었다. 더 후(영국 록 밴드)는 늙어버리기 전에 차라리 먼저 죽기를 희망했다. 밥 딜런은 〈발라드 오브 어 씬 맨〉에서 미스터 존스와 같은 중년의 지루한 삶을 비난했다. 그러나 오늘날에는 나이가 성공에 있어서 장애가 되지 않는다. 롤링 스톤즈는 60대의 나이에도 불구하고 여전히 투어를 하고 있다. 밥 딜런의 목소리는 예전같지 않지만 작곡 능력은 여전히 전성기 실력 그대로이다. 폴 매카트니는 여전히 전성기를 이어가고 있다.

We are what we repeatedly do.
현재의 우리는 우리가 반복적으로 하는 행동의 결과이다. —아리스토텔레스

3 *It is time to do for enterprise what such ageing rockers have done for pop music: explode the myth that it is a monopoly of the young.* This idea has been powerfully **reinforced by** the latest tech boom: Facebook, Google and Groupon were all founded by people in their 20s or teens. Mark Zuckerberg, aged 27, will soon be able to count his years on earth in billions of dollars. **But** the trend is not confined to tech: Michael Reger was a founder of one of America's most innovative energy companies, Northern Oil and Gas, aged 30.

단어
explode 타파하다, 논파하다
myth 통념, 근거 없는 믿음
monopoly 독점
reinforce 강화하다, 보강하다, 증강하다
boom 폭등
found 설립하다
confined 한정적인, 제한된
innovative 혁신적인

창업에 있어서 연륜이 중요한 것인가에 대해서 논증하고 있다. 에이지즘으로 대변되며 사회적으로 문제가 되고 있는 노인에 대한 차별과 인식의 차이에 대해서 문제를 제기하면서 문제를 논증으로 해결하는 구조로 이루어졌다.

4 *The rise of the infant entrepreneur* **is producing** *a rash of ageism,* **particularly** *among venture capitalists.* **Why** finance a 40-year-old (with a family and mortgage) when you can back a 20-year-old who will work around the clock for peanuts and might be the next Mr Zuckerberg? **But** it is not hard to think of **counter-examples**: Mark Pincus was 41 when he founded Zynga and Arianna Huffington was 54 when she created the Huffington Post.

단어
a rash of 많음, 다량, 다발
ageism 나이 차별
capitalist 기업가
around the clock 24시간 내내
counter-examples 반례

3 진술방식　　예시 EXAMPLE　　열거 LISTING　　인과 CAUSE&EFFECT

Key Point　'해야 할 때다'라는 의미의 It is (high) time to 구문은 'It is (high) time that+가정법과거'로 표현이 가능하다. 또한 will be able to와 같은 조동사와 준조동사의 결합형의 의미를 잘 파악할 수 있어야 한다. is not confined to는 '…에만 해당하는 것은 아니라'는 표현으로, 본문에서는 IT 외의 다른 분야의 트렌드를 이야기하기 위해서 사용했다.

Focused Reading　주제를 팝 아티스트에서 기업가로 이어가고 있다. IT붐으로 말미암아 청년 창업이 사회적 통념으로 받아들여지고 있다고 소개하면서 이러한 미신을 타파해야 한다는 중심 논제를 본격적으로 시작하고 있다. the myth라는 표현에서 유념해야 할 것은 정관사의 쓰임이다. 즉, 앞서 논의했던 내용을 정관사로 함축하고 있는 것이다. 다시 말해서 정관사는 아무 곳에나 쓰일 수 없으며, 논리의 탄탄한 전개 속에서 화자(필자), 독자(청자)에게 주의를 집중시키고 이야기를 끌고 가기 위해서 사용하는 영어만의 고유한 장치라는 것을 알아야 한다.

해석　팝에서 나이 들어가고 있는 락커들이 해온 것처럼 이제 창업은 청년의 전유물이라는 미신이 깨져야 할 때가 왔다. 젊은이들만 창업을 할 수 있다는 생각은 최근 IT붐으로 인해 더욱 확고해졌다. 페이스북, 구글, 그루폰은 모두 10대, 20대 청년들에 의해서 창업되었다. 27세의 마크 주커버그는 곧 수십억 달러의 단위로 자기 나이를 셀 수 있을 것이다. 그러나 이러한 트렌드는 IT산업에만 국한되지 않는다. 마이클 레거는 미국의 가장 혁신적인 에너지 기업 중 하나인 노던 오일 앤 가스를 30세에 설립했다.

4 진술방식　　인과 CAUSE&EFFECT　　대조 CONTRAST　　예시 EXAMPLE

Key Point　조동사의 의미에 유의하자. can은 '할 수 있다'라는 의미의 능력을 나타내며, might는 may보다 약한 확신을 나타낼 때 쓰인다. 즉, 차세대 마크 주커버그가 된다는 것은 확실히 보장할 수 없는 상상 속의 일이므로 might를 사용한 것이다. 조동사를 통해서 확실과 불확실, 현실과 상상 속 비현실을 넘나든다는 것을 알아야 한다.

Focused Reading　젊은층의 기업가들이 대거 부상하면서 나이 차별, 즉 에이지즘의 분위기가 조장되었다고 한다. 비용-효과 측면에서 40대 대신 20대에 투자하는 게 훨씬 현명한 것처럼 보이기 때문이다. 그러나 반례를 제시하면서 앞으로 이어질 내용, 즉 나이가 있다는 것이 창업에 있어서 장애물이 되지 않는다(오히려 도움이 될 수도 있다)고 반증한다. 최근의 추세를 제시할 때, 보통 그 이면의 심층적인 의미를 주장하는 경우가 많기 때문에 본문에서도 글의 흐름을 쉽게 예측할 수 있을 것이다.

해석　젊은 기업가들이 부상하게 되면서 나이 차별적인 분위기가 만들어지고 있는데, 특히 벤처 자본가들 사이에서 이러한 분위기가 형성되고 있다. 적은 월급을 줘도 24시간 내내 일을 하고 미래에 차기 마크 주커버그가 될지 모르는 20대를 두고 가족과 대출금을 부담하고 사는 40대에 왜 투자하겠는가? 그러나 이에 대한 반례를 생각해 내는 것은 어려운 일이 아니다. 마크 핀커스는 41세에 징가를 설립했고 아리아나 허핑턴은 허핑턴 포스트를 설립했을 때 54세였다.

5 *Research suggests that age may in fact be an advantage for entrepreneurs.* Vivek Wadhwa of Singularity University in California studied more than 500 American high-tech and engineering companies with more than $1m in sales. He discovered that the average age of the founders of successful American technology businesses (ie, ones with real revenues) is 39. There were twice as many successful founders over 50 as under 25, and twice as many over 60 as under 20. Dane Stangler of the Kauffman Foundation studied American firms founded in 1996-2007. He found the highest rate of entrepreneurial activity among people aged between 55 and 64—and the lowest rate among the Google generation of 20-to 34-year-olds. The Kauffman Foundation's most recent study of start-ups discovered that people aged 55 to 64 accounted for nearly 23% of new entrepreneurs in 2010, compared with under 15% in 1996.

단어
entrepreneur 사업가
founder 설립자
start-up 신생 기업

6 *Experience continues to count for a great deal, in business as in other walks of life*—or, to borrow a phrase from P.J. O'Rourke, age and guile can still beat "youth, innocence and a bad haircut". It is one thing to invent a clever new product but quite another to hire employees or build a sales machine. And even when it comes to breakthrough ideas, age may still be an asset. Benjamin Jones of Northwestern University's Kellogg School of Management and Bruce Weinberg of Ohio State University examined the careers of Nobel prize-winners in chemistry, physics and medicine. They found that the average age at which these stars made their greatest innovations is now higher than it was a century ago. Mr Wadhwa speculates that many of the most promising businesses in future will result from the mating of two subjects that each take years to understand—robotics and biology, say, or medicine and nanotechnology.

단어
count 중요하다, 가치 있다
for great deal 상당하게
walks of life 각계각층
guile 교활, 간계
when it comes to
…에 대하여
breakthrough 돌파구
speculate 추측하다,
투기하다
promising 전도유망한
result from 기인하다

5 진술방식   대조 CONTRAST   예시 EXAMPLE   인과 CAUSE&EFFECT

Key Point advantage는 광의의 인과관계의 신호어로 보면 된다. 두 번째 문단 But today age is no barrier to success.에서 보이는 것처럼 나이가 성공의 장애가 아니라 오히려 성공에 도움이 되는 요인이 된다는 뜻이다. research, evidence, statistics, study 등이 주어인 경우 represent, show, suggest, imply, mean, reveal, demonstrate, reveal, prove 등의 동사를 통해서 'X+동사+Y'의 구조가 된다. 이는 'X를 보면(X를 통해서) Y를 알 수 있다'가 되어 주어가 판단의 근거, 목적어가 판단의 결과가 된다.

Focused Reading 실제로 나이가 많다는 것이 기업가들이 기업을 운영하는 유리한 조건이 될 수 있다. 즉, 연륜이 기업 운영에 필요조건이라는 뜻이다. 성공적인 창립자들의 평균나이를 분석하면서 실제로는 연륜이 중요하게 작용했을 것이라는 연구 결과를 이야기하고 있다. 다시 말해서 나이가 성공에 저해 요소가 되는 것이 아니라 성공을 돕는 필요조건이 된다는 설명이다. 물론, 창업자들의 연령대를 조사했다는 것 자체가 창업에 있어서 연륜이 핵심 요소임을 확증할 수는 없다고 하더라도 나름의 의미 있는 연구임을 알 수 있다.

해석 다음의 연구 자료는 기업가들의 연륜이 기업 활동에 상당한 이점이 된다는 것을 뒷받침한다. 미국 캘리포니아 싱글레러티 대학의 비벡 와드하 교수가 매출액 1,000만 달러가 넘는 500개 이상의 미국 첨단 기술 및 기술 공학 업체들을 조사했다. 성공을 거둔 기술업체(즉, 미국에서 실질적인 수익을 낸 업체들)를 창립한 사람들의 평균나이는 39세인 것으로 나타났다. 성공적인 창업자 중에서 50세 이상은 24세 이하의 2배였으며, 60세 이상은 20세 이하의 2배에 달했다. 미국 카프만 재단의 선임 분석가 데인 스탱글러는 1996~2007년 설립된 미국 기업들에 대해 연구했다. 조사 결과 기업가 활동이 가장 활발하게 나타난 나이대는 55세~64세였으며 가장 저조한 나이대는 구글 세대라고 볼 수 있는 20세~34세였다고 밝혔다. 최근 카프만 재단의 신생 업체 관련 조사에 따르면, 신생 기업가들 중 55세~64세가 차지하는 비중은 2010년 약 23%로, 1996년과 비교했을 때 15% 이하였던 것이 큰 폭으로 상승했다.

6 진술방식   인과 CAUSE&EFFECT   예시 EXAMPLE   열거 LISTING

Key Point 'when it comes to+명사'는 '…에 대해서 말하자면'이라는 의미의 이른바 주제구문이다. 다루고자 하는 주제를 명시하기 위해, 혹은 화제 전환을 하기 위해서 쓰는 구문이니 유의하자. asset은 앞 단락에서 나온 advantage와 유의적으로 쓰여서 창의적인 아이디어breakthrough ideas를 가능하게 하는 원인이 된다. 즉, 창조적인 생각을 하는 데 있어서 도움이 된다, 자산이 된다는 의미이다. 영어에서는 유의어, 반의어를 통해서 글의 흐름이 자연스럽게 이어지게 된다. 꼭 접속사를 써야만 글과 글이 이어진다는 생각은 버려야 한다. 어휘가 다른 말로 바뀌면서도 그 안에서 논리의 긴밀한 관계가 형성된다는 점을 주목하자.

Focused Reading 젊음, 순수함, 그리고 형편없는 헤어컷으로 대변되는 치기어린 젊음이 기발한 아이디어에는 도움이 될 수 있지만, 그것을 발전시키고 비즈니스로 연결시키는 것은 별개의 문제라고 하고 있다. 나이가 아이디어를 실행하는 데 있어서도 중요하다는 것의 근거로 노벨상 수상자들의 평균나이가 100년 전에 비해 높아졌다는 점을 제시하고 있다.

해석 경험은 다른 영역에서와 마찬가지로 사업에서도 여전히 매우 중요한 요인이다. 이는 피 제이 오루크의 나이와 지혜가 "젊음, 순수함, 그리고 형편없는 머리를 한 젊은이들의 자유분방함을 이길 수 있다"는 말에서도 드러난다. 젊음과 순수함은 기발한 신제품 개발에는 도움이 될지 몰라도 직원 채용이나 판매기 설치와 같은 일에서는 완전히 다른 문제이다. 그리고 놀라운 아이디어를 행동으로 옮기는 데 있어서도 나이는 중요한 자산이다. 노스웨스턴 켈로그 경영대학원의 벤자민 존스 교수와 오하이오 주립대의 브루스 웨인버그 교수는 화학, 물리학, 약학 부문 노벨상 수상자의 경력을 조사했다. 그 결과 이들이 위대한 업적을 이룬 평균 연령이 100년 전에 비해 높아졌다는 점이 드러났다. 비벡 와드하 교수는 이제 다수의 촉망 받는 미래의 기업들은 한 분야를 이해하는 데 오랜 시간이 걸리는 로봇공학과 생물학, 이를테면 의학과 나노 기술과 같은 서로 다른 분야를 서로 융합한 형태로 나타나게 될 것이라고 예견했다.

7 *Experience may be nothing if it is not linked to mould-breaking creativity.* But there are plenty of older people who are capable of breaking moulds. Ray Kroc was in his 50s when he began building the McDonald's franchise system, and Colonel Harland Sanders was in his 60s when he started the Kentucky Fried Chicken chain. David Ogilvy worked as a chef and a spy before turning to advertising in his late 30s, an age when Bill Gates reinvented himself as a philanthropist. The late Steve Jobs was as creative in his second stint at Apple, from 1995 to 2011, as in his first.

단어
mould-breaking 틀을 깨는
creativity 창의력
turn to 의지하다
philanthropist 박애주의자
stint 일정 기간

8 This is not to say that the rise of young entrepreneurs like Mr Zuckerberg is insignificant. The barriers that once discouraged enterprise among the young are collapsing. Social networks make it easier to build contacts. Knowledge-intensive industries require relatively little capital. But the fact that barriers are collapsing for the young does not mean that they are being erected for greybeards. *The point is that the creation of fast-growing businesses is now open to everybody regardless of age.*

단어
insignificant 중요하지 않은
barrier 장애물
knowledge-intensive 지식 집약적인
capital 자본
erect 똑바로 세우다
regardless of 상관없이, 무관하게

| 7 진술방식 | 인과 CAUSE&EFFECT | 예시 EXAMPLE | 대조 CONTRAST |

 **Key Point**
be linked[related, connected, bound up, associated] with[to]는 관련성을 나타내는 표현이다. 관련성이 있다고 해서 반드시 인과관계가 성립하는 것이 아니지만, 관련성이 인정되어야 인과관계가 성립되므로 관련성은 광의의 인과관계로 보기도 한다.

 **Focused Reading**
연륜이 의미를 가지기 위한 필요조건을 이야기하고 있다. 단순히 나이가 들면서 경험을 쌓는 것이 아니라, 경험은 틀을 깰 수 있는 창조성과 결합되어야 한다는 주장을 하고 있다. 다시 말해서, 경험이 틀을 깨는 창의성과 관련이 없다면 의미가 없을 것이라는 것은 의미 있는 경험이 되기 위해서는 틀을 깨는 창의성과 관련이 있어야 한다는 필요조건을 이야기하고 있는 것이다. 즉, 틀을 깨는 창의성과 관련이 있어야만 연륜이 의미를 가진다는 것이다. 나이가 많은 사람들이 창의력을 보여준 사례가 많다는 것을 예시를 통해서 보여주고 있다. 여기서 주목해야 할 것은 필자가 독자의 예상되는 질문을 예측하고 반박을 잠재우고 있다는 점이다. 나이가 많다고 해서 다 좋은 것인가, 경험이 전부인가와 같은 독자가 가질 법한 질문에 대해서 필자는 창의성과 관련 없는 경험은 아무런 의미가 없다라고 단호하게 단정하고 있다. 이 글에서 가장 핵심적인 논증이 이루어지고 있는 부분이다. 나이가 많다는 것이 꼭 이로운 것인가에 대한 예상되는 독자의 반박에 대해서 연륜이 의미를 지니기 위한 선결 조건은 창조성이라고 주장함으로써, 주장이 가질 수 있는 취약함을 보완하고 반론의 여지를 제거하고 있다.

해석 고정된 틀을 깨는 창의성과 관련 없는 연륜은 무용지물일 수 있다. 그러나 나이 많은 사람들이 창의력을 보여준 사례는 많이 있다. 레이 크록은 50대에 맥도날드 프랜차이즈 체계를 만들기 시작했으며, 할랜드 샌더스 대령은 50대에 켄터키 프라이드치킨 체인사업을 시작했다. 데이비드 오길비는 30대 후반에 광고업계에 뛰어들기 전까지 요리사와 스파이로 일했다. 30대 후반은 빌 게이츠가 자선 사업가로 거듭난 해이기도 하다. 이제 고인이 된 스티브 잡스는 본인이 처음 왕성한 활동을 했던 때처럼 1995년에서 2011년까지 애플에서 창의성을 가지고서 제2의 전성기를 구가했다.

| 8 진술방식 | 대조 CONTRAST | 인과 CAUSE&EFFECT |

 **Key Point**
This is not to say that은 '…라는 의미는 아니다'라는 뜻이다. 예를 들면 '법 없는 자law-less가 된다고 해서 무법자lawless가 된다는 의미는 아니다.'라는 말에서 보이는 것처럼 어떠한 개념의 애매모호함을 피하기 위해서 쓰는 표현이다. 본문에서 현재진행시제가 쓰인 것을 젊은이들의 창업을 가로막는 요소들이 점점 사라지고 있는 변화를 나타내기 위해서이다.

 **Focused Reading**
이 단락에서도 예상되는 반박을 잠재움으로써 자신의 주장을 강화하고 있다. 지금까지의 일관된 논의를 볼 때, 나이가 많다는 것이 창의성과 결합했을 때 의의가 있다는 것은 설득이 되었다고 하더라도 '젊다는 것이 창업에 의미가 없다는 것인가?'라고 의문을 제기할 수 있기 때문이다. 젊은 기업가들의 부상이 중요하지 않다거나 젊은이들의 창업을 방해해 온 장벽이 무너졌다는 것이, 곧 젊은이들이 노인들보다 창업에 있어서 입지가 강화되었다는 것이 아니라 창업의 문호가 노인에게나 청년에게나 개방된 것으로 받아들여져야 한다는 것이다. 따라서 처음에 제기했던 나이라는 것이 창업에 있어서 장애물이 아니라는 것을 다각도로 입증하고 있는 단락이다. 앞서의 논의는 나이의 많고 적음이 일정한 변인이 된다고 봤지만, 이 단락에서는 나이가 결정적 요인이 아니라고 하면서 인과관계를 약화시키고 있다.

해석 그렇다고 해서 마크 주커버그와 같은 젊은 기업가의 등장이 중요하지 않다는 의미는 아니다. 한때 젊은이들의 창업을 저해했던 장벽이 점점 무너지고 있다. 소셜 네트워크로 인맥 구축이 보다 용이해졌으며, 지식 집약적 산업이 발달하면서 이전보다 적은 자금으로 창업이 가능해졌다. 그러나 이러한 장벽이 붕괴되고 있다고 해서 젊은이들이 노인들보다 더 유리한 지위를 점하고 있다는 의미는 아니다. 핵심은 빠르게 성장하고 있는 창업의 기회는 이제 나이를 불문하고 누구에게나 열려 있다는 것이다.

Back on the road again
다시 길을 나선다

⑨ *The evidence that* older *people are if anything becoming* more *enterprising* should help *to calm* two *of the biggest worries that hang over the West (and indeed over an ageing China).* One is that the greying of the population will inevitably produce economic sluggishness. **The second** is that older people will face hard times as companies shed older workers in the name of efficiency and welfare states cut back on their pensions.

단어
if anything 오히려
calm 완화하다
hang over …에 머물다
inevitably 불가피하게
sluggishness 게으름, 나태
face 직면하다
shed 없애다
in the name of 이름하에, 명목하에
cut back on 삭감하다, 줄이다

⑩ Here, Mr Cohen is a man for our times. In 2004 he faced financial ruin when he discovered that his manager, Kelley Lynch, had misappropriated most of his savings. He sued successfully **but** could not lay his hands on the money. **So** he had no choice but to go back to work. Mr Cohen told the New York Times that reconnecting with "living musicians" and "living audiences" had "warmed some part of my heart that had taken a chill". *Let us hope* the same *is true of the ageing boomers who will have little choice but to embrace self-employment as the West's welfare states discover that they cannot keep their promises.*

단어
ruin 파산, 붕괴, 몰락
misappropriate 유용하다, 횡령하다
savings 저축액
sue 고소하다
warm 따뜻하게 해주다
have no[little] choice but to …하지 않을 수 없다
embrace 수용하다, 받아들이다, 아우르다
self-employment 자기 고용

창업에 있어서의 노인들의 발전적인 변화가 서구권에 만연해 있는 문제를 해결하는 중요한 단초 및 해결 방안이 된다는 것을 전망하면서 마무리가 되고 있다.

9 진술방식   프로세스 PROCESS   인과 CAUSE&EFFECT   열거 LISTING

Key Point
if anything은 '오히려'라는 뜻으로 노인들이 더욱 더 창업을 한다는 것, 진취적으로 바뀌는 것이 도움이 된다는 의미를 강조하기 위해서 쓴 표현이다. 본문에서 현재진행시제를 사용해서 노인들의 도전적인 변화, 발달, 추세 등을 강조하고 있다. 접속사 as는 약한 의미의 이유를 나타내는 접속사로서 because, since 보다 이유의 의미가 강하지 않을 때 사용하는 접속사이다.

Focused Reading
서구권이나 중국의 만연한 두 가지 문제, 즉 인구 고령화로 인한 성장 부진의 우려, 기업의 효율성 재고 목적으로 노인층이 겪게 될 근로 안정과 연금 등의 경제적 문제를 해결하는 데 노인의 진취성이 해결의 단초가 될 것이라고 이야기하고 있다. 여기서 조동사 should는 의무의 의미가 아니라 논리적 타당성을 나타낸다.

해석 노인들이 오히려 점점 진취적으로 변화하고 있다는 증거는 서구사회와 점점 고령화되고 있는 중국에서 만연하고 있는 두 가지 문제를 해소하는 데 도움이 될 것임에 분명하다. 첫 번째는 인구 고령화로 인해서 필연적으로 성장이 부진해질 수밖에 없는 문제를 해결할 것이다. 두 번째는 기업이 효율성 증대라는 명분으로 나이 든 근로자를 해고하고 복지국가들이 연금을 삭감해서 노인들이 앞으로 경제적 어려움을 겪게 될 것이라는 우려를 해결하는 데 도움을 줄 것이다.

10 진술방식   프로세스 PROCESS   예시 EXAMPLE   열거 LISTING

Key Point
본문에서 had misappropriated로 과거완료를 쓴 이유는 코헨이 자신의 매니저가 재산을 횡령했다는 것과 그것을 인지한 시점이 상이하다는 것, 그리고 나아가서 인지 시점의 차이가 중요한 결과를 낳았다는 것을 강조하기 위해서이다. 과거완료는 시간적 차이로 인해서 중요한 결과를 낳았을 때 사용한다. 코헨이 〈뉴욕 타임즈〉와 가진 인터뷰에서도 '한때 얼어붙은 마음'이라는 표현을 과거완료로 표현한 것에 주목하자. 지금은 자신의 마음이 위로받았다는 것을 강조하기 위해, 과거완료를 쓴 것이다. 과거완료시제는 시간적 선후관계나 인과관계가 명확하기 때문에 이유를 나타내는 because절이나 시간을 나타내는 when절, 그리고 본문에서처럼 관계대명사절에서 사용된다.

Focused Reading
베이비붐 세대가 은퇴 연령이 되어가면서 서구 정부가 복지 공약을 지킬 수 없는 현실에서는 자영업 외에는 달리 선택사항이 없다고 한다. 즉 서구권 정부의 복지 공약 불이행에 따른 복지 혜택의 축소와 비슷한 경험을 하게 될 은퇴를 앞둔 베이비붐 세대들에게도 동일한 의미가 있기를 바란다고 마무리하고 있다. 이 글에서 가장 재미있는 것은 바로 마지막 부분이다. 지금까지는 연령이 창업을 하는 데 큰 의미가 없다는 논증을 하면서 노인들의 연륜을 인정해야 한다는 주장을 해 오다가 그 배경이 되는 복지 정책의 축소로 인해서 국가가 개인의 삶을 보장해 줄 수 없는 상황을 제시하고 있다는 점이다.

해석 여기, 현 시대를 반영하는 한 가지 예로 코헨의 사례를 들 수 있다. 2004년 그의 매니저인 켈리 린치가 자신의 대부분의 자산을 횡령한 것을 알게 되었고, 경제적인 파멸에 직면하게 되었다. 소송은 성공적이었지만, 수중에 남아 있는 돈이 없었다. 이렇게 파산 위기에 직면하게 되자 그는 다시 음반 시장에 뛰어들 수밖에 없었다. 그는 〈뉴욕 타임즈〉와의 인터뷰에서 "살아 있는 음악인과 살아 있는 관객들이 한때 얼어붙었던 나의 마음을 따뜻하게 위로해 줬다"고 말했다. 이제 나이가 들고 있는 베이비붐 세대들이 서구 정부가 복지공약을 지킬 수 없게 된 상황에서 자영업 외에는 달리 선택사항이 없게 될 이들에게 코헨과 동일한 고백이 있기를 바라본다.

LOGIC ANALYSIS

▶ 문제 상황 ⇨ 원인 분석 ⇨ 대안 평가 ⇨ 최적 대안

문제 상황 (EFFECT)
청년 창업이 붐을 일으키면서 특히 벤처 창업에서는 '나이 차별'이 중요한 이슈가 되고 있다.

원인 분석 (CAUSE)
부양가족과 경제적 부담을 지고 있는 40대에게 투자하는 것보다 소액의 보상으로 열심히 일하는 차세대 주커버그가 될 수 있는 20대에게 투자하려는 일반적인 인식 때문이다.

기존 대안 (EXISTING ALTERNATIVE)
창업은 젊은이들에게 유리한 분야이다.

대안 평가 (EVALUATION)
❶ 기업을 운영하는 데 있어서 나이가 많다는 것이 유리한 장점이 될 수 있다.
❷ 경험은 다른 분야에서와 마찬가지로 사업에서도 중요한 자산이다.
❸ 틀을 깨는 창의력에 연륜이 실제로 의미가 있는 경우가 많다.

최적 대안 (OPTIMIZED ALTERNATIVE)
연륜을 바탕으로 한 노인들의 창업에는 상대적으로 젊은이들의 창업이 가지지 못하는 장점들이 많이 존재한다.

전망 (OUTLOOK)
인구 고령화로 인한 성장의 부진, 노인들의 경제적 어려움의 타파에 노인들의 진취적인 변화는 중요한 시사점을 가진다. 복지 정책의 축소, 불이행으로 인해서 자구책을 마련해야 하는 오늘날, 나이가 들고 있는 젊은 세대들도 노인들의 경험을 살린 창업 선례에 주목해야 한다.

STATEMENT ANALYSIS

무엇이 사실인가? (FACTUAL)
새롭게 창업을 한다는 것은 젊은이들의 전유물로 여겨져 왔다.
Founding new businesses seems to have been a monopoly of the young.

어디에 가치가 있는가? (EVALUATION)
연륜은 사실은 창업가들에게 이점이 될 수 있다.
Age may in fact be an advantage for entrepreneurs.

어떻게 해야 하는가? (DOS AND DON'TS)
창업은 젊은이들만의 전유물이 아니다.
Founding new businesses is not a monopoly of the young.

Simplify and repeat

세계적인 작가 스티븐 킹과 무라카미 하루키는 아침 시간을 활용해서 집필한다는 공통점이 있다. 그 시간에 에너지를 집중해서 중요한 일을 끝내고 나머지 시간에 개인 용무나 하고 싶은 일을 한다는 것이다. 아인슈타인은 "제대로 집중하면 6시간 걸릴 일을 30분 만에 끝낼 수 있다. 만약 그렇지 못하면 30분이면 끝낼 수 있는 일을 6시간을 해도 마무리하지 못한다."고 했다. 뼈아픈 지적이다. 단순성은 복잡성을 해결하는 유일한 길이다. 원리는 늘 단순하고 간단하며 우리에게 친근하기 마련이다.

- The best way to deal with growing complexity may be to keep things simple

  부제 복잡성이 증가함에 따라서 이를 처리하는 가장 좋은 방법은 단순하게 만드는 것이다. 핵심역량에 집중할 때 복잡성 증가에 가장 잘 대처할 수 있다고 한다. 본문에서는 핵심역량에 집중하는 것은 단순성과 그 단순성을 반복하는 것이라고 설명함으로써 증가하는 복잡성을 해결하는 방법을 제시하고 있다.

【부제를 통한 예상 논점 정리】

1. 복잡성 증가에 있어 단순성이 왜 최선의 방안인가. (원인 규명, 타당성 입증)
2. 단순성을 유지한다는 것은 어떤 의미인가. (타당성 입증)
3. 복잡성이 늘어나는 것이 꼭 문제인가. (원인 규명)
4. 복잡성을 해결하는 최선의 방법이 단순하게 만드는 것이라고 단정하지 않고 판단을 유보한 이유가 무엇인가. (한계 입증, 대안 제시)

Simplify and repeat

 **BEGINNING**

1 IN 1932, as the global economy collapsed, a Danish carpenter called Ole Kirk Kristiansen started to supplement his income **by selling** wooden toys. Eventually he hit on the idea of making toy bricks. He and his son and grandson steadily perfected these bricks. *They shifted from wood to plastic. And they made their idea global:* **today** *there are 75 bits of Lego for every person on the planet.*

단어 **collapse** 붕괴하다, 무너지다 **carpenter** 목수 **supplement** 보충하다, 벌충하다

2 In the mid-1990s Lego expanded too feverishly into what business theorists call "adjacencies": theme parks, television programmes, clothes, watches and learning labs. The firm hit a wall made of bricks, not plastic. After years of dismal results, a new boss in 2004 took Lego back to its roots. The company has not lost its appetite for innovation: you can now design a house or castle online and order the bricks you **need to** build it. *But Lego's focus is firmly back where it was in its heyday—on little interlocking blocks that turn children of all ages into master builders* (and hurt like jagged rocks when you tread on them in your socks).

단어 **dismal** 처참한 **take sth back to its roots** …을 본래의 자리로 돌려놓다 **appetite** 식욕 **innovation** 혁신 **in one's heyday** 전성기에 **interlock** 서로 맞물리게 하다 **jagged rocks** 울퉁불퉁한 바위 **tread on** …위를 걷다

서론 부분에서는 레고의 사례를 통해서 단순성이 가지는 의미를 설명하고 있다. 레고가 사업 다각화, 다변화를 추구하다가 결국 실패했지만 레고가 가지고 있던 핵심역량에 집중함으로써 다시 정상 궤도에 진입했다는 것을 소개하고 있다.

1 진술방식   예시 EXAMPLE   열거 LISTING   대조 CONTRAST

Key Point
hit on은 '우연히 떠올리다'라는 의미이다. 생각을 주어로 하는 '떠오르다'라는 표현은 occur to, strike, hit, dawn on 등이 있다. 본문에서 perfect는 동사로 쓰였는데 '만전을 기하다', '완벽을 기하다'라는 뜻으로 better, refine, make perfect, bring to perfection 등이 유사한 의미이다.

Focused Reading
나무에서 플라스틱으로 재질을 바꿈으로써 레고가 전 세계적으로 확산되었다는 것을 소개하고 있다. 오늘날 일인당 75개의 레고를 보유하고 있다는 통계에서 레고의 위력을 실감하게 한다. 레고의 탄생이 처음에는 단순 작업의 반복으로 시작되었다고 설명함으로써, 단순화하고 반복하라는 주장을 위해서 예를 들어 보이고 있다는 것을 알 수 있다.

해석 1932년에 세계 경제가 무너질 때 올레 키르크 크리스티안센이라는 한 덴마크 목수가 나무로 된 장난감을 판매함으로써 수익을 내기 시작했다. 마침내 그는 장난감 벽돌을 만들자는 생각을 하게 되었다. 그와 아들, 그리고 손자는 꾸준하게 이러한 레고 벽돌을 완벽하게 만들었다. 그들은 나무를 재료로 시작해서 플라스틱으로 제조하게 되었다. 그리고 자신들의 아이디어를 전 세계로 확산시켰다. 오늘날 전 세계에는 일인당 75개의 레고 조각이 있다.

2 진술방식   대조 CONTRAST   예시 EXAMPLE   열거 LISTING

Key Point
in one's heyday라는 표현은 '한창때에', '전성기에'라는 뜻이다. turn into에서 into는 '변화', '결과'를 나타내는 전치사이다. turn 대신 change, transform 등을 쓸 수 있다. 마지막 문장은 Lego's focus가 주어이고 is 이하가 서술어인데, 이때 on은 전치사구가 아니라 주격보어로 봐야 한다.

Focused Reading
레고가 사업 다각화를 시도하다가 처참하게 실패하고 다시 핵심역량에 집중함으로써 사업이 다시 정상 궤도에 진입했다는 것을 소개하고 있다. 영어에서 필자의 가치 판단을 가장 분명하게 할 수 있는 것은 상태나 성질을 묘사하는 형용사이다. 본문에서 등장하는 dismal에서 레고의 다양성 추구에 대한 필자의 태도가 선명하게 드러나고 있다. 실패를 경험하고 다시 원래의 뿌리, 근본, 본질로 돌아갔다는 부분에 주목해 보자.

해석 1990년대 중반에 레고는 경영학자들이 말하는 "인접영역"에 너무나 열정적으로 뛰어들었다. 테마파크, TV 프로그램, 의류, 시계, 그리고 학습실까지. 레고 회사는 플라스틱으로 만들어진 벽이 아니라 벽돌로 만들어진 벽을 짓게 되었다. 수년간의 처참한 결과 끝에 2004년에 새롭게 부임한 사장은 레고를 다시 본래의 자리로 돌려놓았다. 회사는 혁신에 대한 열망을 잃지 않았다. 당신은 지금 온라인에서 집이나 성을 디자인할 수 있고 그것들을 만들기 위해 필요한 레고 벽돌을 주문할 수 있다. 그러나 레고의 초점은 전성기 때 모든 연령대의 아이들을 조립의 달인으로 바꾸는 작은 블록에 집중하는 것으로 확실히 바뀌었다(양말 안에서 레고가 밟힐 때 울퉁불퉁한 바위를 밟은 것처럼 아픔을 겪었던 것이다.)

 MIDDLE

3 Lego is both a metaphor and a case study for the argument at the heart of "Repeatability", a new book by Chris Zook and James Allen, two consultants with Bain & Company. (Mr Zook practises what he preaches, repeatedly publishing books about the need for businesses to stay true to their core.) Management gurus love to tell companies to reinvent themselves. The Bainies do something **more** interesting: they preach simplicity. *They argue that most successful companies share **three** virtues. They have a highly distinctive core business. They make great efforts to keep their business model as simple as possible. **And** they apply it relentlessly to new opportunities.*

단어
distinctive 눈에 띄는
core 핵심의
make great efforts 굉장히 노력하다
relentlessly 무자비하게

4 *Many of the world's best-known brands make a cult of simplicity*: look at IKEA with its flat packs, McDonald's with its burgers or Berkshire Hathaway with its buy, improve and hold approach to investing. Apple has cut through the buzzing confusion of its industry **by applying** the same formula to a succession of iProducts. It is **also** ruthless about pruning its catalogue. The classic iPod media player **used to** come in multiple storage sizes; **now** it comes in just one.

단어
make a cult of 숭배하다
buzzing 시끄러운
a succession of 일련의
ruthless 가차없는
prune 쓸데없는 가지를 치다
used to …하곤 했다

본론에서는 복잡성을 해결하기 위해 단순화를 통한 반복이야말로 성공하는 기업이 공유하는 핵심역량임을 주장하고 있다. 하지만 해결책으로 단순성만을 강조하는 것은 무리가 있다고 지적하고 있다. 즉, 단순성이 복잡성을 해결하는 충분조건은 아니라고(not enough) 한다. 복잡성 외에 파괴적 혁신(역자 주: 하버드 대학교의 클레이튼 크리스텐센이 주장한 이론이다. 새로운 성장 동력이 파괴적으로 기존 시장을 파괴하고 새로운 시장을 창출한다는 내용)이라는 문제가 복병이라고 소개하고 있다.

  진술방식   열거 LISTING   예시 EXAMPLE

 Key Point   stay true to는 '충실하다'라는 뜻이다. 유의어로 be faithful[committed, devoted, loyal] to가 있다. relentless는 '끈질긴', '지치지 않는'이라는 뜻과 '가차 없는', '무자비한'이라는 뜻을 지니고 있는데, 본문에서는 전자로 쓰여 새로운 기회에 지치지 않고 도전하는 것을 의미한다.

Focused Reading   기업의 세 가지 성공 요건인 핵심 비즈니스, 단순성, 핵심역량 적용을 소개하고 있는 부분이다. 본문의 주 진술방식을 열거로 본 이유는 주제문에서 성공한 기업의 가치를 세 가지로 열거한다고 정직하게 이야기하고 있기 때문이다. 좀 더 정확하게 말하면 이 단락의 주제문은 "그들은 단순성을 설파한다(They preach simplicity)."이지만 표면적으로 봐야 할 주제문과 구별하기 위해서 세부사항 세 가지 가치를 주제문으로 보았다.

해석 레고는 베인 앤 컴퍼니의 컨설턴트인 크리스 주크와 제임스 앨런의 공저 〈반복성〉의 메타포이자 연구 사례다. (주크는 비즈니스가 핵심역량에 충실해야 한다는 니즈에 대한 책을 지속적으로 출간함으로써 자신이 주장하는 바를 실행하고 있다.) 경영 전문가들은 회사들에게 자신을 개혁하라는 이야기를 즐겨 한다. 이 저자들은 더 흥미로운 작업을 하고 있다. 단순성을 강조하고 있는 것이다. 가장 성공적인 회사는 다음의 세 가지 덕목을 가지고 있다고 주장한다. 그들은 매우 분명한 핵심 비즈니스를 보유한다. 그들은 자신의 비즈니스 모델을 가능한 한 심플하게 유지하기 위해서 엄청난 노력을 한다. 그리고 새로운 기회에 비즈니스 모델을 끈질기게 적용한다.

 진술방식   예시 EXAMPLE   열거 LISTING   대조 CONTRAST

 Key Point   approach는 '접근하다'라는 의미의 타동사로 목적어를 취할 때 전치사 없이 바로 목적어가 따라온다. 그러나 명사로 쓰일 경우 '접근'이라는 의미에서 전치사구가 필요하므로 to가 붙게 된다. 전치사 to와 연결되는 중요한 의미의 명사로는 key, solution, avenue, road, answer, question, devotion, commitment 등이 있다. 전치사가 만드는 '명사+전치사', '동사+전치사', '형용사+전치사' 콜로케이션을 평소에 유념해서 공부하자.

Focused Reading   단순성을 숭배한다, 즉 단순성을 지향하는 기업들의 사례를 다양하게 소개하고 있다. 바로 앞 단락을 뒷받침하기 위해서 여러 가지 예를 열거해서 근거를 충분하게 마련하고 있다.

해석 전 세계에서 가장 유명한 브랜드들은 단순성을 숭배한다. 이케아의 납작한 형태의 포장이나 맥도날드의 버거 등. 버크셔 헤서웨이 사는 매수를 통해서 투자에 대한 접근의 개선과 유지를 꾀하고 있다. 애플은 i계열 제품을 꾸준하게 만들면서 같은 공식을 적용함으로써 정신이 하나도 없는 IT 산업의 소용돌이를 요리조리 잘 빠져나가고 있다. 애플은 또한 카탈로그를 단순화하는 데 가차 없는 회사이다. 아이팟 클래식 플레이어는 과거에 다양한 저장 용량으로 판매가 되었지만, 이제는 단 한 가지 저장 용량으로만 판매된다.

5 *This "simplify and repeat" formula has also been embraced by some emerging giants.* Olam is a Singapore-based commodities company that has enjoyed over 25% annual growth rates in both revenues and profits for the past decade. The company has a distinctive core business: **rather than** dealing with middlemen, it deals directly with 250,000 suppliers and **thereby** squeezes out some of the waste that hobbles farming in poor places. Olam started with Nigerian cashew nuts and **now** applies its model to 20 commodities in 65 countries.

단어
formula 공식
emerging giants 신생 기업들
commodity 상품
revenue 수익
distinctive 눈에 띄는
rather than …라기 보다
deal with 다루다
squeeze 짜다, 제거하다

6 *The Bain authors argue that there are three ways to apply the repeatability model.* **Some** companies, such as American Express, target ever more precise groups of customers. **Some** apply the model to new markets: Nike has brought its "swoosh" to one sport after another. **Some** apply the same management system to lots of different businesses: Danaher, an American holding company that specialises in manufacturing, has applied its "lean" management system, the Danaher Business System, to the 85 businesses it has bought over the past ten years.

단어
one after another 차례로
specialize in …을 전문으로 하다

5 진술방식   예시 EXAMPLE   열거 LISTING   대조 CONTRAST

Key Point
embrace는 accept enthusiastically, 즉 '열렬히 받아들이다'의 의미이다. 영자신문에서 자주 볼 수 있는 유사한 의미의 표현으로는 welcome, take up, espouse, stand up for, vouch for 등이 있다. 본문에서 현재완료시제가 주되게 쓰인 이유는 이 글에서 강조하는 성공 전략이 과거부터 현재까지 여전히 유효하다는 것을 강조하기 위해서이다.

Focused Reading
단순화하고 반복하라는 성공 공식의 또 다른 적용 사례로 싱가포르 농산물 업체인 올람을 들고 있다. also로 앞 단락과 이 단락이 3번째 단락을 뒷받침하고 있다는 것을 알 수 있다. 반복된 예증을 통해서 자신의 입지를 강화하고 있음을 알 수 있다.

해석 또한 단순화하고 반복하라는 공식은 일부 신흥 기업들에게도 환영을 받고 있다. 지난 10년간 매출과 수익에서 연간 25% 이상의 성장을 보였던 싱가포르 베이스의 농산물 업체인 올람이 그렇다. 이 업체는 한 가지 분명한 핵심 비즈니스를 보유하고 있다. 중간 업자와 거래하지 않고 25만 명의 공급업자들과 직접 거래하여 가난한 지역에서 농업을 방해하는 일부 낭비적인 요소들을 제거하는 것이다. 올람은 나이지리아의 캐슈넛을 시작으로 지금은 자사 모델을 65개국 25개 품목에 적용하고 있다.

6 진술방식   예시 EXAMPLE   열거 LISTING   인과 CAUSE&EFFECT

Key Point
영어에서 that절을 취하는 동사는 거의 '생각하다', '주장하다' 등으로 해석하면 무리가 없다. 영어 문법적으로 that절이 성립하기 위해서는 제한적인 조건을 충족해야 하는데, 간단히 생각해 보면 that절 안의 진술은 주관적인 판단이면서 객관적으로 전달되기에 큰 무리가 없어야 하기 때문에 생각(주장)하는 내용이라고 보면 될 것이다. 즉, that 이후의 세계 역시 that 앞의 주어와 서술어의 성립과 마찬가지로 독립적인 세계로 인식하는 것이다.

Focused Reading
베인 앤 컴퍼니의 저자들이 주장하는 반복성의 모델의 구체적인 적용 사례를 기업 분석을 통해서 제시하고 있다. 세 가지로 열거함으로써, 반복성 모델의 사례를 충분하게 제시하고 있다. 글의 타당성은 주장이 강하다고 성립되는 것이 아니라, 사실관계를 얼마나 정확하고 풍부하게 보여주느냐에 달려 있다.

해석 베인 앤 컴퍼니의 저자들은 반복 가능한 성공 공식을 적용하는 세 가지 방법이 있다고 주장한다. 아메리칸 익스프레스와 같은 회사에서는 그 어느 때보다 정확하게 소비자 그룹을 타겟팅하고 있다. 일부는 새로운 시장에 적용하고 있다. 나이키는 "스우시(부메랑 모양)"를 여러 스포츠에 등장시키고 있다. 또 다른 기업들은 동일한 경영 시스템을 수많은 다양한 비즈니스에 적용하고 있다. 제조 전문 미국 지주 회사인 다나허는 "절약 경영 시스템"이라는 사업 시스템을 지난 10년간 인수한 85개 비즈니스에 적용하고 있다.

If you can DREAM it, you can DO it.
꿈꿀 수 있다면 실현도 가능하다. −월트 디즈니

7 *This obsession with simplicity is a useful counterbalance to growing complexity.* Businesses have a natural tendency to grow more complex as they mature. One moment they are appointing paper-clip monitors to deal with the supply of paper clips. The next the head of the paper-clip department is calling compulsory meetings. This tendency is getting worse as the pace of business increases. Companies establish matrix-management systems to deal with globalisation, appoint task-forces to examine new technologies, and add ever longer meetings until employees' brains try to gnaw their way out of their skulls. Messrs Zook and Allen call complexity the "silent killer" of modern business. To avoid it, firms must make a cult of simplicity.

단어
obsession with …에 대한 집착
counterbalance to …에 대한 상쇄
complexity 복잡성
compulsory 강제적인
gnaw 갉아먹다
make a cult of 추앙하다

결론에서는 저자의 주장을 반복하고 그 한계를 명시하고 있다. 불필요한 복잡성을 해결하는 것이 변화하는 환경에서 생존하는 필요조건일 수 있지만 단순성 추구 자체가 변화에 대한 답이 되는 충분조건은 아니라는 것이다.

8 *This is easier said than done, however. Complexity is no easier to avoid than cholesterol. Companies need to keep hammering away at the simplicity mantra.* Gareth Penny, a former boss of De Beers, a diamond company, says that: "The role of a CEO is to simplify the complexity and stick to a few themes." Tim Cook, Apple's boss, preaches simplicity: "We believe in the simple, not the complex," and "We believe in saying no to thousands of projects so that we can really focus on the few." *Companies also need to have "non-negotiable" business practices which ensure that their model is repeated.* McDonald's demands that all its employees must start on the till or in the kitchen. Olam obliges all its recruits—however fancy their MBAs or clean their fingernails—to spend time living and working in the countryside.

단어
hammer away at …를 잘하다
mantra 주문
stick to 고수하다
believe in 믿다
on the till 금전등록기에서

7 진술방식　　인과 CAUSE&EFFECT　　프로세스 PROCESS　　대조 CONTRAST

 **Key Point**　obsess라는 동사는 '사로잡다', '집착하게 하다'라는 뜻의 타동사이다. 동사가 명사화될 때는 보통은 of로 연결되지만 콜로케이션에 의해서 특정 전치사 with가 사용되었다. 영어에서 동사가 명사구로 전환되어 주어, 목적어, 보어로 쓰이는 경우가 빈번한데 동사가 취하는 특정 전치사를 활용해서 명사구로 전환해야 함을 유의해야 한다. 전치사가 만드는 콜로케이션은 영어에서 매우 중요하다.

 **Focused Reading**　'조용한 살인자'라고 일컫는 복잡성은 기업의 생산성과 수익성을 떨어뜨리는 주범이다. 이러한 복잡성을 해결하기 위해서는 단순화하는 게 핵심이라는 주장이다. counterbalance라는 말은 영어에서 굉장히 자주 등장하는 단어이다. 본문에서는 복잡성이 늘어가는 것에 대해서 단순성을 추구하는 것이 유용하게 상쇄하는 역할을 한다. 넓은 의미에서 '작용하다'라는 의미의 인과관계로 보았다. 여기서 유의해야 할 것은 일반적인 인과관계의 어휘를 쓰지 않은 것은 문맥 안에서 counterbalance보다 더 광범위한 의미의 인과관계를 나타내는 단어가 쓰일 경우(e.g. role, part, measure, step) 연구로서의 정확성, 적절성의 의미를 상실하기 때문일 것이다.

해석 이러한 단순성에 대한 집착은 복잡성이 늘어나는 것에 대해 대처하는 데 유용하다. 기업은 성장함에 따라서 자연적으로 더욱 복잡하게 변화하는 경향을 띠게 된다. 처음엔 페이퍼 클립의 공급을 처리하는 페이퍼 클립 모니터를 배치한다. 그 다음에는 페이퍼 클립 팀장이 의무적으로 참석해야 하는 회의를 소집한다. 이러한 경향은 비즈니스 페이스가 증가함에 따라서 더욱 악화된다. 기업들은 세계화에 대응하기 위해서 매트릭스 경영 시스템(전문 스태프를 현지의 일상 업무 조언자 겸 중앙 스태프가 되게 하는 조직 형태)을 설립하고 새로운 기술을 검토하기 위해서 대책 위원회를 신설하고, 직원들의 머리가 두 두개골을 빠져나가기 위해서 머리를 감아먹으려고 시도할 만큼 가장 지루하고 긴 미팅을 더 하게 된다. 저자들은 이러한 복잡성을 현대 비즈니스의 "조용한 살인자"라고 부른다. 이를 피하기 위해서는 회사가 단순성을 추구해야만 한다.

8 진술방식　　프로세스 PROCESS　　대조 CONTRAST　　열거 LISTING

 **Key Point**　'no+비교급+than'은 원급비교의 의미와 같다. 직역해 보면 '…보다 전혀 …하지 않다'이므로 반대의 의미가 들어가서 '…만큼이나 …하다'가 되기 때문이다. 본문에서 콜레스테롤을 피하는 것보다 더 쉽지 않다는 것은 결국 콜레스테롤을 피하는 것만큼 어렵다(no easy)는 의미이다. no는 not보다 의미가 더 강하다.

 **Focused Reading**　복잡성이라는 것은 콜레스테롤을 피하는 것만큼 회피하기 어렵다는 점, 그리고 '타협하지 않는 가치'를 가져야 하는데 이 또한 쉽지 않다는 것이다. 타협하지 않는다는 것 자체가 경직성을 나타낸다는 것을 사례를 통해서 간접적으로 입증하고 있다.

해석 그러나 이는 말하기는 쉽지만 실천하기가 어렵다. 복잡성은 콜레스테롤만큼이나 피하기 쉽지 않다. 회사는 꾸준하게 이러한 단순성이라는 주문을 외울 필요가 있다. 다이아몬드 회사인 드 비어스의 전 대표였던 가레스 페니는 "CEO의 역할은 복잡성을 단순화하고 단 몇 가지의 주제에 집중하는 것이다."라고 말했다. 애플의 대표인 팀 쿡은 다음과 같이 단순성을 찬양한다. "우리는 복잡성이 아닌 단순성을 믿는다", "수천 가지의 프로젝트를 거부해야만 극소수의 프로젝트에 집중할 수 있다는 것을 믿어야 한다."고 주문한다. 또한 회사들은 자신의 모델이 반복될 수 있도록 보장해 주는 "타협 불가능한" 비즈니스 관행을 유지해야 한다. 맥도날드는 모든 직원들이 카운터나 주방에서부터 일을 시작하게 한다. 올람은 그들의 MBA가 얼마나 대단한 경력인지 혹은 얼마나 손톱이 깨끗하든지 간에 모든 직원들이 교외에서 생활하고 일을 하는 데 시간을 보내도록 의무적으로 정하고 있다.

Simplicity is not enough
단순성만으로는 충분하지 못하다

9 *The biggest problem with the argument of Messrs Zook and Allen lies with disruptive innovation.* History is full of **examples** 【예시】 of companies that have heart attacks **not because** 【인과】 they allow the cholesterol of complexity to build up, **but because** 【인과】 they are crushed by the next big thing: look at Kodak, Xerox, Nokia, Kmart and Blockbuster. In the 1990s Nokia had all the characteristics of a "repeatability champion": a clear business model, a distinctive culture and a commitment to sell handsets everywhere. This week Fitch, a credit-rating agency, cut its rating to junk.

단어
lie 놓여 있다
disruptive 파괴적인
heart attacks 심장 마비
commitment 결의
a credit-rating agency 신용평가회사

10 The Bain duo correctly argue that successful companies can survive dramatic change **by deciding** 【인과】 which bits of their business models to preserve and which to dump. They **also** 【열거】 rightly argue that companies are **more** likely to survive dramatic changes if they **are not distracted by** 【대조】 unnecessary complexity. *But* 【대조】 *sometimes simplicity alone is no* **answer** 【인과】 *to a sudden shift of the competitive environment.*

단어
survive 살아남다
preserve 보존하다
be distracted by 정신을 빼앗기다

9 진술방식 　　예시 EXAMPLE　　인과 CAUSE&EFFECT　　열거 LISTING

Key Point
lie with는 '의무이다'라는 뜻으로 책임 소재를 밝힐 때 사용하는 표현이다. not because … but because는 not A but B의 변형 구문이다.

Focused Reading
베인 앤 컴퍼니 출신 저자들은 파괴적 혁신이라는 문제를 해결하지 못한 것이 가장 큰 문제라고 한다. 여러 반대되는 사례들을 제시함으로써 설령 복잡성이 지속적으로 늘어나는 것을 해결하더라도 시장 자체의 패러다임이 바뀌는 파괴적 혁신 앞에서는 속수무책이라고 지적하고 있다.

해석 저자들의 주장에 있어서 가장 큰 문제는 파괴적인 혁신이라는 것에 초점이 있다. 역사에서는 복잡성의 콜레스테롤이 증가하는 것을 막지 못해서가 아니라 다음에 이어지는 거대한 일 때문에 심장 마비가 발생한 회사들이 무수히 많다. 코닥, 제록스, 노키아, 케이마트, 블록버스터 등등. 1990년대에 노키아는 "반복 가능한 성공 공식을 실현한 챔피언"의 모든 특징을 가지고 있었다. 분명한 비즈니스 모델, 명확한 문화, 그리고 어디에서나 핸드셋을 팔겠다는 결의. 이번 주에 신용평가회사인 피치는 노키아 등급을 정크 수준으로 낮추었다.

10 진술방식 　　대조 CONTRAST　　인과 CAUSE&EFFECT　　열거 LISTING

Key Point
이 단락에서는 충분조건, 필요조건을 다루고 있다. unnecessary complexity, 즉 '불필요한 복잡성'을 제거해야 변화에서 살아남을 수 있다는 취지이다. 그러나 불필요한 복잡성을 제거하는 것이 필요조건일지언정 충분조건이 되지 못하므로, 불필요한 복잡성을 제거하는 단순성만으로는 환경의 변화에서 생존하는 충분조건이 되지 못한다는 것이다. 이러한 필요조건, 충분조건을 표현하기 위해서 simplicity alone이라고 한 것이다. 필요조건, 충분조건은 언론에서 자주 나오는 중요 개념이니 다양한 맥락에서 정확하게 익히도록 하자.

Focused Reading
저자들이 주장하는 단순성만이 급변하는 경쟁 환경에서의 충분한 대안일 수 없다고 한다. 앞서 소개한 '파괴적 혁신'의 내용대로 실제로 시장이 급변하는 경우(예: PC 환경에서 모바일 환경으로의 변화, iPod 플레이어의 약진)를 적절하게 설명할 수 없다는 한계를 명시하고 있다. 따라서, 단순성 외에 다른 요소들이 급변하는 환경에서 살아남을 수 있는 경쟁력이 될 거라고 전망하며 마무리를 하고 있다. 이 글에서 주장하는 것은 바로 이 부분이다. 아무리 단순성을 추구한다고 해도 복잡한 세계에서 유일한 대안이 될 수는 없다는 것이 필자의 주장이다. 이는 통계적, 실증적, 역사적, 통시적 관점에서 다양한 검증이 필요하지만 한편으로는 앞으로의 산업에 대한 전망이므로 지금까지 비중 있게 언급한 단순성만큼 중점적으로 논하지 않은 것으로 보인다.

해석 베인 앤 컴퍼니의 저자들은 회사가 성공하려면 어떠한 사업 모델은 가지고 가고 어떠한 모델은 버려야만 하는지를 결정함으로써 거대한 변화로부터 살아남을 수 있다고 주장하고 있다. 또한 불필요한 복잡성에 정신을 빼앗기지 않는다면 당연히 거대한 변화에서도 살아남을 확률이 크다고 주장하고 있다. 그러나 때때로 단순성만으로는 경쟁 환경이 갑작스럽게 변화하는 것에 대해서 해결책이 될 수 없다.

LOGIC ANALYSIS

> 문제 상황 ⇨ 원인 분석 ⇨ 대안 평가 ⇨ 최적 대안

문제 상황
(EFFECT)

복잡성이 기업의 활동을 저해하는 소리 없는 살인자다.

원인 분석
(CAUSE)

비즈니스를 하다 보면 필연적으로 복잡성이 늘어나게 된다. (원인 분석에 대해서 미진한 측면이 있는 것은, 복잡성이 증가하는 것을 자연적인 현상으로 규정했기 때문이다.)

기존 대안
(EXISTING ALTERNATIVE)

복잡성에 대처하기 위해서는 단순성을 추구하고 이를 반복적으로 적용해야 한다.

대안 평가
(EVALUATION)

❶ 역사를 살펴보면 복잡성이 증가하기 때문이 아니라, 파괴적인 혁신에 대처하지 못해서 비즈니스가 좌절된 경우가 많다.

❷ 복잡성을 회피한다는 것은 콜레스테롤을 피하는 것처럼 어려운 일이다.

❸ 타협하지 않는 가치를 가지고 이러한 관행을 유지하는 것은 어려운 문제이다.

최적 대안
(OPTIMIZED ALTERNATIVE)

단순성을 추구하는 것이 복잡성을 극복하는 필요조건일 수 있지만 충분조건일 수는 없다. 단순성을 지향하는 비즈니스 전략의 한계를 분명하게 알고서 경쟁적인 환경의 갑작스러운 변화에 대응 전략을 마련해야 할 것이다.

STATEMENT ANALYSIS

무엇이 사실인가?
(FACTUAL)

비즈니스에는 성장함에 따라서 더 복잡해지는 자연적 경향이 존재한다.

Businesses have a natural tendency to grow more complex as they mature.

어디에 가치가 있는가?
(EVALUATION)

대부분의 성공적인 기업은 고도의 특징적인 핵심 비즈니스, 가능한 한 비즈니스 모델을 심플하게 유지하기 위한 노력, 그리고 이를 새로운 기회에 적극적으로 적용하는 가치를 가지고 있다.

Most successful companies share three virtues. They have a highly distinctive core business. They make great efforts to keep their business model as simple as possible. And they apply it relentlessly to new opportunities.

어떻게 해야 하는가?
(DOS AND DON'TS)

단순성만을 지향하는 것이 경쟁 환경이 급변하는 것에 대응하는 전략이 전혀 될 수 없기도 한다. 단순성 지향의 한계를 인식해야 한다.

But sometimes simplicity alone is no answer to a sudden shift of the competitive environment.

Clicks and bricks

clicks and bricks는 온라인 판매를 의미하는 클릭(clicks)과 오프라인 판매를 의미하는 브릭(bricks)이 조합을 이루어서 '온라인 판매와 오프라인 판매를 병행하는 비즈니스 전략'을 일컫는다. bricks and mortars라는 용어가 있는데 이는 기존의 오프라인을 기반으로 성장한 기업을 일컫는다. 이에 비해서 bricks and clicks 혹은 clicks and bricks는 오프라인과 온라인의 성장 전략을 모두 구사하는 전략을 일컫는다. 온라인 쇼핑 시대이지만, 오프라인 쇼핑을 염두에 두어야 소비자에 적극적으로 대처할 수 있을 것이다.

- Many retailers are being too slow in reinventing themselves for the age of online shopping

  부제 많은 소매업체들이 온라인 쇼핑 시대에 맞추어 스스로를 개선하는 데 굼뜨고 꾸물거린다는 의미이다. 문제 상황을 부제에 제시한 것으로 보아서 스스로를 개혁하는 구체적인 해결 방안을 제시할 것임을 알 수 있다. 온라인 쇼핑과 오프라인 쇼핑을 긴밀하게 연계하여 소비자들의 니즈에 탄력적으로 반응해야 한다는 것이다.

【부제를 통한 예상 논점 정리】

1. 온라인 쇼핑 시대는 어떻게 전개되고 있는가. (현상 설명)
2. 소매업체들의 대응 방안이 무엇인가. (원인 규명, 한계입증)
3. 소매업체들이 스스로 거듭나는 것에 대해서 지나치게 소극적인 이유가 무엇인가. (원인 규명)
4. 소극적인 대응을 해결할 수 있는 구체적인 방법은 무엇인가. (해결 방안)

Clicks and bricks

 **BEGINNING**

1 "WE TEND to overestimate the **effect** of a technology in the short run and underestimate the **effect** in the long run," observed Roy Amara, an American futurologist. This is certainly proving true of retailers and their attitude to the internet. After a panic at the turn of the millennium about the **impact** on their industry of online shopping, bricks-and-mortar stores settled into making only modest alterations to their business model or, ostrich-like, trying to ignore it. *Few have so far made the radical changes needed to meet the threats from, and tap the enormous potential of, e-commerce.*

단어 **overestimate** 과대평가하다　**in the short run** 단기적인 관점에서, 눈앞의 일만 생각한다면
underestimate 과소평가하다　**in the long run** 장기적인 관점에서, 결국에는
futurologist 미래학자　**retailer** 소매업체　**modest** 대단치 않은, 소극적인　**alteration** 변화
ostrich-like 눈 가리고 아웅하는 격의, 무사안일주의의　**radical** 근본적인, 급진적인　**threat** 위협, 위험
tap 이용하다, 활용하다　**enormous** 엄청난, 막대한, 거대한　**e-commerce** 전자상거래, 온라인 거래

서론에서는 소매업자들이 인터넷을 대하는 태도가 소극적임을 지적하고 온라인 쇼핑에 적극적이지 못한 태도를 비판하면서 논의를 시작하고 있다. 처음부터 소매업자들의 적극성의 결여에 대해서 비판하면서 논의를 전개하고 있음에 유의하자.

1 진술방식 — 인과 CAUSE&EFFECT / 예시 EXAMPLE

Key Point
동사 make의 쓰임에 주목해 보자. 본문 making only modest alterations to their business model과 made the radical changes에서 make의 쓰임이 특이한데, 그 이유는 보통 영어에서는 수식어를 '형용사+명사'로 처리하는 것이 일반적이기 때문이다. 즉, alter only modestly나 change radically보다 위와 같은 표현이 더 자연스럽다. 영어는 주어, 목적어, 보어 등으로 활용되는 명사 중심의 언어이기 때문에 부사로 수식하는 것보다 형용사로 수식하는 것을 선호하고 더 영어다운 표현으로 여긴다.

Focused Reading
온라인 쇼핑으로부터 비롯되는 위험에 대응하거나, 온라인 쇼핑의 엄청난 잠재력을 활용하기 위해 급진적인 변화를 꾀하는 소매업체는 아직 드물다고 한다. 단락의 도입부에 미국 미래학자의 말을 인용하면서, 사람들은 단기적으로 기술의 영향력을 과대평가하는 경향이 있으며, 장기적으로는 과소평가하는 경향이 있다고 한다. 즉, 온라인 쇼핑이라는 기술의 영향력을 과소평가하는 것이 소매업체들의 문제라고 지적하고 있다. 주제문에서 needed가 있는 것으로 보아 필요조건, 즉 위협에 대응하고 잠재력을 활용하는 데 없어서는 안 되는 조건을 언급하고 있다.

해석 "우리는 단기적으로는 기술의 효과를 과대평가하지만 장기적으로는 그 효과를 과소평가하는 경향이 있습니다." 미국의 미래학자 로이 아마라는 이렇게 말했다. 이는 소매업자들이 인터넷을 대하는 태도를 볼 때 정확하게 일치하고 있다. 새로운 밀레니엄의 변화 시점에 온라인 쇼핑이 소매 산업에 미치는 영향에 패닉을 경험한 이후에도 오프라인 업체들은 비즈니스 모델을 살짝 수정하거나 어리석은 타조처럼 기업 환경의 변화를 아예 외면하려고 했다. 전자상거래가 초래하는 위협에 대처하면서 전자상거래의 잠재된 무궁무진한 가능성을 활용하는 데 필요한 과감한 변화를 실행에 옮긴 업체는 극소수에 불과했다.

Good habits result from resisting temptation.
좋은 습관은 유혹을 물리치는 것에서 생긴다. −서양 속담

2 *Such inaction threatens retailers' survival.* Online sales are now approaching $200 billion a year in America. Their share of total retail sales is creeping up relentlessly, from 5% five years ago to 9% now. People in their 20s and 30s do about a quarter of their shopping online. True, few ladies who lunch will buy their Christian Dior dresses online; and bargain-hunters will still enjoy rummaging in discount stores like Dollar General. *But to attract everyone in between, retailers will have to build a strong online offering while making their shops nicer, more conveniently located and, in the case of many big-box retailers, smaller. Otherwise they are likely to go under*, as United Retail Group, an American clothing chain, did this month.

단어
inaction 무대책, 나태
threaten 위협하다, 위축시키다
creep up 오르다
relentlessly 가차 없이, 끈질기게, 무자비하게
bargain-hunter 싸고 질 좋은 상품을 찾아다니는 사람
rummage 샅샅이 뒤지다, 뒤져 찾아내다
in between 중간에, 사이에 끼어, 어느 쪽이라고 할 수 없는
conveniently 편리하게, 쉽게
in the case of …에 관하여, …에 관해서 말하자면
go under 파산하다, 도산하다, 가라앉다

3 *To build a profitable online business retailers must integrate it seamlessly with their bricks-and-mortar operations.* Many keep them separate, **increasing** the risk that they fail to communicate or work together properly. Walmart's online operations are in Silicon Valley, far from its Arkansas headquarters. Target, another supermarket giant, until recently outsourced its e-commerce to Amazon, the biggest online retailer, and is only now building its own e-business. Both Walmart and Target still have a puny online presence relative to their size.

단어
profitable 수익성 있는
integrate 통합하다
seamlessly 긴밀하게, 매끄럽게
bricks-and-mortar 오프라인 기반으로 성장한 기업
far from 멀리 떨어진
outsource 외주 제작하다, 외부에서 조달하다
puny 별볼일없는
presence 존재, 존재감
relative to …에 비해서, …와 비교해 볼 때

본론에서는 소매업자들의 무대응에 대한 비판을 전개하며, 소매업자들이 취해야 할 적극적인 대응 방안에 대해서 다각도로 소개하고 있다. 특히 소비자들이 오프라인에서의 구매와 온라인상에서의 구매를 구별하고 있다는 것에 주목하여 온라인 시장의 강화와 오프라인 시장의 강화를 동시에 주문하고 있다는 것에 주목해야 한다.

2 진술방식 프로세스 PROCESS 인과 CAUSE&EFFECT 대조 CONTRAST 예시 EXAMPLE

Key Point such는 접속사 상당어구로서, 앞 단락에서 논의된 내용을 안일한 대처라고 하면서 다음 논의로 이어지고 있다. 문장을 이어주는 방법은 이 책의 주된 분석 도구인 신호어 외에도 대명사, 지시대명사, 품사의 전환 등이 있다. 글을 전개하는 방법이 다양하게 존재한다는 것을 명심해야 글의 흐름을 놓치지 않고 독해할 수 있다. threaten은 광의에서 인과관계의 신호어로 봐야 한다. 이러한 안일한 대처 때문에 소매업체들의 생존이 위협받고 있다고 해석되기 때문이다.

Focused Reading 앞서 언급했던 대로 만약 소매업체들이 온라인 쇼핑에 대한 대책을 강구하지 않으면 생존문제로 직결될 것이라고 경고하고 있다. 온라인 쇼핑과 오프라인 쇼핑을 모두 염두에 두고 쇼핑하는 사람들을 위해 오프라인 상점의 입지와 인테리어에 신경을 쓰는 동시에 온라인 부문도 강화해야 한다는 것이다. 또한 많은 대형 할인 소매점들의 경우, 오프라인 상점의 규모를 줄여야 할 것이라고 한다. 쇼핑 트렌드에 기민하게 대응하지 않으면 파산하게 될 운명에 처하게 될 것이기 때문이다.

해석 이런 안일한 대처는 소매업체들의 생존을 위협한다. 현재 미국 내 온라인 판매 매출액은 연간 2천억 달러에 이르고 있다. 온라인 매출이 총 소매용품 판매에서 차지하는 비율은 꾸준히 증가하여 5년 전 5%에서 현재는 9%에 이른다. 20대와 30대 중 약 25%가 온라인 쇼핑을 한다. 물론 점심 식사를 외부에서 하는 여성들이 자신이 입고 나갈 크리스챤 디올 드레스를 온라인으로 구매하는 경우가 드문 것은 사실이다. 또한, 저렴한 물건을 찾는 사람들은 달러 제너럴과 같은 할인점에서 물건을 고르며 쇼핑을 즐길 것이다. 그러나 비싼 제품을 사려는 사람과 값싼 제품을 사려는 사람, 이 둘 사이에 있는 모든 고객들을 끌어들이기 위해서, 소매업자들은 매장을 좀 더 멋지게 꾸미면서 고객들이 찾기 쉬운 위치에 점포를 열고, 대형 할인 매장의 경우 규모를 축소하는 등의 오프라인 매장에 노력을 기울이면서 온라인 판매 강화를 위해 부단히 노력해야 한다. 그렇지 않으면, 이번 달 파산한 미국 의류 체인점인 유나이티드 리테일 그룹처럼 곤두박질칠 운명이 될 것이다.

3 진술방식 프로세스 PROCESS 인과 CAUSE&EFFECT 예시 EXAMPLE 열거 LISTING

 **Key Point** 부정사 주어가 쓰인 것은 사안의 개별성, 구체성과 더불어 시간적으로 미래를 나타내기 때문이다. 동명사는 사안의 일반성, 시간적으로 과거와 현재의 의미를 내포하게 될 때 사용된다.

 **Focused Reading** 소매업체들이 수익성 있는 온라인 비즈니스를 구축하기 위해서는 온라인 부문을 오프라인 상점과 긴밀하게seamlessly 통합해야 한다고 한다. 많은 소매업체들은 온라인 부문과 오프라인 상점을 분리해 왔는데 이 때문에 커뮤니케이션과 상호 협업이 제대로 이루어지지 못하게 되었다고 지적하고 있다. 바로 앞 단락에서와 마찬가지로 온·오프라인을 모두 염두에 두고 소매업체가 체질을 개선해야 함을 강조하고 있다.

해석 수익률이 높은 온라인 사업을 구축하기 위해서 소매업자들은 반드시 온라인과 오프라인 영업을 유기적으로 통합해야 한다. 많은 소매업자들은 온라인과 오프라인을 분리시켜 운영하는데 이로써 자신들이 소통하거나 협업하는 데 실패하게 되는 위험성을 높인다. 월마트의 온라인 영업부서는 아칸소에 있는 본사에서 멀리 떨어진 실리콘밸리에 있다. 또 다른 대형 슈퍼마켓 업체인 타겟은 최근에 가장 큰 온라인 소매점인 아마존에 아웃 소싱을 맡겨오다 이제야 겨우 독자적인 e-비즈니스를 구축하고 있다. 이 두 회사의 온라인 영업 규모는 회사 규모에 비해 상대적으로 미미한 수준에 그치고 있다.

Are you being served?
무엇을 도와드릴까요?

4 *Retailers* **also** **need to** be ruthless in chucking out products that do not gain from being sold in a physical store: **not** just things **like** CDs and DVDs, which can be replaced by digital goods, **but** bulky stuff **like** nappies (Amazon has become a big seller of Pampers). Their shops **must** focus on those things, **such as** expensive clothes and gadgets, that customers will want to try before they buy, and for which they will pay extra, **such as** advice from competent sales assistants.

단어
ruthless in 무자비한, 가차 없는
chuck out 제외하다, 쫓아내다
be replaced by …에 의해서 교체되다
bulky stuff 부피가 큰 물건
nappy 기저귀
gadget 기계류, 정교한 도구
competent 경쟁력 있는, 능숙한

5 Stores **have to** become **more** fun to visit, **so** shoppers feel it is worth the trip to the mall or high street. Apple's shops thrive **not only because** they contain cool products; they are beautifully designed, with helpful staff. Disney stores may be an ordeal for parents **but** they often succeed in giving their pint-sized clients "the best 30 minutes of a child's day". **But** too many retailers think only of getting a quick sale, neglecting to build relationships with customers. They are the most at risk from "showrooming": shoppers trying products in physical stores before sneaking off to buy them **more** cheaply online.

단어
thrive 번영하다, 성장하다
contain 보유하다, 포함하다
ordeal 고역, 시련, 고통스러운 경험
succeed in 성공하다, 성과를 내다
pint-sized client 아주 작은 고객들, 아이들
neglect 등한시하다, 소홀히 하다
at risk from 위험이 있는
showrooming 제품을 오프라인 매장에서 자세히 살펴본 뒤, 구매는 가격이 보다 저렴한 온라인 쇼핑몰을 이용하는 현상

4 진술방식 프로세스 PROCESS 인과 CAUSE&EFFECT 열거 LISTING 예시 EXAMPLE

Key Point
ruthless in은 '…에 있어서 무자비한', '가차 없는'이라는 뜻에서 '적극적인', '공격적인'이라는 의미로 해석할 수 있다. '형용사+전치사', '명사+전치사', '동사+전치사'의 콜로케이션을 평소에 잘 학습해 두자. be replaced by는 '…에 의해서 교체되다'라는 뜻으로, replace A with[by] B는 ('A를 B로 교체하다')의 수동태 형태이다. 수동태 표현으로 굳어져서 쓰이는 이런 표현은 숙어처럼 하나로 기억하는 것이 좋다.

Focused Reading
소매업체들이 판매와 판촉에 유리한 제품을 선별하고 선택과 집중을 통해서 수익성이 없는 제품들은 오프라인 매장에서 제외해야chuck out 한다고 주장한다. 소매업체들의 상점은 비싼 의류, 기계류처럼 사람들이 구매하기 전에 입어 보거나 사용해 보고 싶어 하는 물건이나 경쟁력 있는 판매사원들의 조언대로 고객들이 추가적인 비용을 지불할 것들에 집중해야 한다.

해석 소매업자들은 오프라인 매장 판매에서 이윤이 남지 않는 제품은 가차 없이 정리해 낼 수 있어야 한다. 디지털 상품으로 대체 가능한 CD나 DVD류부터 기저귀같이 부피가 큰 제품이 이에 속한다. (이미 아마존은 팸퍼스 판매에 주력하고 있다.) 이 회사들의 오프라인 매장은 고객이 구매에 앞서 한번 체험해 보고 싶어 하는 고가의 의류나 장비, 또는 유능한 판매사원의 조언 등 고객이 추가 금액을 지불할 용의가 있는 제품 및 서비스에 초점을 맞추어야 한다.

5 진술방식 프로세스 PROCESS 인과 CAUSE&EFFECT 열거 LISTING 예시 EXAMPLE

Key Point
본문에서 쓰인 세미콜론은 앞서 나온 not only because에 대한 but also because의 의미로 사용되었다. 세미콜론은 콤마보다 강한 의미이고 마침표보다는 약한 의미이다. 따라서 일반적으로 대조적인 내용을 연결할 때 쓰이는데 여기서는 열거의 의미와 혼합되어 쓰였음을 유의하자.

Focused Reading
오프라인 업체들이 체질 개선을 통해서 방문하기 더 즐거운 곳이 되어야만 소비자들이 매장에 방문하러 나오는 일이 가치 있다고 느끼게 된다고 한다. 이러한 예로 애플 매장과 디즈니 매장을 들고 있다. 애플 매장은 구매에 도움이 되는 점원들과 멋지게 설계된 디자인 덕을 많이 보았다. 디즈니 매장의 경우 부모들에게는 고역ordeal for parents이지만, 아이들에게는 최고의 30분을 제공하는 데 성공적이라고 한다. 고객들과의 관계 구축을 등한시하고 빠르게 판매하는 것에만 집중하게 되면 오프라인 매장이 쇼룸에 불과하게 된다고 한다. 즉, 매장에서 물건을 직접 보고 실구매는 온라인 상에서 하게 된다고 경고하고 있다.

해석 오프라인 매장은 찾아가는 재미가 있는 곳으로 탈바꿈해야 한다. 그래야 고객이 쇼핑몰이나 번화가까지 나올 만한 가치가 있다고 느낄 것이기 때문이다. 애플 매장이 번창하는 이유는 멋진 제품들이 진열되어 있을 뿐만 아니라 매장의 디자인에도 신경을 쓰면서 친절한 직원들이 배치되어 있기 때문이다. 디즈니 매장은 부모 입장에서는 피하고 싶은 곳일지도 모르지만, 어린이 고객들에게는 "어린이날 최고의 30분"을 선사하는 곳이다. 하지만 많은 소매업자들이 물건을 빨리 팔아 치우는 데 급급한 나머지 고객과의 관계 형성에는 소홀한 경향이 있다. 이들이 가장 조심해야 할 부분은 "쇼룸" 현상이다. 쇼룸 현상이란 쇼핑객이 오프라인 매장에서 제품을 테스트해 본 후 실질적인 구매는 좀 더 저렴한 온라인 매장에서 하는 것을 말한다.

6 **To** survive in the new world of retail shopkeepers will **need** large amounts of imagination—and money. Macy's is investing $400m in the renovation of its flagship store in New York. The losers will include those (like Borders, an extinct chain of bookshops) that keep selling things people are happy to buy online. *The biggest winners will be consumers. They can look forward **not only** to ever-greater convenience **thanks to** the internet. They will **also** find a growing number of physical stores that compete to **make** shopping a pleasure.*

단어

survive 생존하다, 살아남다
renovation 혁신
flagship 가장 뛰어난 것, 주력 상품
look forward to 기대하다
thanks to … 덕택에, … 덕분에
compete 경쟁하다

결론에서는 소매업자들의 노력의 최대 수혜자는 소비자들임을 밝히고 있다. 온라인과 오프라인을 유동적으로 연계하지 않으면 결국 실패자로 남을 수밖에 없다는 것을 엄중하게 경고하고 있다.

6 진술방식 | 인과 CAUSE&EFFECT | 열거 LISTING | 예시 EXAMPLE

Key Point 'ever+비교급'은 최상급의 의미이다. ever는 비교급, 최상급과 함께 쓰여서 의미를 강조한다. 다른 표현으로 ever-increasing, ever-present 등은 '언제나', '항상'이라는 의미가 강조되어서 '계속 증가하는', '계속 존재하는'이라는 뜻이 부여된다. 단락 마지막 부분에서는 추상명사 pleasure에 부정관사가 붙어서 추상적인 의미가 개별적이고 구체적인 의미가 되었다. 즉, '기쁨'에서 '기쁨을 주는 일', '즐거운 일'로 구체성을 띄게 되었다. 이와 유사하게 favor는 '호의'라는 뜻인데, a favor가 되면 '호의가 담긴 행동'이라는 구체적이고 개별적인 의미를 지니게 된다.

Focused Reading 소매업체들이 새로운 환경에서 살아남기 위해서는 창의력과 자금이 필요하다고 한다. 이러한 소매업체들의 살아남기 위한 노력의 최대 수혜자는 소비자들이라고 한다. 인터넷 덕택에 그 어느 때보다 큰 편리함을 누릴 수 있을 뿐 아니라, 쇼핑을 즐거운 경험으로 만들기 위해서 경쟁하는 오프라인 상점들의 수가 증가하는 것을 보게 될 수 있으니 말이다.

해석 새로운 환경에서 살아남기 위해서 소매업자들은 상상력을 극대화시키고 자금도 많이 투입해야 할 필요가 있다. 메이시스는 뉴욕의 플래그십 매장의 수리 비용으로 4억 달러를 투자하고 있다. 사람들이 온라인으로도 충분히 구매할 수 있는 제품의 판매만 고수하다가는, 폐점한 서점 체인 보더스와 같은 패자의 처지에 놓일 것이다. 마지막에 웃는 최종 승리자는 소비자가 될 것이다. 인터넷 덕분에 소비자는 그 어느 때보다 큰 혜택을 기대할 수 있을 뿐 아니라, 고객이 즐거운 쇼핑을 경험하도록 치열한 경쟁을 벌이는 오프라인 매장들이 늘고 있다는 것을 알게 될 것이다.

Whatever you can do, or dream you can, begin it.
Boldness has genius power and magic in it.

지금 할 수 있는 것이나 미래에 하면 좋겠다고 꿈꾸는 것은 당장 시작하라.
과감함 속에는 천재성, 힘, 마법이 존재한다. −괴테

LOGIC ANALYSIS

▶ 문제 상황 ⇨ 원인 분석 ⇨ 대안 평가 ⇨ 최적 대안

문제 상황 (EFFECT)
소매업자들의 안일한 대처는 소매업자들 스스로의 생존을 위협할 수 있다.

원인 분석 (CAUSE)
사람들은 기술의 단기 효과를 과대평가하고, 장기 효과에 대해서는 과소평가하는 경향이 있다.

기존 대안 (EXISTING ALTERNATIVE)
인터넷 산업의 영향력에 대해서 미미한 변화를 추구하거나 이를 무시하려고 한다.

대안 평가 (EVALUATION)
❶ 더 많은 고객들을 유인하기 위해서는 더 강력한 온라인 시장을 만들고 더 멋지고 편리한 장소로 오프라인 매장을 만들어야 한다.
❷ 온라인 상점과 오프라인 상점을 동일하게 접근하여야 한다.
❸ 수익성이 없는 제품들은 오프라인 매장에서 과감하게 정리해야 한다.
❹ 오프라인 매장은 방문하기 즐거운 곳, 가치 있는 곳이 되도록 노력해야 한다.

최적 대안 (OPTIMIZED ALTERNATIVE)
창의력과 자금을 바탕으로 고객들에게 편리하고 저렴한 제품을 제공하는 온라인 쇼핑과 즐거운 쇼핑을 만들어 줄 오프라인 쇼핑을 공략하는 리테일러가 되어야 한다.

전망 (OUTLOOK)
온라인에서 쉽게 살 수 있는 제품을 오프라인에서 팔면 패배자가 될 것이다. 결국은 온라인과 오프라인의 장점을 누리는 소비자가 승자가 될 것이다.

STATEMENT ANALYSIS

무엇이 사실인가? (FACTUAL)
온라인 쇼핑으로부터 비롯되는 위협에 대응하거나, 온라인 쇼핑의 엄청난 잠재력을 활용하기 위해서 급진적인 변화를 꾀하는 소매업체는 드문 실정이다.

Few have so far made the radical changes needed to meet the threats from, and tap the enormous potential of, e-commerce.

어디에 가치가 있는가? (EVALUATION)
이러한 안일한 대처는 소매업체들의 생존을 위협하는 요소가 되고 있다.

Such inaction threatens retailers' survival.

어떻게 해야 하는가? (DOS AND DON'TS)
소매업체들은 오프라인 업체를 더 멋지고 편리한 곳에 위치시키는 동시에 더 강력한 온라인 시장을 구축해야 한다.

Retailers will have to build a strong online offering while making their shops nicer, more conveniently located and, in the case of many big-box retailers, smaller.

Little steps

조기 교육은 오늘날 1자녀, 2자녀 가정에서 예전보다 더욱 뜨거운 감자이다. 교육계를 비롯한 사회 여러 분야에서 조기 교육의 혜택을 받은 사람들이 두각을 나타내고 있는 오늘날, 조기 교육이 가질 수 있는 장점과 단점을 살펴보자.

- Early-years education can mean better school results later

  부제 조기 교육을 받는다는 것은 자라서 학업 성적이 더 좋을 것임을 의미할 수 있다. 조기 교육을 통해서 얻을 수 있는 혜택에 대해서 언급하고 있다. 조동사 can은 '능력'이 아니라 '가능성'의 의미로 미래의 학업 성적이 더 좋을 수 있다는 가능성을 설명하고 있다. 글에서는 이러한 가능성에 대한 주장을 입증하기 위해서 노력을 할 것임을 예측해 볼 수 있다.

【부제를 통한 예상 논점 정리】

1. 조기 교육의 의미는 무엇인가. (현상 설명)
2. 조기 교육이 기여하는 바는 무엇인가. (원인 규명, 타당성 입증)
3. 조기 교육의 구체적인 양상은 무엇인가. (현상 설명)
4. 조기 교육의 문제점은 없는가. (한계 입증, 대안 제시)

Little steps

🌐 BEGINNING

¹ BARACK OBAMA likes to call education "the currency for the information age". His presidency has brought a big shift in America's priorities, devoting more effort and resources—and an extra $2 billion—to children who have not yet started their formal schooling.

² That is **part of** an international trend. South Korea plans to extend their early-education provision for all three-and four-year-olds this year. Turkey has ambitious plans too. Pre-school education was long neglected. "90% of the brain develops between the ages of zero to five, yet we spend 90% of our dollars on kids above the age of five," says Timothy Knowles of the University of Chicago. That is **now** changing. *Academic studies, including in neuroscience, have highlighted the long-term effects of experiences in a child's early years.*

단어 currency 신용, 통화 information age 정보화 시대 presidency 대통령 직 shift 변화
priority 우선순위 devote 투자하다, 바치다 formal schooling 정규 교육
early-education provision 보육 지원 ambitious 야심찬 pre-school education 취학 전 교육
neglect 외면하다, 경시하다 neuroscience 신경과학 highlight 주목하다, 강조하다
long-term 장기적인

서론에서는 조기 교육의 전 세계적인 추세를 소개하고 있다. 학문적 연구를 통한 유년기 경험의 장기 효과에 대해서 주목하고 있다는 것을 소개하면서 자연스럽게 조기 교육의 중요성에 대한 논의로 이어지고 있다.

1-2 진술방식 | 인과 CAUSE&EFFECT · 열거 LISTING · 대조 CONTRAST

Key Point
shift, change, increase, decrease, decline 등의 변화, 증가, 감소를 나타내는 명사 뒤에는 '…에 있어서'라는 의미의 전치사 in을 사용한다. provision은 '공급', '대비', '준비', '식량' 등 해석이 다양한 까다로운 명사이다. 본문에서는 '대비', '준비'라는 의미로, 보통 전치사 for와 어울린다.

Focused Reading
조기 교육의 전 세계적 움직임에 대해서 소개하고 있다. 과거에는 교육 투자의 대부분이 5세 이상의 아이들에게 이루어졌지만, 상황이 바뀌면서 학문적인 연구를 바탕으로 유년기 시절의 장기적 효과에 대해서 입증해 갈 것임을 알 수 있다. 부제에서 이야기한 대로 유년기의 조기 교육을 통해서 지적 잠재력을 개발하는 것이 지적 능력에 중요한 단초임을 입증할 것이다.

해석 버락 오바마 대통령은 교육을 "정보화 시대의 신용"이라고 말하는 것을 좋아한다. 그가 재임하는 동안 미국의 우선순위에 있어서 많은 변화가 있었는데, 그 중에서도 특히 미취학 아동들의 조기 교육에 더 많은 노력과 자원, 그리고 20억 달러를 추가적으로 투자했다.
이는 전 세계적인 추세 중의 일부이다. 한국은 올해부터 모든 3세~4세에 대한 보육 지원이 전 계층으로 확대될 계획이다. 터키 역시 야심차게 계획을 추진 중이다. 취학 전 교육은 오랫동안 외면되어 왔다. "0세~5세에 두뇌의 90%가 발달한다. 그러나 우리는 5세 이상의 아이들에게 예산의 90%를 집행한다"라고 시카고 대학의 티모티 나울즈는 지적한다. 이제 이러한 상황은 변화하고 있다. 신경 과학을 비롯한 학문적인 연구들이 유년기 경험의 장기적인 효과를 주목하고 있다.

3 *The most recent report by the OECD, a rich-world think-tank, in 2009, found that 15-year-olds who had attended pre-schools for more than a year performed **better** (even accounting for socioeconomic background) **than** those who had attended for only a year or not at all.* In Belgium, France and Israel pupils educated at pre-schools had **much higher** reading scores **than** those who had stayed at home.

단어
account for 설명하다, 이유가 되다, 차지하다
socioeconomic 사회경제적인
pupil 학생

4 *Yet establishing the precise **link** between time in pre-school and later achievement is difficult.* Even defining the term is difficult: it is also known as nursery, pre-K, and early-child education, and the children range from tiny tots in some countries to six-year-olds in others. Measuring its quality is hard. The amounts taxpayers devote to it vary, as does the balance between state and private provision. National attitudes to the right way to spend early childhood years **differ**. Too much pressure too early may set children up for failure later, notes Alan Smithers, a British education expert.

단어
establish 수립하다, 설립하다, 확고하게 만들다, 자리를 잡다
term 용어, 학기, 기간, 만기
nursery 탁아소
tot 어린아이

본론에서는 조기 교육의 성과를 다양한 국가의 사례를 통해서 살펴보고 조기 교육의 장단점을 따져 보고 있다. 특히 조기 교육의 한계에 대해서도 명시함으로써 조기 교육이 만능이 아님을 분명히 밝히고 있다. 만약 이 글이 조기 교육을 찬성하고자 한다면 조기 교육에 대해서 예상되는 반박을 해소하고 논의를 전개해야 논리적인 글이 될 것이다.

3 진술방식 대조 CONTRAST 예시 EXAMPLE

Key Point account for는 '설명하다', '차지하다', '원인이 되다'라는 뜻의 표현이다. 본문에서는 사회경제적 배경에 대한 원인, 즉 사회경제적으로 우위를 점하는 '이유가 된다'는 뜻으로 해석된다. 영어에서 과거완료는 시간의 차이와 그것이 중요한 결과를 낳게 될 때 사용한다. 본문에서 관계대명사절에서 과거완료가 쓰인 점에 주목하자. 관형절의 경우 시간적으로 선행하는 사건을 이야기하는 경우가 많으므로 관계대명사절에서 과거완료가 자주 사용된다는 것을 기억하자.

Focused Reading 조기 교육에 의해서 성적의 차이가 있다는 것을 조사 결과를 통해서 소개하고 있다. 여기서 주목해야 할 점은 조기 교육에 의해서 학업 성적이 차이가 있을 뿐 아니라 사회경제적인 배경에 중요한 차이를 낳게 된다는 점이다.

해석 OECD의 2009년 연구에 따르면, 취학 이전에 조기 교육을 1년 이상 수학한 15세의 학생이 1년 미만 수학한 학생보다 성적이 뛰어난 것(심지어는 사회경제적 환경에서도 조기 교육을 받은 학생이 우위를 점하는 것을 설명할 수 있다)으로 밝혀졌다. 벨기에, 프랑스, 이스라엘에서는 조기 교육을 받은 학생이 집에서 수학한 학생보다 독해 능력이 훨씬 뛰어난 것으로 밝혀졌다.

4 진술방식 대조 CONTRAST 열거 LISTING 예시 EXAMPLE

Key Point 동명사 주어는 일반적 진술의 경우에 사용하고, 어느 특정한 상황에 일시적으로 사용되는 경우엔 to부정사 주어가 사용된다. 보통 현대 영어에서는 동명사 주어를 많이 사용하고, to부정사가 주어가 되는 경우 가주어 it으로 대체해서 사용한다.

Focused Reading 이 글의 핵심 논증인 조기 교육과 이후 성취도를 규명하는 것, 다시 말해서 상관관계를 인과관계로 정확하게 입증하는 것이 어렵다고 한다. 이외에도 조기 교육 용어를 정의하는 어려움, 정성적 분석의 어려움, 납세자의 기여 정도의 다양성, 조기 교육에 대한 국가의 다양한 태도 등을 언급하면서 조기 교육을 중심으로 한 여러 가지 어려운 문제를 소개하고 있다.

해석 그러나 취학 전 기간의 성취도와 그 이후의 성취도에 있어서 시간 간의 관계를 정확하게 규명한다는 것은 어려운 일이다. 심지어는 그 용어를 정의한다는 것조차 어렵다. 이는 탁아소, 유치원, 그리고 유아 교육으로 알려져 있다. 그리고 일부 국가에서는 아이가 작은 아기를 의미하고 다른 나라들에서는 6세를 의미하기도 한다. 정성적으로 측정한다는 것 또한 쉽지 않다. 납세자들이 기여하는 바가 마치 국가 공급과 민간 공급의 균형이 제각각인 것과 마찬가지로 제각각이다. 조기 교육 연차에 대해서 예산을 집행하는 적절한 방법에 대한 국가의 태도 또한 다양하다. 영국 교육 전문가인 앨런 스미더즈는 너무 어린 시절에 지나친 부담을 안게 되면 나중에는 교육에 실패할 수도 있다고 지적한다.

⑤ Israel starred in the OECD report and since a wave of social protests in 2011 has put effort and money into further reforms. Aliza Marriott, a public-relations consultant living in Jerusalem, is proud that her children in pre-school are "**much more** advanced" than she was at their age.

⑥ **Yet** the **key to** success, if any, is unclear. Measuring other data, a report on pre-school availability and teaching standards called "Starting Well" (compiled for the Lien Foundation by the Economist Intelligence Unit, our sister company) placed Finland top (it scored direly in the OECD study). At least 98% of children aged five or six are in pre-school education there. Finland **also** dominates the overall league tables for education performance, **so** perhaps the scope for improvement is slight. **Other** enthusiastic providers of pre-school education **like** Sweden, Norway, France and Belgium and Denmark do not score particularly highly on attainment in later education, **whereas** Japan, which combines early-years provision with a fiercely competitive exam culture, excels. So **too** does South Korea, where the state until now has provided under half of pre-school places. *So pre-school is no panacea*, says Andreas Schleicher, who oversees the OECD's big triennial PISA report on educational attainment. "Drilling children" in early years does not lead automatically to learning gains, he says.

단어

a wave of 물결, 거대한 흐름
put A into B A를 B에 투자하다, A를 B에 넣다
key to success 성공의 비결
if any 만약에 있다면, 설령 있다고 하더라도
availability 유용성, 유효성
at least 적어도
dominate 지배하다, 좌우하다, 우세하다
scope 범위, 영역, 시야, 기회
slight 근소한, 적은, 경미한
enthusiastic 열렬한, 열광적인, 열성을 보이는
fiercely 사납게, 격렬하게
excel 탁월하다, 두각을 나타내다, 뛰어나다
panacea 만병통치약
oversee 감독하다, 감시하다, 조사하다
triennial 삼 년마다 한 번씩 있는
educational attainment 교육 정도
lead to 이어지다, 초래하다
automatically (기계가) 자동적으로 작동하는, 무의식적으로, 반사적으로, (어떤 결과가) 자동적으로 따라오는
gains 이득, 이점, 혜택

| 5~6 진술방식 | 예시 EXAMPLE | 열거 LISTING | 예시 EXAMPLE |

 **Key Point**

key, solution, answer, question, road, avenue 등의 명사는 전치사 to를 특정 전치사로 사용한다. 여기서 to의 의미는 방향의 개념에서 파생해서 '적합성', '필요성'의 의미로 받아들이면 된다. '명사+전치사', '형용사+전치사', '동사+전치사'의 콜로케이션을 평소에 잘 학습해야 한다. if any는 '만약 있다면', '만약 있다고 하더라도'의 뜻이다. scope는 '범위'의 뜻으로 많이 알고 있지만, 본문에서는 '기회', '여지', '능력'의 뜻으로 해석된다. 따라서 scope for improvement는 '개선할 수 있는 여지'라는 뜻이 된다.

 **Focused Reading**

조기 교육의 성과가 각국이 제각각이고, 그 성과를 판단하는 데이터도 제각각이라고 하고 있다. 조기 교육에 두각을 나타내고 있는 한국, 일본에 비해서 두각을 나타내지 못하고 있는 스웨덴, 노르웨이, 프랑스, 벨기에, 덴마크를 대조하고 있다. 조기 교육을 한다는 것이 반드시 만병통치약처럼 능사는 아니라는 것이다. 즉, 조기 교육이 미래의 학업 성취도를 약속하는 필요조건일 수는 있더라도, 충분조건은 되지 못한다는 이야기를 하고 있다. panacea라는 단어에서 not sufficient의 의미를 읽어낼 수 있어야 한다. 인과관계를 입증할 때 가장 중요한 것은 원인과 결과가 필요조건인지 충분조건인지 필요충분조건인지를 따져 보는 것이다. 매우 중요한 내용이고 이 책에서 나올 때마다 성실하게 설명하고 있으니 반드시 익혀 두도록 한다.

해석 이스라엘은 OECD 보고서에서 탑을 차지했다. 그리고 2011년의 사회적 시위의 물결 이후로 개혁에 노력과 투자가 이루어지고 있다. 예루살렘에 거주하는 PR 컨설턴트인 알리자 매리어트는 프리 스쿨에 다니는 아이들이 그 나이 때의 자신보다 "훨씬 더 앞서 나가고 있다"고 자랑스러워한다.

그러나 성공을 위한 열쇠가 있다고 하더라도 아직 불분명하다. 핀란드는 〈스타팅 웰〉이라고 불리는 조기 교육의 접근성과 교육 기준에 대한 보고서(이것은 이코노미스트의 자회사인 이코노미스트 인텔리전스가 리엔 재단을 위해 취합한 자료이다)에서 1위를 차지했다. (OECD보고서의 성적은 처참하다) 5세 혹은 6세의 아이들의 적어도 98%가 조기 교육을 받고 있다. 또한 핀란드는 교육 성적에 대한 전반적인 성적표를 석권하고 있기 때문에 아마도 개선 정도는 근소할 것이다. 조기 교육에 열성적인 스웨덴, 노르웨이, 프랑스, 벨기에, 덴마크와 같은 다른 국가들은 조기 교육 이후 성적에 특별하게 두각을 나타내지 못하고 있다. 반면에 조기 교육과 더불어서 살벌한 입시 시험을 경험하는 일본은 두각을 나타낸다. 한국 또한 마찬가지이다. 한국에서는 지금까지 있어야 할 조기 교육 시설의 반도 마련하지 못 했다. 따라서 OECD에서 3년마다 조사하는 학업 성취도 국제 학력 평가를 총괄하는 안드리아스 슐라이허는 조기 교육이 능사가 아니라고 말한다. 조기에 아이를 가르친다는 것이 미래에 반드시 학습적으로 두각을 나타내는 것을 보장하지는 않는다고 지적한다. (역자 주: 조기 교육이 학습적으로 두각을 나타내는 데 충분조건이지 않다는 것)

7 *The greatest success in pre-school provision probably comes from reaching the children who need it most, from poor, neglectful or unstable families. But this is hard.* Britain's Sure Start scheme, introduced in 1999, proved popular: motivated parents liked the extra stimulation for their children. **But** it failed to reach some of the neediest children, whose parents could not or would not ensure their attendance.

8 Elizabeth Truss, Britain's minister for child care, wants **tougher** qualifications for pre-school teachers, **but less** regulation of how they work (a row is raging over her proposal to allow them to look after up to six children each, instead of four). Early-years education spending in Britain is just below the average of developed countries, at an annual $6,493 per student (New Zealand spends twice as much).

단어

come from 비롯되다, 기인하다, 유래하다
neglectful 소홀히 하는, 태만한, 등한시하는
unstable 불안정한, 마음이 동요하는
scheme 계획
stimulation 동기부여, 자극
needy 궁핍한, 경제적으로 어려운, 가난한
ensure 보장하다, 보증하다
qualifications 자격, 단서, 조건
row 의견 대립
rage 격분하다, 분개하다, 열망하다
look after 돌보다, 맡다, 살피다

7~8 진술방식 | 대조 CONTRAST | 인과 CAUSE&EFFECT | 예시 EXAMPLE | 열거 LISTING

Key Point   come from은 '유래하다'의 뜻이다. 전치사 from을 수반하는 유사 표현으로 '출처', '기원'을 나타내는 derive, stem, originate 등이 있다. 광의로 인과관계를 나타내는 신호어로 볼 수 있다. '금액', '속도', '비율' 등의 일정한 수준을 나타낼 때는 전치사 at을 사용할 수 있다. 전치사는 근본적인 개념에서 다양한 의미로 파생된다는 것을 알아야 한다.

Focused Reading   복지의 관점에서 볼 때 조기 교육의 대상은 경제적으로 낙후되어 있거나 소외된 가정이 가장 적합하다고 말한다. 따라서 저소득층의 교육 복지 증진을 통한 교육 격차의 해결이 목표지만, 이를 실현하는 것의 현실적 어려움을 설명하고 있다. 조기 교육을 통한 국민 기초 교육 수준의 보장과 교육 부적응과 불평등을 해소하는 것이 현실적으로 쉽지 않은 문제라고 조기 교육의 한계를 분명히 하고 있다.

[해석] 아마도 조기 교육의 최대의 성공은 극빈 계층, 소외 가정, 불안 가정에 있는 조기 교육을 가장 필요로 하는 아이들에게 혜택이 제공될 때 가능할 것이다. 그러나 이는 어려운 일이다. 1999년에 도입된 영국의 슈어 스타트 계획이 대표적인 사례이다. 동기부여가 된 부모들은 아이들에게도 동기부여를 하기로 했지만, 참석을 할 수 없거나 참석할 의향이 없는 부모들로 인해 도움이 가장 필요한 아이들에게 혜택이 두루 돌아가게 되는 것은 실패하고 말았다.

영국 아동 복지 담당 장관인 엘리자베스 트러스는 조기 교육 교사들에 대해서 더 엄격한 자격 요건을 요구하고 있지만 교사들이 일하는 방식에 대해서는 규제를 풀어주기를 바라고 있다(4세 대신에 6세 아이까지 돌보도록 하는 그녀의 제안에 대해서 심각한 의견 대립이 진행 중이다). 영국에서 집행되는 조기 교육 예산은 학생 일인당 6,493달러 수준으로 선진국 평균을 밑돌고 있다(뉴질랜드는 두 배에 달한다).

Experience is the best of schoolmasters,
only the school fees are heavy.

경험은 최고의 교사이다. 단 수업료가 지나치게 비싸다고나 할까. -토머스 칼라일

9 ***Some of the fastest changes, however, are happening where local politicians have free rein.*** Michael Bloomberg, the mayor of New York, is opening its first "cradle-to-kindergarten" school later this year for 130 under-fives from poor families, an idea copied from a similar scheme in Chicago. Pre-kindergarten enrolment has increased in New York from 40,000 a decade ago to 58,000 in 2012 and the mayor wants to add 4,000 full-day places in the most deprived areas of the city.

단어
free rein 무제한의 자유
cradle-to-kindergarten 요람에서 유치원까지
enrolment 등록
deprived areas 극빈 지역

10 Early-years learning is not a magic **solution** to the elusive modern quest for social mobility. **But** it can **help** focus tiny minds on aspiration and **bigger** ones on **how to** support it.

단어
elusive 찾기 힘든, 달성하기 어려운, 파악하기 어려운
aspiration 열망, 간절한 바람, 포부, 염원

Every man's life is a fairy tale written by God's finger.

모든 사람의 인생은 신에 의해 쓰인 한 편의 동화이다. -한스 안데르센

조기 교육에 열성적인 뉴욕을 소개하고 있다. 조기 교육 성과에 대해서는 아직 정확하게 예측하기 어렵지만 분명히 도움이 될 수 있다는 것을 밝히면서 향후 조기 교육에 대한 예측을 하고 있다.

9 진술방식　　대조 CONTRAST　　예시 EXAMPLE

Key Point　현재진행시제가 사용된 이유는 앞서 이야기했던 논의와 대비되는 변화를 나타내기 위해서이다. where의 경우 관계부사절을 이끄는 관계부사로 많이 알고 있지만, 본문에서처럼 접속사로도 많이 쓰인다. 특히 이 경우에는 '…하는 곳에서'라고 해석하기보다 '…하는 경우에'라고 해석하는 것이 더 자연스럽다.

Focused Reading　정치 리더십이 자유롭게 발휘되는 곳에서는 급속한 변화가 일어나고 있다고 소개하면서 영국의 경우와 미국 뉴욕의 경우를 대비하고 있다. 영국의 조기 교육의 한계는 정치적으로 해결할 수 있다는 것을 암시하고 있다.

해석 그러나 지역적으로 정치 리더십이 무제한적으로 발휘되는 곳에서는 실로 급속한 변화가 일어나고 있다. 뉴욕 시장인 마이클 블룸버그는 뉴욕의 첫 "요람에서 유치원까지" 학교를 올해 말에 130명의 5세 미만의 저소득 소외계층 아이들을 위해서 선보인다. 이는 시카고의 유사한 정책에서 따온 것이다. 뉴욕에서는 유치원 등록률이 2002년 4만 명에서 2012년 5만8천 명으로 증가했으며, 블룸버그 시장은 극빈 지역을 위한 4,000명의 풀타임 탁아소 등록 확대를 지원한다.

10 진술방식　　대조 CONTRAST　　인과 CAUSE&EFFECT　　프로세스 PROCESS

Key Point　elusive는 '찾기 어려운', '규정하기 어려운', '성취하기 어려운'이라는 뜻의 형용사로 해석하기 다소 까다로운 단어이다. 본문에서는 사회의 계층간 이동을 실현하려는 현대의 추구가 달성하기 어렵다는 서술적 의미로 해석하는 게 자연스럽다. difficult to find의 의미를 elusive라는 형용사로 간단하게 표현할 수 있다는 것을 알아두자.

Focused Reading　조기 교육이 매직 솔루션이 아니라며 한계를 명시하고 있다. 그러나 제목에서 표현한 대로 작은 단계들을 거쳐서 교육 복지의 비전을 달성하는 데 일조할 수 있다는 가능성을 제시하면서 글을 마무리하고 있다.

해석 조기 교육이 현대의 사회의 계층 간의 이동 실현의 난점을 해결하는 매직 솔루션은 아니다. 그러나 작은 역량(아이들을 지칭)을 모아 열망에 집중하고, 큰 역량(어른들을 의미)이 이를 지원하는 방법(열망에 집중하는 것, 즉 조기 교육)에 총력을 기울이는 것이 도움이 될 수 있다.

LOGIC ANALYSIS

▶ 문제 상황 ⇨ 원인 분석 ⇨ 대안 평가 ⇨ 최적 대안

문제 상황 (EFFECT)	조기 교육이 전 세계적으로 확산되고 있다.
원인 분석 (CAUSE)	교육에 있어서 유년기 경험의 장기적 효과에 대해서 주목하고 있기 때문이다.
기존 대안 (EXISTING ALTERNATIVE)	조기 교육을 통해서 학습 성취도가 높아지기를 기대한다.
대안 평가 (EVALUATION)	❶ 취학 전 기간의 성취도와 그 이후의 성취도에 있어서 시간 간의 관계를 정확하게 규명한다는 것은 어려운 일이다. ❷ 조기 교육에 대해서 예산을 집행하는 적절한 방법에 대한 시각 또한 다양하다. ❸ 조기 교육의 최대의 성공은 극빈 계층, 소외 가정, 불안 가정에서 조기 교육을 가장 필요로 하는 아이들에게 혜택이 제대로 제공될 때 가능할 것이다. 그러나 이는 어려운 일이다. ❹ 지역적으로 정치 리더십이 무제한적으로 발휘되는 곳에서는 급속한 변화가 일어나고 있다.
최적 대안 (OPTIMIZED ALTERNATIVE)	N/A (조기 교육을 긍정하고 있기 때문에 최적 대안은 없음)
전망 (OUTLOOK)	조기 교육은 작은 역량을 모아 열망에 집중하고, 큰 역량이 이를 후원하는 것에 집중하게 하는 데는 도움이 될 수 있다.

STATEMENT ANALYSIS

무엇이 사실인가? (FACTUAL)	조기 교육을 운영하고 이에 투자하는 것은 전 세계적인 트렌드이다. Operating and investing in early-education is an international trend.
어디에 가치가 있는가? (EVALUATION)	조기 교육을 받는다는 것은 성장해서 학업 성적이 더 좋을 것이라는 것을 의미한다. Early-years education can mean better school results later.
어떻게 해야 하는가? (DOS AND DON'TS)	조기 교육은 작은 역량을 모아 열망에 집중하고, 큰 역량이 이를 후원하는 것에 집중하게 하는 데 도움이 될 수 있다. Early-years learning can help focus tiny minds on aspiration and bigger ones on how to support it.

Older and wiser?

아리스토텔레스는 경험의 중요성에 대해서 다음과 같이 설파했다. "기억에서부터 경험이 만들어진다. 인간의 과학과 예술은 경험에서 비롯된다." 생각해 보면 인간은 경험에 의해서 사상적 토대를 마련하고 문명을 발전시켜 왔으며 철학적 사유를 지속해 왔다. 여기서 중요한 것은 경험에 대한 관점과 태도이다. 인생의 다양한 경험을 통해서 축적되는 지혜도 있겠지만, 지혜는 나이와 상관없이 마음속에 심겨져 있어서 평생 가꾸어가는 보물과 같은 것이다.

- Americans get wiser with age. Japanese are wise from the start

  부제 나이가 든다는 것이 반드시 연륜과 지혜가 쌓이는 것을 의미하는 것은 아니다. 이는 자기성찰과 발전에 얼마나 기여하는가에 달려 있다. 공자는 나이가 들면서 자신이 깨달은 바를 나누어서 우리들에게 경구가 되어 주고 있다. 연륜과 지혜의 상관 관계를 서양과 동양으로 나누어서 살펴보고 있는 흥미로운 글이다.

【부제를 통한 예상 논점 정리】

1. 지혜롭다는 것을 어떻게 설명할 수 있는가. (현상 설명)
2. 미국인과 일본인의 지혜의 차이가 나이에 따라 어떻게 나타나는가. (타당성 입증)
3. 미국인과 일본인의 두드러진 차이는 무엇인가. (타당성 입증)
4. 나이가 든다는 것과 지혜로워진다는 것의 상관관계를 어떻게 밝힐 수 있는가. (원인 규명)

Older and wiser?

BEGINNING

1 ONE stereotype of wisdom is a wizened Zen-master smiling benevolently at the antics of his pupils, while referring to them as little grasshoppers or some such affection, safe in the knowledge that one day they, too, will have been set on the path that leads to wizened masterhood. *But is it true that age brings wisdom?* A study two years ago in North America, by Igor Grossmann of the University of Waterloo, in Canada, suggested that it is. In as much as it is possible to quantify wisdom, Dr Grossmann found that elderly Americans had **more** of it **than** youngsters. He has, **however**, now extended his investigation to Asia—the land of the wizened Zen-master—and, **in particular**, to Japan. There, he found, **in contrast to** the West, that the grasshoppers are their masters' equals almost from the beginning.

단어 **stereotype** 고정관념, 정형화된 생각 **wizened** 주름투성이의 **zen-master** 선인
benevolently 자애롭게, 호의적으로 **antics** 장난, 익살스러운 행동 **pupil** 학생
refer to A as B A를 B로 말하다, 표현하다 **grasshopper** 메뚜기 **affectation** 꾸밈, 가장, 허식
safe in the knowledge that 알고서 안심하는 **masterhood** 숙달, 정통, 달인의 경지
in as much as …을 고려해 볼 때, … 때문에, …라는 점에서 **quantify** 정량화하다, 나타내다 **wisdom** 지혜
in contrast to …와 반대로

서론에서는 이고르 그로스만의 실험을 소개하면서 지혜를 최대한 계량화하여 수행한 실험을 통해 알게 된 미국인과 일본인의 나이와 지혜의 상관관계의 결과를 밝히고 있다. 흥미로운 점은 개인 간 지혜와 집단적 지혜를 구별해서 실험을 수행했다는 점이다.

| 진술방식 | 대조 CONTRAST | 인과 CAUSE&EFFECT | 예시 EXAMPLE |

Key Point   safe in the knowledge that은 '…을 알고서 안심하는'이라는 뜻이다. in as much as는 '…을 고려해 볼 때', '… 때문에', '…라는 점에서'라는 뜻이다. 이 표현에서 유념해야 할 것은 원인 그 자체라기보다, 원인이나 이유의 범위를 특정하기 위해서 쓴 표현이라는 것이다. 즉, 계량화하는 게 가능하다는 점에서 연구가 가능했다는 의미이다. 이 표현은 본문에서 to the extent that 정도로 받아들이면 될 것이다.

Focused Reading   나이가 들면서 연륜이 더해지고 지혜롭게 된다는 게 일반적인 인식인데, 이를 미국과 일본을 비교하면서 규명했다는 내용이다. 이 글에서 다루고자 하는 핵심은 미국인과 일본인에게 '연륜에 의해서 지혜를 얻는 것이 가능한 것인가'이고 이에 대해서 미국인은 가능하다는 것, 일본인은 애초에 지혜는 나이와 무관하게 거의 동일하게 주어진다는 것이다.

해석 지혜에 대한 고정관념 중 한 가지는 어느 주름 많은 얼굴의 선인이 자신의 어린 제자들이 우스꽝스러운 장난을 치는 모습을 자애로운 미소를 지으며 바라보면서, 제자들을 어린 메뚜기 혹은 비슷하게 과장된 표현으로 부르면서도, 언젠가는 이들도 도사를 이끌었던 지혜의 길에 이르게 될 것을 확신하는 모습이다. 하지만 세월이 지혜를 가져다준다는 것이 정말 사실일까? 2년 전 캐나다 워터루 대학의 이고르 그로스만 박사가 진행한 연구에서 실제로 그렇다는 사실이 밝혀졌다. 그로스만 박사는 지혜를 최대한 계량화하여 미국의 노인들이 미국의 젊은이들보다 더 지혜롭다는 것을 알아냈다. 그러나 그는 현재 자신의 연구 대상을 (주름진 선인이 살고 있는) 아시아로 확장했으며, 특히 일본에 주목했다. 그는 서구와는 다르게 일본의 젊은이들은 노인들과 거의 동일하게 지혜롭다는 사실을 발견했다.

By no means in this world can you ever live up to someone else's expectations of who you are.

당신이 어떤 존재이기를 바라는 누군가의 기대에 부응하는 것은 결코 불가능하다. —마이클 조던

2 *Dr Grossmann's study, just published in Psychological Science, recruited 186 Japanese from various walks of life and compared them with 225 Americans.* Participants were asked to read a series of pretend newspaper articles. Half described conflict between groups, **such as** a debate between residents of an impoverished Pacific island over whether to allow foreign oil companies to operate there following the discovery of petroleum. (Those in favour viewed it as an opportunity to get rich; those against feared the disruption of ancient ways and potential ecological damage.) The other half took the form of advice columns that dealt with conflicts between individuals: siblings, friends and spouses. After reading each article, participants were asked "What do you think will happen after that?" and "**Why** do you think it will happen this way?" Their responses were recorded and transcribed.

단어
recruit 선발하다
compare A with B A와 B를 비교하다
participant 참가자
a series of 일련의
pretend 가상의
resident 거주자
impoverished 빈곤에 빠진
view A as B A를 B로 생각하다, 여기다, 간주하다
disruption 붕괴, 혼란
potential 잠재적인
ecological 생태계의
deal with 다루다, 처리하다, 해결하다
conflict 갈등, 충돌
sibling 형제자매, 동기
spouse 배우자
transcribe 기록하다

본론에서는 실험 수행을 통해서 밝혀진 결과와 미국인과 일본인의 차이에 대해서 상세하게 설명하고 있다. 실험에서 주목할 점은 사건의 시간적 선후관계에 대한 이해, 사건의 발생 동기를 피실험자들에게 파악하게 하고 이를 평가하는 것을 통해서 인과관계에 대한 이해도를 측정해서 지혜를 계량화했다는 점이다.

2 진술방식 　 프로세스 PROCESS ▶ 예시 EXAMPLE ▶ 열거 LISTING

Key Point
찬성하는 사람들을 those in favor, 반대하는 사람들을 those against라고 표현했다. those 다음에는 보통 관계대명사절 who가 오는 것이 가장 일반적이지만, 이렇게 구가 수반되기도 한다. 전치사구, 현재분사구, 과거분사구 등이 올 수 있다. view A as B는 'A를 B로 생각하다', '여기다', '간주하다'의 뜻이다. 이러한 패턴을 취하는 동사로는 look upon, regard, see, think of 등이 있다.

Focused Reading
집단 간의 갈등과 개인 간의 갈등이라는 상황을 주고 이에 대한 반응을 살펴보는 실험이라는 것을 소개하고 있다. 반응에 대한 질문은 두 가지였다. 제시된 상황 이후에 어떠한 일이 발생할 것인가(후속사건: subsequent events)와 왜 이러한 방식으로 일이 발생하는가(발생동기: motive)에 대해서 묻는 실험이었다고 소개하고 있다. 사건의 시간적 선후관계를 생각하는 것, 그리고 사건 발생의 이유를 생각하는 것은 모두 인과관계에 대한 이해라고 할 수 있으며, 이러한 인과관계의 이해를 통해서 지혜의 정도를 측정했다는 것을 알 수 있다.

해석 최신 심리과학 학술지에 발표된 그로스만 박사의 연구는 다양한 삶을 살고 있는 186명의 일본인들을 모집하여 225명의 미국인들과 비교했다. 조사 참가자들은 가짜로 만들어진 일련의 뉴스 기사들을 읽었다. 뉴스 기사 중 절반은 집단 간의 갈등에 관한 글이었는데, 예를 들어 태평양의 한 낙후된 섬의 원주민들이 외국 석유 기업들이 자신들의 지역에서 석유 탐사를 하도록 허용할 것인지 여부에 대한 토론과 같은 글이었다. (찬성하는 이들은 이것을 부유해질 수 있는 기회로 바라보았고, 반대하는 이들은 옛날부터 유지해 온 삶의 방식의 파괴와 잠재적인 생태계 피해에 대해 우려했다.) 나머지 절반의 기사들은 개인 간의 갈등을 해결하는 데 조언을 주는 식의 칼럼 형태를 띠었는데 예를 들면 친형제, 친구 혹은 배우자 사이의 충돌에 대한 것이었다. 각각의 기사를 읽고 나서, 참가자들에게 "이후에 어떠한 일이 발생할 것 같은가?" 혹은 "왜 그런 식으로 일이 전개될 것 같은가?"와 같은 질문이 주어졌다. 참가자들의 답변은 녹음되었고 글로 기록되었다.

They always say that time changes things,
but you actually have to change them yourself.

사람들은 항상 시간이 모든 것을 변화시킨다고 말한다. 그러나 사실 당신 스스로가 그것들을 변화시켜야 한다.
–앤디 워홀

3 Dr Grossmann and his colleagues removed age-related information from the transcripts, and **also** any clues to participants' nationalities, and **then** passed the edited versions to a group of assessors. These assessors were trained to rate transcribed responses consistently, and had been tested to show that their ratings were statistically comparable with one another.

4 The assessors scored participants' responses on a scale of one to three. This attempted to capture the degree to which they discussed what psychologists consider five crucial aspects of wise reasoning: willingness to seek opportunities to resolve conflict; willingness to search for compromise; recognition of the limits of personal knowledge; awareness that more than one perspective on a problem can exist; and appreciation of the fact that things may get worse before they get better.

5 A score of one on any aspect indicated a participant gave no consideration to it. A score of two indicated some consideration. A score of three indicated a great deal of consideration. Each participant's scores were then added up and mathematically transformed to create an overall value within a range of zero to 100 for both interpersonal and intergroup wisdom.

6 *The **upshot** was that, as Dr Grossmann had found before, Americans do get **wiser** with age.* Their intergroup wisdom score averaged 45 at the age of 25 and 55 at 75. Their interpersonal score similarly climbed from 46 to 50. Japanese scores, **by contrast**, hardly varied with age. Both 25-year-olds and 75-year-olds had an average intergroup wisdom of 51. For interpersonal wisdom, it was 53 and 52.

| 3~4 진술방식 | 프로세스 PROCESS | 열거 LISTING |

Key Point   degree같이 정도를 나타내는 명사로는 extent가 있다. 보통 degree[extent] to which의 형태를 취한다. reason for which, way by which 등 명사와 특정 전치사의 결합에 유념해야 한다.

Focused Reading   연령과 국적 정보를 삭제하고 평가자들에게 전달해서 다섯 가지 측면에 따라 답변을 평가했다. 현명한 추리의 다섯 가지 기준이 재미있다. 갈등을 해결하는 기회를 탐색하는 의지, 타협하고자 하는 의지, 자신의 지식의 한계에 대한 인식, 문제에 대해서 여러 시각이 존재할 수 있다는 인식, 상황이 개선되기 전에 상황이 악화될 수 있다는 사실에 대한 이해가 그것이다. 이를 기준으로 1, 2, 3의 점수를 매겨서 평가했다고 한다. 평가는 일관되도록 통제되고, 통계적으로 상호 비교가 가능하도록 테스트를 한 상태이기 때문에 실험에 대한 엄격한 통제가 이루어졌다고 볼 수 있다.

해석 그로스만 박사와 동료들은 참가자들의 답변에서 연령과 관계되는 정보를 삭제했으며, 참가자의 국적을 암시할 수 있는 단서 역시 삭제하고, 편집된 기록을 평가자들에게 전달했다. 평가자들은 답변들을 일관성 있게 평가하도록 훈련받았으며, 이들은 자신들의 평가 점수가 통계적으로 서로 비교 가능한지 검증을 받은 상태였다.

평가자들은 참가자들의 답변에 대해 1에서 3까지의 점수를 매겼다. 평가는 심리학자들이 고려한 현명한 사고를 하는 데 고려해야 하는 다섯 가지 중대한 측면에 따라 매겨졌다. 그 다섯 가지 요소들은 다음과 같다. 갈등 해결을 위한 기회를 찾고자 하는 의지, 타협점을 찾고자 하는 자세, 개인의 지식이 갖는 한계에 대한 인식, 하나의 문제에 대해 하나 이상의 시각이 존재할 수 있다는 점에 대한 자각, 그리고 상황이 호전되기 전에 더 악화될 수 있다는 사실에 대한 이해가 이에 해당한다.

| 5~6 진술방식 | 프로세스 PROCESS | 인과 CAUSE&EFFECT | 대조 CONTRAST |

Key Point   upshot은 '최종적인 결과', '결말'이라는 뜻으로 쓰였다. 영어에서는 일반적인 광의의 단어가 있고, 구체적으로 의미가 특정되는 단어가 있다. 이러한 뉘앙스의 차이를 공부하는 것이 언어의 묘미 중 하나일 것이다. 강조하기 위해서 do get wiser with age라는 표현을 썼다. 이 실험의 핵심적인 결과이기 때문에 강조를 한 것이다.

Focused Reading   개인 간의 지혜, 그리고 집단 간의 지혜를 계량화해서 100점을 기준으로 환산한 결과 미국인은 나이에 따라서 지혜의 정도가 차이가 났고, 일본인은 나이에 따른 변화가 거의 없었다는 것이다. 실험의 가설인 나이가 지혜의 결정적 변수라는 것을 고찰한 결과, 미국인에게는 변수임이 증명되었고 일본인에게는 나이가 큰 차이를 낳지 않는다는 것으로 나타났다.

해석 1점은 참가자가 해당 요소를 전혀 고려하지 않는다는 것을 나타냈다. 2점은 약간의 고려를 했음을 의미했다. 3점은 참가자가 해당 요소를 상당히 고려했음을 나타냈다. 실험 참여자의 점수는 모두 합산된 후 개인 간 그리고 집단 간의 지혜에 대해 100점 만점 점수로 다시 환산되었다. 실험의 요지는 그로스만 박사가 이미 발견했듯이 미국인들은 나이가 들수록 더 현명해진다는 것이다. 미국인들의 집단 간의 지혜 점수가 25세에서는 평균 45점, 75세에서는 55점을 기록했다. 개인 간 점수는 46점에서 50점으로 비슷한 수치를 기록했다. 반대로 일본인들의 점수는 나이에 따른 변화가 거의 없었다. 25세와 75세 모두 집단 간 지혜 점수가 평균 51점을 기록했다. 개인 간 지혜 점수는 각각 53점과 52점이었다.

7 Taken at face value, these results suggest Japanese learn wisdom **faster than** Americans. One up, then, to the wizened Zen-masters. **But** they **also** suggest a **paradox**. Generally, America is seen as an individualistic society, **whereas** Japan is quite collectivist. **Yet** Japanese have **higher** scores **than** Americans for the sort of interpersonal wisdom you might think would be useful in an individualistic society. Americans, **by contrast**—at least in the maturity of old age—have **more** intergroup wisdom **than** the purportedly collectivist Japanese. *Perhaps, then, you need individual skills when society is collective, and social ones when it is individualistic.* All of which goes to show that the real **root** of wisdom is this: do not assume, little grasshopper, that your prejudices are correct.

taken at face value 표면적으로 본다면	
paradox 역설	
collectivist 집단주의	
maturity 성숙, 원숙, 만기	
root 근원, 뿌리	
assume 가정하다, 추정하다	
prejudice 편견, 선입견, 치우친 생각	

Life is very short. And there's no time for fussing and fighting, my firends.
친구여, 인생은 아주 짧다. 싸우거나 말다툼할 시간이 없다. -비틀즈

결론에서는 실험 결과를 통해서 파악된 역설을 소개하고 있다. 집단적인 사회에서는 대인 간 개인적 소통 능력이 중요하고, 개인적인 사회에서는 집단적인 태도가 긴요하다는 설명이다. 결국 이러한 사회적 맥락과 능력과의 관계를 통해서 역설을 해소하고 있는 점이 흥미롭다.

7 진술방식 　대조 CONTRAST 　인과 CAUSE&EFFECT 　열거 LISTING

 **Key Point**
전치사 at은 수직선상에서 점으로 나타낼 수 있는 이미지이다. 속도, 수준, 가치 등을 전치사 at으로 표현할 수 있다. taken at face value에서 가치는 수준을 나타내므로 전치사 at과 잘 어울린다. 원래의 뜻은 '액면 그대로 받아들이다'인데, 본문에서는 뒤에 나오는 부분과 대비해서 파악해야 한다.

 **Focused Reading**
논리 구조 파악에서 가장 어려운 것 중 하나가 모순 구조를 해소하여 실마리를 푸는 것이다. 미국은 개인주의 사회로 인식되고 일본은 집단주의 사회로 인식되는데, 실험에서는 일본인이 개인 간 지혜가 미국인보다 더 발달되어 있는 것으로 파악되었고, 미국인은 (적어도 나이가 들었을 때) 집단 간 지혜가 일본인보다 더욱 발달된 것으로 파악되었다고 한다. 따라서 사회가 집단적이면 오히려 개인적 대인 관계의 능력이 두각을 나타내게 되며 사회가 개인적이면 사회적 관계 능력이 더 필요하다는 것이다. 결국 이 실험이 입증하는 것은 편견이라는 것, 즉 일본인이 집단적이고 미국인이 개인적이라는 선입견을 가지지 않는 것이 지혜의 근원이라는 설명을 통해서 역설적으로 문제를 해결하고 있다. 영어에서는 양자택일의 사고방식, 즉 최적화된 대안의 선택을 중요하게 생각하지만 어떤 개념들이 대칭적으로 존재할 경우 한 개념이 절대적으로 맞는 것이 아니라 상대적으로 의미가 있다는 식으로 미세 조정을 하는 경우가 흔하다. 이 글에서 일본을 집단적 성격, 미국을 개인적 성격이라 단정 짓지 않은 이유가 여기에 있다. 미국은 변호사의 천국이라는 말이 있는데, 이는 법률적 분쟁이 어느 한편에만 일리가 있고 절대적으로 맞는 것이 아니라 양측의 입장을 조율하는 법률적 사고방식이 발달했기 때문이라고 보는 것이 정확하다. 모든 글이 명확한 하나의 결론만 존재하고 반대 주장은 폐기되어야 한다는 사고방식을 경계하도록 하자.

해석 표면적으로, 이러한 결과는 일본인들이 미국인들보다 더 빨리 지혜를 습득한다는 사실을 나타낸다. 그렇다면, 일본인들은 주름 많은 도사가 되는 데 한 수 앞서 있는 셈이다. 하지만 이러한 결과는 역설적인 사실 또한 제시하고 있다. 일반적으로 미국은 개인주의적 사회로 인식되는 반면에, 일본은 상당히 집단주의적이라고 알려져 있다. 하지만 일본인들은 개인주의적 사회에서 더 유용할 것이라고 여겨지는 개인 간 지혜 점수에서 미국인들보다 더 높은 점수를 기록했다. 반대로 미국인들은 (적어도 나이가 들었을 때) 집단주의적이라고 여겨지는 일본인들보다 집단 간 지혜 항목에서 더 높은 점수를 기록했다. 그렇다면 이는 당신이 아마도 사회가 집단주의적일 경우 개인 간의 인간관계 기술을 필요하게 될 것이고, 개인주의적 사회라면 단체생활에 필요한 인간관계 기술이 필요함을 의미할 지도 모른다. 이 모든 것들을 통해 지혜의 진정한 뿌리는 다음으로 귀결된다. 어린 메뚜기야, 자신의 선입견이 옳다고만 생각해서는 안 된다.

LOGIC ANALYSIS

▶ 문제 상황 ⇨ 원인 분석 ⇨ 대안 평가 ⇨ 최적 대안

문제 상황 (EFFECT)
나이가 들면서 지혜가 생기는 것이 문화권에 따라서 다르게 나타난다.

원인 분석 (CAUSE)
지혜에 대한 시각 차이가 존재하는 것은 서양과 동양의 문화적, 인식적 맥락의 차이에서 기인하는 듯하다.

기존 대안 (EXISTING ALTERNATIVE)
서양권에서는 나이가 들어감에 따라서 지혜로워지지만, 동양(일본의 경우)에서는 젊은이와 노인의 지혜의 수준이 동일하게 나타난다.

대안 평가 (EVALUATION)
사회가 집단주의적일 경우 개인 간의 인간관계 기술을 필요하고(일본의 경우), 개인주의적 사회라면 단체 생활에 필요한 인간관계 기술이 필요하다(미국의 경우). 따라서 미국의 경우 개인주의 사회이므로 나이가 들었을 때 단체생활에 필요한 지혜가 요구되며 일본의 경우 집단주의 사회이므로 개인 간 인간관계 기술이 나이가 들었을 때 필요하다.

최적 대안 (OPTIMIZED ALTERNATIVE)
판단을 할 경우에는 자신이 소속되어 있는 사회의 맥락을 고려해야 한다. 자신의 선입견을 무조건적으로 맹신해서는 안 된다.

STATEMENT ANALYSIS

무엇이 사실인가? (FACTUAL)
미국인은 나이가 들수록 지혜가 더해지나 일본인은 어린 나이에도 지혜롭다.

Americans get wiser with age. Japanese are wise from the start.

어디에 가치가 있는가? (EVALUATION)
사회가 집단주의적일 경우 개인 간의 인간관계 기술을 필요하고, 개인주의적 사회라면 단체 생활에 필요한 인간관계 기술이 필요하다.

You need individual skills when society is collective, and social ones when it is individualistic.

어떻게 해야 하는가? (DOS AND DON'TS)
자신의 편견이 맞을 것이라고 확신해서는 안 된다. 자신의 판단에는 처해 있는 맥락이 고려되어야 한다.

Do not assume, little grasshopper, that your prejudices are correct.

Pay, peers and pride

peer pressure라는 말이 있다. '동료 집단으로부터 받는 사회적인 압력'이라는 의미인데 동료 간 압력이 가장 상징적으로 드러나는 것은 연봉일 것이다. 동료 간의 경쟁 심리를 활용한 유인책이 될 수도 있고, 오히려 근무 열의를 저해하는 장애 요소가 될 수도 있는 임금 수준의 차이에 대해서 설명하고 있다. 재미있는 부분은 상대적인 저임금으로 인한 자존감의 문제와 더불어 터널효과라는 개념을 소개하는 부분이다. 경제학자 허시만이 주장한 개념인데, 임금의 차이에 대한 기대 효과를 설명하고 있는 부분이 흥미롭다. 낮은 임금 때문에 행복하지 않다고 생각하는 것보다 일을 하는 것 자체에 만족을 느끼라고 주문하고 있다.

- How older workers can find happiness

  부제 나이가 들어서 일을 한다는 것과 행복은 상관관계가 없는 것일까. 개미와 베짱이의 일화에서 보면 열심히 일한 개미가 추운 겨울에 따뜻하게 지내지만, 여름 내내 시원하게 지냈던 베짱이의 삶도 외면할 수가 없는 것이다. 보통 일을 한다는 것은 행복을 유보한다는 것이 일반적인 생각이지만, 일을 한다는 자체에서 행복을 느끼는 것이 더욱 바람직하다.

【부제를 통한 예상 논점 정리】

1. 근로자의 연령별 차이가 나타나는 이유는 무엇인가. (원인 규명, 현상 설명)
2. 연령별로 행복을 느끼는 차이가 어떻게 나타나는가. (현상 설명)
3. 행복을 느끼는 차이를 유발하는 원인은 무엇인가. (원인 규명)
4. 행복을 느끼게 하는 구체적인 해결 방안은 무엇인가. (해결 방안, 대안 제시)

Pay, peers and pride

BEGINNING

1 **KNOWING that you are paid less than your peers has two effects on happiness.** The well-known **one** is negative: a thinner pay packet **harms** self-esteem. The **lesser**-known **one** is called the "tunnel" **effect**: high incomes for peers are seen as **improving** your own chances of similar riches, especially if growth, inequality and mobility are high.

단어 **peer** 동료, 친구 **pay packet** 임금 **harm** 해를 끼치다 **self-esteem** 자존심 **improve** 개선시키다 **inequality** 불평등 **mobility** 이동성

230

서론 부분에서는 동료보다 임금을 적게 받는 사실을 인지할 경우 발생하는 두 가지 효과를 설명하면서 동료 간 임금 차이에 따른 만족도에 대해서 설명을 하고 있다.

| 1 진술방식 | 인과 CAUSE&EFFECT | 열거 LISTING | 대조 CONTRAST |

Key Point 이 단락에서 보면 첫 문장부터 끝까지 인과관계에 의해서 진술되고 있음을 알 수 있다. 특히 if절로 표현되는 조건절도 광의로 볼 때 인과관계임을 알아야 한다. if, when이 조건이나 시간으로 해석되지 않는 경우 원인이나 이유로 해석하면 자연스러울 때가 있다. 이는 인과관계에 조건이나 시간의 의미가 강하게 간섭해서 그 의미를 살려 주기 위해 인과관계 접속사 대신에 사용한 것으로 이해하면 된다.

Focused Reading 행복이라는 감정을 동료와의 관계에서 상대적인 개념으로 풀어내고 있다. 행복이라는 감정은 자신의 삶 속에서 나타나는 주관적인 안녕, 편안함인데 직장 생활에서 상대적으로 나타난다는 것을 소개하며 논의를 시작하고 있다.

해석 직장에서 동료들보다 임금을 적게 받는다는 것을 알게 될 경우 행복에 미치는 효과는 두 가지이다. 잘 알려진 효과는 부정적인 것이다. 상대적인 임금 차이가 자존심의 문제가 될 수 있다는 것이다. 이보다 잘 알려져 있지 않은 효과는 이른바 "터널"효과라는 것이다. 동료가 임금을 많이 받는다는 것을 알게 되면 자신도 비슷한 정도의 임금을 받을 확률이 높아진다고 생각하는 것인데 특히 높은 경제 성장, 소득 불평등의 심화, 그리고 사회적 이동성이 높을 때 이러한 효과가 두드러진다.

Without money honor is nothing but a malady.

돈이 없으면 명예는 질병에 불과하다.
–장 라신

2 A paper co-authored by Felix FitzRoy of the University of St Andrews and presented this week at the Royal Economic Society in Cambridge separates the two effects using data from household surveys in Germany. Previous work showed that the income of others can have a small, or even positive, overall **effect** on people's satisfaction in individual firms in Denmark or in very dynamic economies in transition, **such as** post-communist eastern Europe. *But Mr FitzRoy's team theorised that older workers, who largely know their lifetime incomes already, will enjoy a* **much smaller** *tunnel* **effect**.

단어
paper 연구, 논문
co-authored 공동 집필자
separate 구분하다, 분리하다
household 가계, 가구
overall 전반적인
in transition 과도기가 진행 중인
post-communist 공산국가
theorise 이론을 제시하다
largely 대체로, 주로
enjoy 누리다, 향유하다
much smaller 훨씬 더 적은

3 *The data confirm this hypothesis. The negative* **effect** *on reported levels of happiness of being paid* **less than** *your peers is not visible for people aged under 45.* In western Germany, seeing peers' incomes rising actually **makes** young people **happier** (**even more than** a rise in their own incomes, remarkably). It is only those people over 45, when careers have "reached a stable position", whose happiness **is harmed by** the success of others.

단어
confirm 입증하다, 확인하다
hypothesis 가설, 가정
visible 가시적인
income 소득
remarkably 눈에 띄게, 현저하게

본론에서는 연령대별로 동료들의 임금 처우에 대한 반응이 달리 나타난다는 분석과 함께 조기 퇴직이 가지는 환상과 그 허상에 대해서 논박함으로써 결국 타인의 처우에 따른 불행의 해결책은 퇴직이 아니라는 것을 밝히고 있다

2 진술방식 | 인과 CAUSE&EFFECT | 열거 LISTING | 대조 CONTRAST

Key Point
enjoy는 기본적으로 '즐기다', '좋은 시간을 보내다'라는 뜻이지만, 영어에서는 '누리다', '향유하다', '좋은 이점을 가지다'의 의미로 쓰일 때가 많다. 영어에서 단어의 기본적인 이미지는 하나이지만, 단어가 가지는 특정 의미가 두드러지게 나타날 때가 있다. 이럴 때는 영영사전을 참조하여 쓰이는 맥락과 해당 단어의 정의, 그리고 사용되는 용례를 기억해야 한다.

Focused Reading
두 가지 효과를 연령대별로 분리해서 연구했으므로 첫 번째 단락에서 주되게 다룰 터널효과의 상대적 크기에 대해서 논할 것임을 알 수 있다. 즉, 임금의 상대적 차이에 의해서 터널효과가 커질 것인가 작아질 것인가를 연령을 기준으로 파악한 것이다.

해석 영국 세인트 앤드류스 대학교의 펠릭스 피츠로이 교수가 공동 연구자로 참여해서 진행된 영국 왕립 경제학 협회에서 금주에 발표한 연구는 독일 가계 조사 자료를 근거로 두 가지 효과를 분리했다. 과거 연구에서는 덴마크의 민간 기업과 전후 동유럽 공산국가 등 역동적으로 경제 변화가 나타나는 국가에서 근로자들의 만족에 대해서 다른 근로자들의 임금 수준이 미치는 영향은 작거나 심지어는 긍정적으로 나타날 수 있다고 했다. 그러나 피츠로이 교수 팀의 연구에 의하면 자신의 생애 소득을 이미 대략적으로 파악하고 있는 고령 노동자들은 훨씬 작은 터널효과를 향유하게 된다고 이론화했다.

3 진술방식 | 인과 CAUSE&EFFECT | 대조 CONTRAST | 예시 EXAMPLE

Key Point
remarkably는 '눈에 띄게', '현저하게'라는 뜻이다. 보통 이러한 놀라움, 두드러짐, 현저함을 나타내는 단어는 정도, 수준을 나타내는 단어라는 것을 유념하여야 한다. substantially, considerably, dramatically 등과 같은 계열의 단어이다.

Focused Reading
이 단락에서 중심적으로 논증하는 것은 동료의 임금 상승에 대한 연령별 행복 지수의 차이이다. 45세 미만의 사람들은 자신의 임금 상승에서 느끼는 행복보다 타인의 임금 상승에서 기인하는 행복이 더 크다는 것에 주목해야 한다. 자칫 동료의 소득 증가가 자신의 소득 증가보다 더 클 때도 행복함을 느낀다고 오역할 수 있는데, 여기서는 소득 증가의 정도를 다룬 것이 아니라 단순히 소득 증가에 따른 각각의 반응의 차이에 따른 상대적인 행복을 설명하고 있으므로 이 부분에 대해서 명확하게 해석할 필요가 있다.

해석 데이터는 가설을 입증했다. 45세 미만 근로자들의 경우 동료보다 적은 임금을 받는 것이 행복에 부정적인 영향을 끼치지 않는 것으로 나타났다. 독일 서부에서는 동료들의 임금 상승을 알게 되는 것이 실제로 행복감을 더 증가시킨다. (자신의 소득 증가가 있을 때보다 더 현저하게 나타난다). 이미 직장에서 안정적인 위치에 이른 경력을 가지고 있는 45세 이상의 사람들은 타인의 성공으로 인해서 행복이 손상되었다.

4 The prospect of 20-plus years of bitterness might **make** retirement seem **more** appealing. *But the real gains in happiness from retirement go not to the outshone, but to the out-of-work. Unemployment is known to **damage** happiness **because** not working falls short of social expectations.* This loss of identity cannot be compensated for by unemployment benefits or increased leisure time. A paper presented at the same conference by a team represented by Clemens Hetschko of Freie Universität Berlin uses the same German household data to show that the spirits of the long-term unemployed rise when they stop looking for work, go into retirement and no longer clash with social norms.

단어
prospect 예측, 전망
bitterness 불행, 괴로움
retirement 은퇴
appealing 매력적인, 호소하는
outshone 행복감
out-of-work 실직
short of …에 못 미치는
compensate for 보상하다, 보충하다
unemployment benefit 실업수당
look for 찾다
clash 충돌

결론에서는 조기 퇴직이 가지는 부작용을 밝히고 있다. 조기 퇴직을 위해서 개정한 고용보험 효과 분석을 통해서 오히려 조기 퇴직을 하는 것이 수명을 단축한다는 설명이다.

5 Those with jobs are no **happier** after they retire, **however**, perhaps **because** their lives already line up with social expectations. *Indeed, retiring early from work can have nasty side-effects.* **Another** paper, co-authored by Andreas Kuhn of the University of Zurich, investigates the **effect** of a change in Austrian employment-insurance rules that **allowed** blue-collar workers **earlier** retirement in some regions **than** others. Men retiring a year early **lower** their odds of surviving to age 67 by 13%. Almost a third of this higher mortality rate, which seemed to be concentrated among those who were forced into retirement by job loss, **was caused by** smoking and alcohol consumption. *If you're in a job, even an underpaid one, hang on in there.*

단어
line up with 맞추다, 일렬로 세우다
indeed 실제로
nasty 심각한
side-effect 부작용
employment-insurance 고용보험
blue-collar worker 육체노동자
lower 낮추다, 내리다
odds 가능성, 역경
mortality rate 사망률
concentrate 집중하다, 전념하다
be caused by 기인하다
consumption 소비

4 진술방식   인과 CAUSE&EFFECT   대조 CONTRAST   예시 EXAMPLE

 **Key Point**
영어에서 가장 구사하기 힘든 구문 중 하나는 '형용사+명사'가 서술적 개념으로 쓰이는 것이다. 본문의 increased leisure time은 '늘어난 여가 시간'으로 번역할 것이 아니라, '여가 시간이 늘어났다'와 같이 해석해야 한다. 이처럼, 주어와 서술어 개념을 내포한 것이 주어는 명사로 표현되고 서술어는 형용사로 표현되는 경우가 영어에서는 아주 빈번하니 눈여겨보아야 한다. 영어는 명사 중심의 언어이기 때문에 문장 성분으로는 주어, 목적어 등으로 기능하고, 서술적 의미를 부여하기 위해서 명사를 수식하는 형용사, 현재분사, 과거분사, to부정사구, 전치사구 등이 발달했다. 이런 수식어들은 서술적 의미로 해석을 하는 것이 영어 실력을 배양하는 지름길이다.

 **Focused Reading**
타인의 성공 때문에 발생한 불행이 20년 동안 지속될 것이라는 생각으로 인해서 퇴직을 염두에 둔다면 그것은 오판이라는 설명이다. 사회적 기대 때문에 이에 부응하지 못하면 결국 불행해진다는 설명이다. 즉, 퇴직을 하면 사회적 관계망에서는 정체성 상실로 이어지기 때문에 불행을 초래한다는 설명이다. 보통 마음 먹기에 달려 있다고들 하지만, 이 글에서 전제되고 있는 바로는 동료와의 관계에서 돈을 받는 것이 자부심과 직결된다Pay, peers and pride고 볼 때, 동료들의 처우에서 비롯된 불행 때문에 하던 일을 그만둔다는 것은 더 큰 불행을 초래한다는 핵심 논증이 등장하고 있다.

해석 향후 20년 이상 불행이 지속될 것이라고 예측된다면 퇴직을 하는 것이 더 매력적으로 느껴질 수도 있을 것이다. 그러나 퇴직은 직장을 다니는 경우와 비교했을 때 실질적으로 더 큰 행복감을 주는 것이 아니라 실직을 초래하게 된다. 실직 상태는 사회적 기대에 부응하지 않기 때문에 행복을 해치는 것으로 인식된다. 이러한 정체성의 상실은 실업 수당이나 여가 시간이 늘어나는 것으로 보상받을 수 없다. 베를린 자유대학의 클레멘스 헤츠코가 맡고 있는 팀이 동일한 컨퍼런스에 제출한 보고서에 따르면 같은 독일 가계 조사 자료를 활용하여 그들이 구직 활동을 그만두거나 퇴직하게 될 때, 그리고 더 이상 사회적인 기준과 상충되지 않게 될 때 장기 실직의 우울한 기분이 증가한다는 것을 보여주고 있다.

5 진술방식   인과 CAUSE&EFFECT   대조 CONTRAST   예시 EXAMPLE

 **Key Point**
본문에 등장하는 indeed는 '보기와는 달리', '사실은', '실제로'라는 뜻의 대조적인 의미와 함께 부연의 의미와 문장 전체 혹은 전술한 바를 강조하는 '정말로', '실로', '참으로'라는 뜻이 있다. 여기서는 전술한 바를 강조하기 위해서 사용되었다. '실은'이라는 한국어에는 대조, 부연, 강조의 의미가 중첩되어 나타나는데, 논리적인 글에서는 이를 구별하는 것이 정확한 독해에 도움이 되리라 믿는다.

 **Focused Reading**
조기 퇴직으로 말미암아 흡연과 음주량이 늘어나는데, 이러한 증가는 어쩔 수 없이 조기 퇴직한 사람들에 해당한다는 설명을 통해서 퇴직으로 인한 스트레스가 흡연과 음주량의 증가에 영향을 주고 있음을 의미하고 있다. 조기 퇴직이 건강한 삶의 증가에 직결될 것으로 생각되지만, 실제로는 사람의 사망률을 더 높인다는 것이 핵심이다.

해석 근로자들은 퇴직한 이후 더 이상 행복을 느끼지 못한다. 그 이유는 그들의 삶이 이미 사회적 기대에 맞추어져 있기 때문이다. 실제로 조기 퇴직은 심각한 부작용을 가질 수 있다. 취리히 대학의 안드레아스 쿤이 공동 연구자로 참여한 다른 논문은 오스트리아의 일부 지역에서 육체노동자가 다른 노동자보다 먼저 퇴직할 수 있도록 개정한 고용보험의 효과를 분석했다. 1년 일찍 퇴직한 남성이 67세까지 살아 있을 가능성은 그렇지 않은 사람보다 13%가 낮게 파악되었다. 이러한 더 높은 사망률의 거의 1/3은 흡연과 음주에서 비롯되었는데, 이는 주로 실직으로 인해서 강제적으로 퇴직한 사람들에게서 집중된 것으로 파악되었다. 만약 저임금을 받고 있다고 하더라도 직업을 가지고 있다면 계속 일을 하라.

LOGIC ANALYSIS

▶ 문제 상황 ⇨ 원인 분석 ⇨ 대안 평가 ⇨ 최적 대안

문제 상황 (EFFECT)	상대적 저임금은 행복에 영향을 미친다.
원인 분석 (CAUSE)	상대적 저임금은 근로자의 자존감을 저해한다. 또한, 동료의 고임금을 알게 되면 자신의 고임금을 기대하는 터널효과가 있다.
기존 대안 (EXISTING ALTERNATIVE)	타인의 성공으로 인해서 발생하는 부정적인 영향 때문에 조기 퇴직을 매력적인 대안으로 여긴다.
대안 평가 (EVALUATION)	❶ 퇴직은 직장을 다니는 경우에 비해 실질적으로 행복감의 증대를 가져오는 것이 아니라 단순히 실직을 야기한다. ❷ 실직 상태에서는 사회적 기대에 부응할 수 없기 때문에 행복을 저해한다. ❸ 근로자의 삶이 사회적 기대에 맞춰져 있기 때문에 퇴직 이후는 이전보다 결코 행복하지 않다. ❹ 실제로 조기 퇴직은 사망률 증가와 같은 심각한 부작용을 초래한다.
최적 대안 (OPTIMIZED ALTERNATIVE)	임금 수준이 상대적으로 낮다고 하더라도 직장 생활을 계속해라.

STATEMENT ANALYSIS

무엇이 사실인가? (FACTUAL)	동료에 비해 저임금을 받는다는 것을 아는 것은 개인이 느끼는 행복에 두 가지 작용을 한다. Knowing that you are paid less than your peers has two effects on happiness.
어디에 가치가 있는가? (EVALUATION)	조기 퇴직을 하는 것은 심각한 부작용을 초래할 수 있다. Retiring early from work can have nasty side-effects.
어떻게 해야 하는가? (DOS AND DON'TS)	임금 수준이 상대적으로 낮다고 하더라도 딴생각하지 말고 직장 생활을 계속해라. If you're in a job, even an underpaid one, hang on in there.

Empty bowls, heads and pockets

필자가 〈이코노미스트〉를 20년 가까이 읽으면서 가장 명문이라고 생각하는 글 중 하나이다. 빈 그릇으로 대변되는 영양실조, 빈 머리라고 나타나는 지적 능력, 그리고 빈 주머니인 가난 문제의 인과관계를 다루고 있는 글이다. 이 글이 명문이라고 할 수 있는 이유는 논리적 구조에서 나타나는 일반성 때문이다. 이 글만 잘 익혀 두어도 논리적 사고 능력이 강화될 것이라고 믿는다.

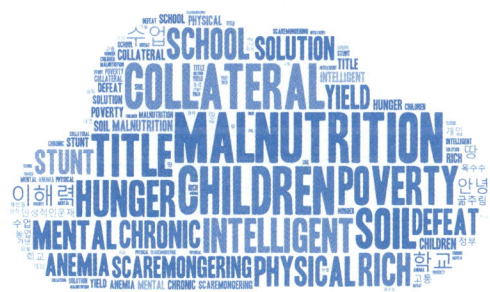

- Malnutrition makes the poor less productive. To beat poverty, hunger must first be defeated

  부제 영양실조로 말미암아 가난한 사람들의 생산성이 떨어지는 것은 문제라는 것이다. 따라서 이 문제를 해결하려면 굶주림, 즉 영양실조를 먼저 해결해야 한다고 한다. '영양실조에 시달리기 때문에 가난해진다'는 말의 대우 명제는 '가난하지 않다면 영양실조에 시달리지 않는다'이다. 따라서 영양실조 문제를 해결해야 가난이라는 굴레를 해결할 수 있다는 것이다.

【부제를 통한 예상 논점 정리】

1. 영양실조가 생산성과 어떠한 연관성이 있는가. (원인 규명)
2. 생산성 저조의 구체적인 양상은 무엇인가. (타당성 입증)
3. 영양실조를 해결하기 위한 구체적인 방법은 무엇인가. (해결 방안, 대안 제시)
4. 영양실조와 가난 문제의 중간 단계는 무엇인가. (원인 규명)

Empty bowls, heads and pockets

 **BEGINNING**

1 PEOPLE in very poor countries are, on average, **less** intelligent **than** those in rich ones. Some readers may be shocked by this statement, so let's rephrase it. Some 800m people do not have enough to eat. Without proper nutrition, the human body cannot develop properly. That includes the brain. Those who are ill-fed tend to end up both physically **shorter** and **less** mentally agile **than** they otherwise would have been. Hunger **also spurs** millions of children **to** drop out of school in order to scavenge for food, and those who manage to attend school **despite** empty bellies find it excruciatingly hard to concentrate. *Malnourishment is **thus** both a **cause** and a **consequence** of poverty.* The weak make unproductive manual labourers, and the global labour market is **not exactly** clamouring for dim or feeble workers.

단어 **on average** 평균적으로, 대략, 대체로　**rephrase** 바꾸어 말하다, 환언하다　**nutrition** 영양
ill-fed 영양이 부족한　**agile** 기민한, 날렵한, 민첩한　**spur** 자극하다, 박차를 가하다, 격려하다, 휘몰다
drop out of school 중퇴하다　**scavenge** (먹을 것을 찾으러) 쓰레기를 뒤지다
excruciatingly 몹시 고통스럽게, 극심하게　**clamour** 요구하다, 떠들어대다　**dim** 이해력이 떨어지는, 미련한
feeble 아주 약한, 허약한

서론에서는 영양실조가 가난의 원인이자 결과라는 것을 논증함으로써 가난과 영양실조의 관계를 규명할 것임을 암시하고 있다. 특히 지적 능력이 영양 상태에 의해서 영향을 받고, 이로 말미암은 가난과의 상관성을 입증하는 탁월한 관점을 제시하고 있다는 것을 유념하자.

1 진술방식   인과 CAUSE&EFFECT   예시 EXAMPLE   대조 CONTRAST   열거 LISTING

Key Point
than 전후로 평행구조로서, those in rich ones로 연결되었다. Without proper nutrition, the human body cannot develop properly.는 필요조건을 표현하는 문장이다. than they otherwise would have been의 해석에 유의해야 한다. otherwise는 앞서 나온 ill-fed의 반대 개념으로 '잘 먹었다면'의 의미가 된다. 따라서 만약 제대로 먹었을 때에 신체적인 성장과 정신적인 수준을 기준으로 본다면 이들은 가난 때문에 더 키가 작고 정신적으로 덜 명민하다는 것이다. make는 2형식 동사로 become의 의미이다.

Focused Reading
가난 때문에 제대로 먹지 못해서 영양실조에 걸리고 영양실조로 인해서 수백만의 아이들이 학업에 집중하지 못하고 먹을 것을 찾아 헤맨다는 것을 제시하면서 영양실조는 가난의 원인이자 결과라고 논증하고 있다. 특히 영양실조로 인해 허약해지면 육체노동자로서의 생산성이 떨어지고 이는 곧 경제적 어려움으로 이어진다고 설명한다. 첫 단락에서 부제에서 이야기한 대로 가난을 해결하기 위해서는 배고픔, 즉 영양실조의 문제를 우선적으로 해결해야 한다는 것을 알 수 있다.

해석 평균적으로, 매우 가난한 국가의 국민들은 선진국 국민들보다 지적 능력이 떨어진다. 몇몇 독자들은 이 말에 충격을 받을 지도 모르겠다. 그러니 다시 환언해서 설명해 보자. 지구상에 8억여 명의 인구는 충분히 먹지 못하고 있다. 영양소가 결핍될 경우 인간의 몸은 제대로 성장할 수 없다. 뇌도 예외가 될 수 없다. 잘 못 먹은 사람은 만약 그들이 잘 먹었었더라면 가질 수 있는 수준보다도 신체적으로 더 작고 지적 능력이 더 떨어지는 지경에 처하게 될 수 있다. 뿐만 아니라, 굶주림은 수백만의 어린이들이 식량을 찾아 헤매게 만들기 때문에 학교를 그만두게 만든다. 또 굶주린 배를 안고 학교에 근근이 다니는 학생들은 학교 공부에 집중하는 것이 육체적으로나 정신적으로 매우 고통스러운 일임을 알게 된다. 그래서 영양실조는 가난의 원인이자 결과이기도 하다. 신체적으로 허약한 사람들은 비생산적인 육체노동자가 된다. 그리고 전 세계 노동시장에서는 지적 능력이 떨어지거나 허약한 노동자들을 절대로 원하지 않는다.

No one can make you feel inferior without your consent.
당신의 동의 없이는 아무도 당신을 열등감 느끼게 하지 못한다. -엘러너 루스벨트

MIDDLE

2 Famines grab **more** headlines, **but** chronic malnourishment is a **far more** serious problem **because** it is so widespread. In **some** countries, nearly half of the children under five are underfed to the point of stunting. *Given how unproductive this will make them, it is hard to imagine such countries defeating poverty unless they first defeat hunger.*

grab 잡다, 붙잡다, 움켜잡다
chronic 만성적인
malnourishment 영양실조, 영양부족
widespread 만연한, 널리 퍼져 있는, 광범위한
underfed 영양부족의, 먹을 것을 잘 먹지 못한
to the point of …라고 할 정도로
stunt 성장이 방해되다, 발달이 저해되다
defeat 극복하다, 이기다

3 *There is no single way to do this, but there are several approaches that help, and can be used in parallel.* Intervening before a child is born, and during the first two years of life is crucial. Deprivation during this period tends to **cause** permanent harm, but is often laughably cheap to prevent. Giving mothers antibiotics and anti-malarial bednets, **for example**, can **fend off** some of the diseases that **make** new-borns underweight.

in parallel 동시에, 함께, 병렬적으로
intervene 개입하다, 중재하다
deprivation 부족, 박탈
laughably 터무니없게, 우습게
antibiotic 항생제, 항생물질
anti-malarial 말라리아 예방의
bednet 침대그물
fend off 방지하다, 막다

본론에서는 영양실조 문제를 해결하는 것이 중요한 문제임을 역설하고 있다. 흥미로운 점은 영양실조 문제, 지적 능력의 문제, 그리고 가난 문제에 대한 인과관계를 서론에서 충분하게 규명하고 본론과 결론 모두 해결 방안을 제시하는 데 분량을 할애했다는 점이다. 그래서 일반적인 논설문과는 구조가 다르다는 것을 유념하자. 뒤에 나오는 장기적 관점과 대별하여 단기적 관점의 해결책을 본론에서 제시하고 있다.

2 진술방식 | **인과 CAUSE&EFFECT** | **대조 CONTRAST** | **예시 EXAMPLE**

Key Point
given은 considering(…을 고려해 볼 때)의 의미로, 절을 인도하고 있다. unless는 '…하지 않는 한'의 조건을 나타내거나 '…한 경우 외에는'의 제한을 두는 경우에 사용한다. 본문에서는 먼저 굶주림을 해결하지 않는 한 가난 문제를 해결하는 것은 어렵다는 뜻으로, 가난 문제가 최우선 과제라는 것을 강조하고 있다. 좀 더 직관적으로 unless를 이해하기 위해서는 앞서 설명한 대로 if not의 의미와 except if의 의미를 동시에 알아 두어야 한다.

Focused Reading
장기간의 영양실조가 기아 문제보다 더 심각한 것은 그 피해의 해당 범위가 국소적이냐 광범위하게 나타나느냐의 차이라는 것이다. 가난 문제를 구제하기 위해서 국제 원조 정책을 수립하는데, 그것의 실효성에 있어서 중요한 것은 그 문제의 심각성이 얼마나 광범위하게 드러나느냐에 있다는 역설적 구조이다. 영양실조가 얼마나 아이들을 비생산적으로 만드는지를 고려해 본다면 굶주림의 문제를 해결하지 않고서는 가난을 정복할 수 없다는 진술에서 논리적인 설득력을 느껴야 한다.

 기아가 만성 영양실조보다 헤드라인에 더 자주 등장하지만 영양실조는 너무 광범위하게 나타나기 때문에 훨씬 더 심각하다. 일부 국가에서는 5세 이하 어린이들의 거의 절반이 성장이 저해될 정도의 영양실조 수준을 보이고 있다. 이러한 이유 때문에 그들이 얼마나 비생산적일지 고려해 볼 때, 그러한 국가들이 굶주림을 최우선 해결 과제로 삼지 않는다면 가난 문제를 해결한다는 것을 상상하기란 어려운 일이다.

---

3 진술방식 | **인과 CAUSE&EFFECT** | **예시 EXAMPLE** | **열거 LISTING**

Key Point
can은 능력의 의미로 봐도 되고 가능성의 의미로 봐도 된다. 보통 주체성을 가진 대상이 아닌 경우 가능성의 의미로 쓰일 수 있다. 본문에서는 능력의 의미와 가능성의 의미가 동시에 나타난다. fend off는 '방지하다', '막다'의 의미이다. 문제 해결책을 다루고 있으므로 광의의 인과관계의 신호어로 볼 수 있다. '방지하다', '막다'라는 뜻의 표현이 상당히 많으므로 나올 때마다 따로 기억해 두자. 본문에서 deprivation은 문맥상 intervening과 대비되는 표현임을 알 수 있다. 즉 결핍은 개입하지 않는다는 의미인 것이다.

Focused Reading
세상에 어떠한 문제이든지 간에 그 문제에 대한 단일한 원인은 존재하지 않는다. 문제는 하나일지라도 그것을 유발하는 것은 다양하다는 것이다. 따라서 문제에 대한 단일한 해결 방법도 없다. 컨설턴트들이 하는 일이 이현령비현령처럼 보이는 이유는 말장난을 해서가 아니라, 문제에 대한 다양한 원인을 찾고 다양한 해결 방안을 강구하기 때문이다. 해결 방안을 모색할 때는 보통 여러 원인 중 핵심 원인을 찾아서 제거하거나 완화 혹은 감소시키는 방법을 택하게 된다. 본문에서는 가난 구제를 위해서 여러 해결책을 동시에 고려해서 집행해야 한다고 말하고 있다. 출산 전과 생후 2년 동안 관여하는 것이 무엇보다 중요하고, 이 기간에 적절하게 관리가 되지 않으면 그 영향이 평생 간다permanent harm고 한다.

 가난 문제를 해결하는 유일무이한 방법은 존재하지 않는다. 도움이 될 만한 해결 접근법은 여러 가지가 있다. 그리고 이들을 동시에 적용해 볼 수 있을 것이다. 한 아이가 태어나기 전, 그리고 생후 최초 2년 동안 개입하는 것이 중요하다. 이 기간 동안 개입하지 않는다면 그 피해가 평생 갈 수도 있지만, 그 피해를 미연에 방지하는 것은 종종 터무니없을 정도로 저렴하다. 예를 들면 산모들에게 항생제와 말라리아를 피할 수 있는 모기장을 제공하면 신생아가 저체중이 되는 질병의 발생을 일부 예방할 수 있다.

4 After birth, **the best thing** is to encourage exclusive breastfeeding, **especially if** the local water supply is dirty. Handing out free food in schools is an **effective way** of **persuading** the hungriest children to show up. The lure of a bowl of maize porridge can **cause** enrolment in poor districts to vault overnight, and the extra calories **make** it **easier** to learn.

단어
exclusive 독점적인, 배타적인
breastfeeding 모유 수유
hand out 나누어 주다, 배포하다
show up 나타나다, 눈에 띄다
lure 유혹, 매력, 미끼
maize 옥수수
porridge 포리지(귀리에 우유나 물을 부어 걸쭉하게 죽처럼 끓인 음식)
vault overnight 하룻밤을 무사하게 보내다

5 *Micronutrients are **also** important.* Some 2 billion people consume too little iodine, tiny doses of which are essential for a healthy brain. The **solution**—iodising salt—costs practically nothing. Fortifying flour with iron can prevent anaemia. Providing the poor with extra vitamin A (a lack of which can blind or even kill) is **especially** cost-effective. By one estimate, vitamin-A supplements could be given to pre-school children in need for as little as $1 per child, yielding vastly **greater** benefits in improved health and productivity.

단어
micronutrient 미량 영양소
iodine 요오드, 옥소
fortify 영양가를 높이다, 강화하다
anaemia 빈혈
cost-effective 비용 효율이 높은
supplement 보충제
yield 생산하다, 산출하다
vastly 대단히, 엄청나게

4 진술방식 　 인과 CAUSE&EFFECT 　 예시 EXAMPLE 　 열거 LISTING

Key Point encourage exclusive breastfeeding을 직역하면 '독점적인 수유를 권장하다'라는 뜻인데, 한국어에서는 보통 형용사를 부사로 해석하는 게 자연스럽다. 그래서 '어머니가 따로 모유 수유할 것을 권하다'라고 해석하는 게 자연스럽다. 영어는 명사를 중심으로 발달한 언어이기 때문에 동사 역시 동명사로 활용하여 이를 형용사로 수식하는 것이다. 본래의 의미는 동사와 부사의 결합으로 보는 게 적절하다. 본문에서 나오는 최상급의 표현 the hungriest children은 '매우 배가 고픈'이라는 뜻으로 해석하는 게 적절하다. 최상급이 '매우', '너무도'라는 뜻을 가질 수 있다는 것을 꼭 염두에 두자.

Focused Reading 아이들에게 무료 급식을 하는 게 효율적인 유인책이 될 수 있다는 설명이다. 옥수수 포리지를 학교에서 급식하게 되면 학교에 등록되어 있는 학생들이 하룻밤을 무사하게 보내게 되고 vault overnight 남은 칼로리를 통해서 공부에 매진한다는 것이다. 공부하는 것을 통해서 지적 능력이 해결되고 나아가서 가난 문제가 해결될 수 있는 생산성 향상의 단초가 된다는 것을 의미한다.

 출산 후, 특히 현지의 물 상태가 더러운 경우, 산모가 아이에게 각별히 신경 써서 모유 수유를 하는 것이 최상책이다. 학교에서 무료 급식을 하는 것은 너무도 배고픈 아이들을 학교에 나오게 만드는 효과적인 방법이다. 옥수수 포리지를 학교에서 배급하게 된다면 빈곤 지역 내 학생들이 하룻밤을 무사히 보내고, 남은 여분의 칼로리로 학업에 더 집중할 수 있을 것이다.

5 진술방식 　 인과 CAUSE&EFFECT 　 예시 EXAMPLE 　 열거 LISTING

Key Point 본문의 조동사 can, could를 통해서 예측, 추측의 확실성의 차이에 대해 분명하게 알아 두어야 한다. 조동사의 과거형은 과거를 나타내기도 하지만, 인식상의 거리감을 통해서 추측의 정도가 불확실함을 나타낸다. 앞서 설명한 철분 함유 강화 소맥분이 빈혈을 방지할 수 있다는 것은 이론적인 가능성이다. 반면에 어느 한 추산을 통해서 알 수 있다는 부분에서 could를 사용함으로써 확실성의 정도를 낮췄다는 것을 알 수 있다. as little as는 직역 '…만큼이나 적은'에서 '겨우', '고작'이라는 뜻이 되었다. 즉, no more than, only의 뜻이다. as much as는 '…만큼이나 많은'이라는 뜻이다. 모두 양을 나타내는 표현이다. 수를 나타낼 때는 as few as, as many as를 사용한다. improved health and productivity는 '개선된 건강과 생산성'이라고 해석할 것이 아니라 '건강과 생산성이 개선되다'라는 의미의 주술관계로 받아들여야 한다. 영어에서는 주술관계를 형용사의 수식 관계로 표현할 수 있다는 것을 유념하자.

Focused Reading 미량 영양소 또한 관심 대상이 되어야 한다는 것이다. 특히나 가난한 미취학 아동들에게 비타민A를 보충해 주는 것이 건강과 생산성을 개선하는 데 있어서 엄청난 효과를 거둘 수 있다고 한다.

미량 영양소 또한 중요하다. 대략 2억여 명의 사람들이 뇌의 건강을 위해서 필요한 영양소인 요오드를 적은 양을 섭취해야 하는데 문제는 너무 적게 섭취하는 것에 있다. 요오드 첨가 식염을 제공하는 것과 같은 해결책은 비용이 거의 들지 않는다. 철분 함유 강화 소맥분은 빈혈을 예방할 수 있다. 부족하면 실명을 야기하거나 죽음을 초래할 수도 있는 비타민A를 가난한 사람들에게 추가적으로 제공하는 것은 특히 비용 대비 효율적이다. 한 추정치에 따르면 비타민A 보충제가 가난한 가정 내 미취학 아이 한 명에게 고작 1달러에 해당하는 양만큼만 제공되어도 그 아이의 건강과 생산성이 개선되면서 엄청난 수준의 혜택을 만들어낸다.

6 *In the long term, it would be* **better** *if everyone enjoyed such a varied diet that there was no need for pills or handouts.* **Since** most poor people are farmers, that means that agricultural yields **need to** rise. Technology can help. The green revolution of the 1960s and 70s filled millions of Asian bellies, but has been **much less** successful in Africa, **largely because** the high-yield crops that **fuelled** it (mainly new strains of rice and wheat) are **less** widely planted there. The **newer** technology of genetic modification shows promise—scientists are starting to create crops that are **more** pest-resistant and nutritious. But it is early days, and scaremongering by western green activists **has discouraged** investment in such valuable research.

in the long term 장기적으로	
handout 인쇄물, 유인물	
agricultural yield 농업의 수확률	
revolution 혁명	
fuel 부채질하다, 가속화하다, 선동하다	
genetic modification 유전자 변형	
pest-resistant 해충에 강한	
scaremongering 유언비어	

7 In the **even longer** term, secure property rights, accessible to all, would give farmers both the confidence and the collateral that would **allow** them **to** invest in their land. Very few hungry people currently have formal title to the soil they till. *Giving them title deeds would be a smart* **move**, *and might* **make** *their children smarter as well*.

secure 보증된, 확보한, 안심되는, 걱정 없는
property right 재산권
accessible to …에 접근이 쉬운
collateral 담보물
deed 행동, 행위
move 시도, 조치, 처지, 수단

결론에서는 장기적 관점의 해결책을 제시하고 있다. 기술 발전을 통한 농산물 수확량의 향상이라든지 토지 소유권을 보장함으로써 농사를 하는 데 있어서 자부심을 가지게 하고 자연스럽게 자녀들의 문제 또한 해결하자는 정책적인 묘수를 제시하고 있다.

6 진술방식 인과 CAUSE&EFFECT 예시 EXAMPLE 열거 LISTING 대조 CONTRAST

Key Point 가정법과거 용법 중에서 대안이 가지는 잠재적 결과를 표현하는 용법이 있다. 이를 통해 고려하고 있는 가능성에 대한 거리감을 표현함으로써 대안적인 사건에 수반되는 잠재적인 결과를 논할 수 있다. 본문에서 쓰이는 현재진행시제의 경우 최근의 변화를 나타낸다는 것을 알 수 있다. 맨 마지막 문장에서 쓰인 현재완료시제의 경우 진술되는 내용이 현재에 영향을 끼치고 있음을 표현하고 있다는 것을 유념하자.

Focused Reading 유전자 변형 기술로 병충해에 강하고 영양이 많은 작물을 개발함으로써, 약이나 유인물로 교육을 하지 않더라도 장기적으로 영양실조 문제를 해결할 수 있다고 한다. 기술 발전을 통해서 작물을 널리 재배하자는 논의 역시 기아와 영양실조 문제를 대비한 지역적인 영향력을 다룬 것과 유사한 관점이라고 할 수 있다. 기술 발전을 통해서 단기적으로 개인 혹은 단체의 투약이나 교육을 통해 개선하는 것이 아니라 장기적이고 광범위하게 문제를 해결하자는 것이 훌륭한 관점이라고 할 수 있다.

해석 장기적으로 볼 때, 만약 모든 사람들이 약이나 정부의 지원금 없이 앞서 언급한 식단을 누리게 된다면 훨씬 좋은 일일 것이다. 대부분의 가난한 사람들은 농부이고 그렇기 때문에 농업 생산량이 증대될 필요가 있다는 것을 의미한다. 여기에 기술력이 도움이 될 수 있다. 1960년대와 70년대의 농업혁명은 아시아인들의 굶주린 배를 채워 주었지만, 아프리카에서는 성공이 아직 광범위하게 이루어지지 않았다. 주된 이유는, 주로 쌀과 밀의 신품종의 등장으로 농업혁명이 가능해지면서 생산량이 이전보다 매우 많아진 것은 사실이지만 현지에서 널리 재배되고 있지 않기 때문이다. 유전자 변형 관련 신기술이 희망적이다. 과학자들은 병충해에 더 저항력을 가지고 더 영양가 높은 곡식을 만들기 시작했다. 그러나 아직 초기 단계에 불과하다. 그리고 서구의 환경운동가들의 유언비어가 한몫을 해서 이러한 가치있는 연구에 대한 투자가 왕성하게 이루어지지 않고 있다.

7 진술방식 인과 CAUSE&EFFECT 예시 EXAMPLE 열거 LISTING

Key Point 조동사 would가 일관되게 쓰인 이유는 재산권을 보장하는 것secure property rights이 가지는 잠재적 결과를 제시하기 위해서이다. 조동사 might가 쓰인 것 역시 조동사 중에서 가장 확실성의 정도가 떨어지는 조동사이기 때문에 그렇다. 문맥상 토지 재산권을 확보하는 것이 어려운 것처럼, 아이들의 지적 능력을 향상시키는 것 또한 어려운 문제임을 나타내고 있다. In the even longer term은 대조가 아니라 앞 단락에 이은 열거의 신호어로 보아야 한다.

Focused Reading 극빈자들이 자신들이 경작하는 토지에 대해서 공식적인 재산 소유권을 가지는 경우가 거의 없기 때문에, 토지 재산권을 부여하여 자신감을 얻게 하고 안정된 토지 재산권 인정을 통해서 담보를 제공하여 소유 토지에 재투자를 하도록 유도하자는 것이다. collateral의 의미는 자칫 '자신감을 확보하여 부수적으로 얻을 수 있는 이익'이라는 것으로 오인할 수 있지만 문맥상 정책의 실행이라는 구체적 관점에서 볼 때 '담보 제공을 통한 재투자'로 보는 게 맞다.

해석 더 장기적으로 보면, 만약 농부들 모두에게 접근 가능한 재산권을 보장한다면 농부들은 자신감을 얻을 수 있고, 또한 담보를 제공하여 그들의 소유지에 투자를 하게 될 것이다. 배고픈 농부들의 아주 극소수만이 현재 그들이 경작하는 땅에 대한 공식적인 재산권을 소지하고 있다. 그들에게 재산권을 확보해 주는 것은 현명한 대처가 될 뿐만 아니라 그들의 아이들을 더 영리하게 만드는 힘이 될 것이다.

LOGIC ANALYSIS

▶ 문제 상황 ⇨ 원인 분석 ⇨ 대안 평가 ⇨ 최적 대안

문제 상황 (EFFECT)	전 세계적으로 영양실조의 문제가 심각하다.
원인 분석 (CAUSE)	가난의 근본적인 원인은 영양실조로 말미암은 지적 능력의 상대적 감소로 인한 생산성 저하이다. 이러한 영양실조와 생산성이 상호 원인과 결과가 되고 있다.
기존 대안 (EXISTING ALTERNATIVE)	N/A (기존 대안에 대한 비판의 글이 아님)
대안 평가 (EVALUATION)	N/A (대안이 없으므로 대안 평가 없이 최적 대안이 바로 제시되고 있음)
최적 대안 (OPTIMIZED ALTERNATIVE)	❶ 출산 전과 생후 2년 동안 적극적으로 아이의 건강을 위해서 개입한다. ❷ 지역적으로 안정적인 급수가 안 될 경우 모유 수유를 장려한다. ❸ 무료 급식을 제공하는 것을 통해서 학교에 출석하게 하고 여분의 칼로리로 공부에 집중하게 한다. ❹ 미량 영양소를 제공한다. ❺ 장기적 관점에서 기술 발전을 통해서 농업 생산량을 향상시켜 더 많은 사람들이 이점을 누리도록 한다. ❻ 토지 소유권을 제공하여 자신감을 고취시키고 담보를 제공하여 소유 토지에 재투자를 유도한다. 장기적으로 수확을 통해 자녀들에게 영양을 공급하고 지적 능력을 향상시키도록 한다.

STATEMENT ANALYSIS

무엇이 사실인가? (FACTUAL)	영양실조는 가난의 원인이자 결과이다. 가난하기 때문에 영양실조에 허덕이고, 이로 인해서 지적 능력이 떨어지고, 또 이로 인해서 생산성이 떨어져 더 가난해지는 악순환이 일어난다. Malnourishment is thus both a cause and a consequence of poverty.
어디에 가치가 있는가? (EVALUATION)	영양 부족으로 인해서 더 비생산적으로 되기 때문에 배고픔의 문제를 선결 과제로 삼지 않고서는 가난 문제를 해결할 수 있는 나라를 상상하기가 어렵다. Given how unproductive this will make them, it is hard to imagine such countries defeating poverty unless they first defeat hunger.
어떻게 해야 하는가? (DOS AND DON'TS)	단일한 해결책으로는 가난 문제를 해결하기 어렵기 때문에 다양한 해결책을 강구하여 이를 동시에 집행하여야 한다. There is no single way to do this, but there are several approaches that help, and can be used in parallel.

Young, gifted and blocked

대학교는 이른바 스펙(spec)을 양성하는 직업 예비 훈련소가 된 지 오래이다. 스펙의 본래의 뜻은 '제품이 지니는 특징'이다. 그런데 이 말이 마치 한 사람의 자격을 나타내는 것처럼 변질되어 사용되고 있다. 국립국어원 신어 자료집에 스펙이 '취업을 위한 학력, 학점, 공인 외국어 점수 따위를 아울러 이르는 말'이라고 기재되어 있으니, 스펙은 이제 외래어가 아니라 한국어처럼 친숙하게 느껴지는 것이 아니러니하다. 회사에 취업하기 위해서 대학교는 예비 취업 학교의 역할을 하는 것이 고작이다. 인문학의 위기라고 외치고 있지만, 이 사회가 인문학을 질식시키고 있는 것이다.

- Korea needs fewer wage slaves and more entrepreneurs

  부제 도전적인 창업을 통해서 청년 정신을 실현하기보다는 안정을 추구하는 무사안일주의를 비판하는 논조이다. 직업의 안정성과 기업가 정신은 서로 상충하는 것이라서 양시양비론으로 논의를 전개하는 것은 애초에 불가능하다. 따라서 논리적인 설득력을 더하기 위해서는 당위성을 나타내는 진술에 앞서 주장을 하기 위한 가치 판단이 제시되어야 한다.

【부제를 통한 예상 논점 정리】

1. 봉급에 얽매이는 형태는 어떻게 드러나고 있는가. (현상 설명)
2. 안정적인 직장을 선호하게 된 원인은 무엇인가. (원인 규명)
3. 청년의 기업가 정신을 저해하는 요소는 무엇인가. (원인 규명)
4. 기업가 정신을 강화하기 위한 해결 방안은 무엇인가. (해결 방안)

Young, gifted and blocked

BEGINNING

1 EARLIER this year Humax, a maker of digital set-top boxes based in Seoul, announced that its annual revenues had exceeded 1 trillion won ($865m) for the first time. For South Korea, this is something of a milestone. Humax is a classic start-up, founded in 1989 after a chat between engineering students in a bar. *Alas, scandalously few Korean start-ups grow this big.* 【대조】

단어 revenue 수익, 수입, 세입, 수입원　exceed 넘다, 초과하다, 초월하다　for the first time 처음으로
something of 대단한, 상당한　milestone 이정표, 획기적인 사건　start-up 벤처기업, 신생 기업
alas 아아, 슬프다! (슬픔, 비애, 유감, 통탄, 후회 등을 나타내는 감탄사)
scandalously 면목 없게, 불명예스럽게, 괘씸할 정도로

서론에서는 휴맥스의 성공을 소개하면서 한국에서는 벤처기업을 좀처럼 찾아보기 힘들다는 문제 제기를 하고 있다. 휴맥스의 성공을 획기적인 사건으로 규정하면서 자연스럽게 벤처 정신이 실종되었다는 논의로 이어지게 하고 있다.

 | 진술방식 | 대조 CONTRAST | 예시 EXAMPLE

Key Point
본문에서 과거완료가 쓰인 것은 시간적으로 발표한 시점과 차이가 나기 때문이다. for South Korea에서 for는 주제구문으로서 '한국으로 말할 것 같으면' 정도의 의미이다. 비슷한 표현으로는 speaking of, as for, as far as … is concerned가 있다. something of는 어떤 자질, 특질을 '상당히 가지고 있는'이라는 뜻이다. 유사한 발상으로 enough of, much of, nothing of 등이 있다. 영어의 독특한 표현 중 하나는 명사를 직접적으로 부정해서 서술어의 부정을 꾀하는 형용사의 부정구문이다. few, little, no, nothing, none 등의 표현을 통해서 명사를 부정하는 구조를 잘 익혀 두어야 한다.

Focused Reading
한국의 벤처기업 사례로 휴맥스를 꼽고 있다. 휴맥스의 놀라운 성공은 획기적인 사건이라고 하면서 논의의 무게 중심을 뒤로 쏠리게 만들고 있다. 하지만 휴맥스 정도로 성장한 벤처기업의 유례는 찾아볼 수 없다고 하면서 벤처기업의 부재에 대한 문제점을 자연스럽게 제시하고 있다.

해석 올해 초 디지털 셋탑 박스 제조업체인 휴맥스는 지난해 최초로 매출액이 1조원(8억 6500만 달러)을 넘었다고 발표했다. 한국에서 신생 기업이 매출 1조원을 달성한 것은 획기적인 사건이다. 휴맥스는 전형적인 신생 기업으로 1989년 공과대학 학생들이 술집에서 이야기를 하다가 창업한 기업이다. 그러나 불행히도 이 정도의 규모로 성장한 한국 벤처기업은 거의 전무한 실정이다.

Few are those who see with their own eyes and feel with their own hearts.

자기자신의 눈으로 보고, 자기자신의 가슴으로 느끼는 사람은 거의 없다. –앨버트 아인슈타인

 **MIDDLE**

2 *The Korean economy **is dominated by** the chaebol, huge conglomerates with tentacles in every stew.* The biggest, Samsung, accounts for around a fifth of the country's exports. **Although** the chaebol **have played a vital role in** South Korea's development, they **also** suck up credit and **obstruct** the rise of start-ups. "Everyone knows you don't compete with the chaebol" is a commonly heard refrain.

단어
dominate 지배하다, 좌우하다, 우세하다
conglomerates 복합기업, 대기업, 집합체
tentacle 거대 집단, (시스템 등의) 촉수, 영향력
account for 차지하다, 상당하다
vital 주요한, 핵심적인
suck up 빨아들이다, 흡입하다
obstruct 방해하다, 가로막다
refrain 자주 반복되는 말, 후렴구, 반복

3 *Parents of bright young Koreans typically steer them into steady careers in the chaebol, the government or the professions.* **As in** Japan, being a salaryman (or woman) is **far more** respectable **than** running one's own firm. "In Korea, stability is everything," says one such parent.

단어
typically 전형적으로
steady 안정적인
respectable 존경할 만한

본론에서는 창업보다 안정적인 직장을 선호하는 배경, 해외 벤처 사업가들의 유입을 통한 한국 내에서의 벤처기업 증가, 젊은이들의 창업을 독려하는 프로젝트 등을 다루고 있다. 전체적으로 벤처 창업을 하는 데 있어서 장애 요소는 거의 없다는 것을 제시함으로써 결국에는 결론 부분에서 젊은이들이 기업가 정신이 없는 이유를 역설적으로 보여주게 된다. 젊은이들의 실업, 벤처 창업과 관련한 오늘날 대한민국의 분위기를 다각도로 다루고 있다.

② 진술방식   인과 CAUSE&EFFECT   대조 CONTRAST   예시 EXAMPLE   열거 LISTING

Key Point
영어에서는 광의의 신호어를 파악하는 독해 능력이 매우 중요하다. 힘의 관계를 나타내는 **dominate**, **obstruct** 등이 힘의 작용과 반작용을 나타내는 표현이므로 광의의 인과관계의 신호어로 보는 게 적절하다. 중요한 역할을 한다는 것 have played a vital role in 역시 인과관계로 봐야 할 것이다. 영어에서는 접속사로 글이 이어지는 경우도 흔하지만, 문장 안에서 문장 간에 긴밀한 관계를 통해서 논리 관계가 이어지는 상황이 훨씬 빈번하기 때문에, 문장 간 관계를 통해 단락별로 사고 단위를 확장하는 개념적인 독해를 하는 것이 굉장히 중요하다.

Focused Reading
재벌의 역할에 대한 논의를 통해서 재벌의 순기능과 역기능을 제시하고 있다. 재벌이 한국 경제에서 큰 역할을 담당한 것이 사실이라고 하지만 주의해서 읽어야 할 것은 재벌을 칭찬하고 있지 않다는 점이다. 즉, 재벌의 역할에 대해서 제기할 예상되는 반박을 잠재우는 부분이다. 이 글에서 핵심적으로 논의되는 것은 재벌이 기업 대출을 독식하고 신생 기업이 성장하는 데 걸림돌이 된다는 것이다. 젊은이들의 재능이 낭비되고 있는 현실에 대해서 논증해야 하므로, 대한민국 자본주의 사회의 상징이라고 할 수 있는 재벌을 언급하는 것은 핵심 논증을 하기 위한 지렛대 역할을 한다고 볼 수 있다. 또한 독자가 제기할 수 있는 예상되는 반박을 글의 전반부에서 빠르게 해소하는 기능을 하고 있다.

해석 한국 경제는 재벌이라고 불리는 대기업에 의해서 지배되고 있다. 이 재벌은 모든 분야에 문어발처럼 진출해 있다. 재벌 중 가장 규모가 큰 삼성은 한국 수출의 20%를 차지하고 있다. 재벌이 한국 경제 성장에 중요한 역할을 담당한 것은 사실이지만, 기업 대출을 독차지하고 신생 기업들의 성장을 저해한 것도 사실이다. 재벌과 경쟁이 되지 않는다는 것을 모두가 알고 있다는 것은 한국에서 흔히 들을 수 있는 말이다.

③ 진술방식   예시 EXAMPLE   대조 CONTRAST

Key Point
as in의 경우 주제구문 as for의 변형 형태로 볼 수 있다. 장소적 의미가 강조되기 때문에 전치사 in으로 바꾸어서 사용되고 있다. 논증의 강화를 위해서 주제구문이 쓰인 점에 유의하자. such가 쓰인 것은 총명한 자녀들에게 안정적인 직장 생활을 원하는 '바로 그러한' 부모이기 때문이다.

Focused Reading
벤처 정신과 대비되는 것은 보수적인 안정주의, 혹은 현실에 대한 순응일 것이다. 그것을 안정 제일주의로 제시하고 있는 점이 흥미롭다. 본문에서 **steady**, **stability**가 쓰인 점에 주목해야 한다. 부모님의 기대에 부응하기 위해 현실에 안주하게 됨으로써, 오히려 이른바 헝그리정신을 잃게 되어 젊음이 낭비되는 아이러니한 현실을 지적하고 있는 부분이다.

해석 총명한 한국 젊은이들의 부모들은 자녀들이 안정된 직장을 갖기를 원하고 있다. 즉 재벌 기업에 취업하거나 정부 기관 또는 전문직에 종사하기를 바라고 있다. 일본에서도 샐러리맨(우먼)이 되는 것이 개인 사업을 운영하는 것보다 훨씬 더 인정받는다. 한 부모의 말에 의하면 "한국에서는 안정이 제일이다"라고 한다.

4 Widespread youth unemployment is changing that calculation, **however**. An impressive 58% of Koreans aged 25-34 have attended university, **but** 346,000 graduates are currently out of work, up from 268,000 two years ago. Some become entrepreneurs out of necessity: almost 30,000 young South Koreans say they want to launch their own companies, one survey found. **And** according to the government, the number of "one-man creative enterprises" in the country has risen by 15% in the past year, to 235,000.

widespread 널리 퍼진
entrepreneur 사업가, 기업가
launch 시작하다, 착수하다

5 *Young entrepreneurs often favour tech fields* **such as** *social media or gaming, where the only barrier to entry is the power of your imagination.* Challenging the chaebol at, **say**, shipbuilding, might be trickier. The previous wave of young entrepreneurs—a **result** of the first internet boom, and the unemployment that followed the 1997-98 Asian financial crisis—threw up fizzy firms such as NHN, the operator of Naver (the "Korean Google"), and NCsoft, a maker of multiplayer online role-playing games. Each was once tiny **but now** belongs to the trillion-won club.

fizzy 거품이 나는, 거품의
tiny 작은

| 4 진술방식 | 예시 EXAMPLE | 대조 CONTRAST | 열거 LISTING |

Key Point 청년 실업 문제가 광범위해지면서 안정적인 직장을 선호하는 경향이 어쩔 수 없이 바뀌고 있다는 것을 보여주기 위해서 현재진행시제를 사용하고 있다. out of necessity는 해석을 잘 해야 하는데, out of는 보통 부정적인 의미로 쓰이기도 하고 출처의 의미로 쓰이기도 한다. 여기서는 '필요에 의해서'라는 출처의 의미이다. 전치사는 한국어에서 발견되지 않는 독특한 품사인 데다가 명사와 결합해서 형용사구나 부사구를 만들기 때문에 잘 학습해 두어야 한다. 영어에서는 동사 외에 모든 품사가 실질적으로 서술어적 기능을 할 수 있기 때문에 발상 자체가 한국어와는 전혀 다르다는 것을 알아야 한다.

Focused Reading 청년 실업 문제가 심각하게 대두되고 있고 모든 이들이 취업을 할 수 없으므로 안정적인 직장을 추구하는 것의 현실적인 어려움을 소개하고 있다. 그리고 일부 젊은이들은 필요에 의해서 창업을 한다는 점도 주목할 점이라고 소개하고 있다. 본문에서 that calculation이라고 한 부분을 유념해야 한다. 지시형용사를 통해서 앞에서 언급된 내용을 논리적으로 긴밀하게 연결하는 동시에 그러한 계산이 잘못된 판단이라는 논지를 자연스럽게 펼치고 있다.

해석 그러나 만연된 청년 실업은 추세를 바꾸고 있다. 한국의 25세에서 34세 인구 중에서 58%가 대졸 학력을 가졌지만 이들 중 346,000명이 직업을 찾지 못하고 있다. 이 규모는 2년 전 268,000명에 비해 크게 늘어난 수치이다. 따라서 이들 청년 실업 계층 중 일부는 어쩔 수 없이 자신의 사업을 시작하게 된다. 한 설문조사에 의하면 약 30,000명의 한국의 청년들이 자신의 사업을 시작하고 싶다고 밝힌 것으로 조사되었다. 정부 통계에 의하면 1인 사업장이 지난해에 비해 15% 증가하여 235,000으로 집계되고 있다.

| 5 진술방식 | 예시 EXAMPLE | 인과 CAUSE&EFFECT | 대조 CONTRAST |

Key Point 전치사 to는 대상 간의 연결 관계를 보여주는 가장 전형적인 전치사이다. barrier to entry처럼 전치사 to와 결합하는 명사로는 solution, answer, key, road, avenue 등이 있다. 모두 연결과 관련된 명사가 결합된다는 것을 알 수 있다. might가 쓰인 것은 재벌에 도전한다는 것 자체가 무척이나 어려운 일이기 때문에 희박한 가능성을 나타내기 위함이다.

Focused Reading 소셜미디어, 게임 등의 IT 분야에서 창업이 활성화되고 있는 이유는 상상력의 발휘가 유일한 진입 장벽이기 때문에 비교적 창업이 자유롭다는 설명이다. 즉, 상상력 발휘, 창의성 실현이 IT 분야 창업의 필요충분조건이라는 것을 유추해 볼 수 있다. 다시 말하면 우선 상상력의 힘이 없다면 창업할 수 없다, 즉 상상력의 힘이 창업하는 데 필요하다(필요조건), 그리고 상상력의 힘이 있으면 창업하는 데 충분하다(충분조건)는 의미로 받아들일 수 있다. 필요조건, 충분조건이라는 말은 일상어로는 쓰이지 않지만, 논리 전개에 있어서 논지의 강화, 주장의 선명함을 위해서 꼭 등장하는 개념이니 잘 익혀 두어야 한다. 이해를 돕기 위해 첨언하면 필요조건은 결여, 결핍조건이라고 생각하면 이해하기가 쉽다. 충분조건은 굳이 논리적으로 생각하지 않더라도 이해하기가 용이하나 필요조건은 필요라는 개념이 막연하므로 결여, 결핍, 부족으로 기억하는 것이 좋다.

해석 젊은 창업가들이 선호하는 분야는 소셜미디어 또는 게임 산업과 같은 IT분야이다. 이 분야는 상상력의 힘만이 유일한 진입 장벽이다. 예를 들면 재벌을 상대로 조선업에 도전하는 것은 훨씬 더 까다로운 일일 것이다. 첫 번째 인터넷 붐과 더불어서 1997~98년의 외환위기로 인한 실업 사태로 말미암아 벤처 창업 붐이 일어나면서 이로 인해 많은 신생 기업들이 탄생했다. 이들 기업들 중에는 네이버(한국의 구글)를 소유한 NHN 온라인과 게임 개발업체인 엔씨소프트 등이 포함되어 있으며 그 당시에는 소규모로 시작하였으나 지금은 매출 1조원 클럽에 들어가 있다.

6 *These new entrepreneurs are being joined by a growing band of foreigners, including ethnic Koreans from Western countries.* Californian Koreans see no stigma in starting your own business. And they see South Korea, where the economy grew by 6.2% last year, as a land of opportunity compared with sluggish America. The country issues about 35,000 investor visas a year, mostly to small-scale entrepreneurs. The Seoul Metropolitan Government's Global Centre has recently been swamped by expats seeking to attend its classes on Korean business procedures and regulations.

ethnic 민족의
stigma 낙인, 평판
sluggish 느리게 움직이는, 부진한

7 The city has also launched a "Youth 1,000 CEO Project", to provide young entrepreneurs with free office space and grants of up to 1m won per month. South Korea's President Lee Myung-bak grumbles that Korea has no Mark Zuckerberg (the baby-faced founder of Facebook).

grumble 투덜거리다, 툴툴거리다

In a world that's changing really quickly,
the only strategy that is guaranteed to fail is not taking risks.
정말 빠르게 급변하는 세계에서 실패가 보장된 유일한 전략은 위험을 감수하지 않는 것이다. ―마크 주커버그

6 진술방식 예시 EXAMPLE 열거 LISTING

Key Point 현재진행시제는 변화, 발달, 추세 등을 나타낸다는 것을 기억하자. 보통 현재완료시제는 과거시제와 많이 쓰이지만, 현재진행시제와도 함께 사용된다. 현재진행시제가 진행상이 가지는 잠정적, 일시적, 임시적인 느낌을 반영한다면, 현재완료시제는 완료상이 가지는 확정적인 느낌이 반영되기 때문에 대비되어 쓰인다.

Focused Reading 앞서 이야기했던 논의를 확장시키고 있다. 상상력을 발휘할 수 있다면 얼마든지 창업할 수 있다는 논지를 강화하기 위해서 외국 투자의 증가 현황을 제시하고 있다. 한국 내에서는 안정적인 것을 추구하는 분위기가 있을지라도 이른바 외국물을 먹은 사람들은 한국 투자에 전혀 반감이 없다는 것이다. 예전에는 미국을 기회의 땅이라고 생각했지만 지금은 한국을 기회의 땅으로 여긴다는 소개가 흥미롭다.

해석 이 신생 사업가들에 서구 출신의 한국교포를 포함한 외국인들이 집단으로 가세하고 있는 중이다. 캘리포니아의 한국인들은 창업을 하는 것에 있어서 전혀 주저함이 없다. 한국교포들은 경기가 지지부진한 미국보다 지난해 6.2% 성장한 한국을 기회의 땅으로 생각하고 있다. 한국은 매년 35,000건의 투자비자를 발급하고 있는데 이는 대부분 소규모 기업의 사업가들이다. 서울시 글로벌센터에서 개최하는 한국에서의 창업을 위한 절차와 규정에 관한 교육과정에 많은 외국인 거주자들이 모여들고 있다.

7 진술방식 열거 LISTING 예시 EXAMPLE

Key Point 명사를 직접 부정하는 방식 has no Mark Zuckerberg에 익숙해질 필요가 있다. 이러한 부정형용사로는 little, few, no 등이 대표적이다. 부정대명사로는 none, nothing, little, few 등이 있다.

Focused Reading 주제문이 전면에 등장하지 않은 이유는 앞서 논의한 서울시 정책에 대한 논의를 이어가기 때문이다. 청년 창업자들을 양성하기 위한 서울시의 정책을 소개하고 있기 때문에 앞 단락에서 언급된 내용과 이어지고 있다는 것을 쉽게 알 수 있다. 이 단락은 앞 단락의 논지를 강화하는 예시 단락으로 기능하고 있어서 주제문을 확정하지 않아도 된다. 그래서 주 진술방식을 열거로 제시한 것이다. 영어 독해를 할 때 꼭 주제문이 매 단락에 등장한다는 편견을 버려야 한다. 아무리 읽어도 무슨 내용인지 모를 때는 이미 주제의식이 제시되었는데도 파악하지 못해서인 경우가 많다. 특히 주장을 하거나 논지를 전개하기 위해 뒷받침하는 사실을 제시하는 경우 주제의식은 그 단락에서 등장하는 경우도 있지만 이 단락처럼 앞 단락이나 뒤 단락에 이어지거나 전면에 등장하지 않고 숨어 있는 경우가 일반적이다.

해석 서울시는 "청년 창업 1,000 프로젝트"도 추진하고 있으며, 이 프로젝트를 통해 젊은 사업가들에게 사무실을 무상으로 제공하고 월 100만 원의 지원금을 제공하고 있다. 한국의 이명박 대통령은 한국에는 페이스북의 창업자 마크 주커버그와 같은 젊은 사람이 없는 것을 불평한다.

8 The problem, **though**, is **not** young Koreans, who are both bright and energetic. **Nor** is it business-throttling regulations: South Korea does **better** on that score **than** Japan or Taiwan, says the World Bank. *The real obstacle to enterprise is a society that urges its best young minds to aim low.*

단어
obstacle 장애, 걸림돌
aim 목표를 정하다, 목표로 삼다

결론에서는 지금까지의 논의를 요약하며 정리하고 있다. 한국에서 능력 있는 젊은이들의 앞길이 막혀 있는 것은 젊은이 스스로의 문제 혹은 국가나 기업의 문제가 아니라 목표를 낮게 설정하도록 유도하는 사회적인 분위기의 문제라고 지적하면서 마무리하고 있다.

8 진술방식 　 대조 CONTRAST　 인과 CAUSE&EFFECT　 열거 LISTING

Key Point　전치사 on에 판단에 대한 근거의 의미가 있으니 유의하자. a society에서 주목해야 할 것은 원래 society는 불가산명사라는 것이다. 여기서 society는 사회가 가지는 여러 양상 중 하나를 구체화해서 언급하기 위해 부정관사와 함께 쓰였다. 즉 '어떠한 사회'라는 특성이 문맥상 부여가 되기 때문에 a society가 쓰인 것이다. 관사는 구체성이라는 개념을 두고 생각해야 정확한 접근이 가능하다 '여럿 중 하나'라는 것이 부정관사의 개념이다.

Focused Reading　맨 마지막에서 이 글의 무게 중심이 뒤로 완전히 쏠려서 넘어가는 것을 알아야 한다. 지금까지 논의했던 내용을 요약하면서 문제는 총명하고 에너지 넘치는 젊은 청년이나 기업을 옥죄는 정부의 규제, 기업 환경이 아니라고 강조하며 진정한 의미의 장애 요소를 제시하고 있다. 이는 젊은이들의 상상력을 발휘할 수 없는 사회 구조적인 문제라는 것이다. 사회적인 맥락에서 재능 있는 젊은이들이 목표 수준이 낮아지는 것, 즉 상상력을 제대로 펼치지 못하고 앞길이 막힌 채 낭비되고 있다는 게 이 글의 핵심이다. 청년들의 스펙 부족이나 정부 규제 문제는 표면적으로 드러나는 문제이고, 문제의 핵심은 청년들의 상상력을 저해하는 대한민국 사회 분위기라는 것을 역설하고 있다는 점에 유념해야 한다.

해석 그러나 문제는 총명하고 의욕이 넘치는 한국의 젊은이들에게 있는 것이 아니다. 또한 기업을 옥죄이는 규제가 문제의 원인인 것도 아니다. 세계은행에 따르면 한국은 일본이나 대만에 비해 규제 수준이 훨씬 낮은 것으로 보고되고 있다. 청년 창업의 장애 요인은 젊은이들이 목표를 낮게 설정하도록 몰아가는 사회의 분위기이다.

Trust your own instinct. Your mistakes might as well be your own instead of someone eles's.

자신의 본능을 믿어라. 실수도 남의 실수보다는 자신이 한 실수가 낫다. −빌리 와일더

LOGIC ANALYSIS

▶ 문제 상황 ⇨ 원인 분석 ⇨ 대안 평가 ⇨ 최적 대안

문제 상황 (EFFECT)
한국의 젊은이들은 재능과 젊음을 활용하지 못하고 현실적인 안정을 추구한다.

원인 분석 (CAUSE)
재벌의 독점, 부모의 자식들에 대한 기대 등이 그 이유로 보인다.

기존 대안 (EXISTING ALTERNATIVE)
대기업 취직, 공무원, 전문직 등을 선호하며 안정성을 추구한다.

대안 평가 (EVALUATION)
❶ 청년 실업 문제가 대두되면서 창업이 필요에 의해 선호되고 있다.
❷ 상상력의 발휘가 유일한 진입 장벽인 IT 분야가 각광을 받고 있다.
❸ 외국인 창업가들이 한국에 관심을 보이고 있다.
❹ 서울시는 규제 완화 강좌, 청년 창업 프로젝트 등을 신설하여 청년 창업을 독려하고 있다.

최적 대안 (OPTIMIZED ALTERNATIVE)
젊은이들이나 국가 정책의 문제가 아니라 최고 수준의 젊은이들이 목표를 낮게 잡도록 몰아가는 사회적 분위기가 문제이기 때문에, 사회적 분위기 해결을 위해서 노력해야 한다.

STATEMENT ANALYSIS

무엇이 사실인가? (FACTUAL)
한국에서 창업 정신을 막는 진정한 장애물은 최고의 실력을 갖춘 젊은이들이 목표를 낮게 잡도록 몰아가는 사회적인 분위기이다.

The real obstacle to enterprise is a society that urges its best young minds to aim low.

어디에 가치가 있는가? (EVALUATION)
한국에서는 안정성이 최고의 가치이다.

In Korea, stability is everything.

어떻게 해야 하는가? (DOS AND DON'TS)
한국은 봉급에 얽매인 노예보다 창업하고자 사람들이 필요하다.

Korea needs fewer wage slaves and more entrepreneurs.

New-year irresolution

공자가 '배우고 때때로 익히면 또한 기쁘지 아니한가(학이시습지 불역열호 學而時習之 不亦說乎)'라고 이야기한 것은, 수시로 배우고 습관으로 만들어서 익히는 것이 어렵다는 것을 역설한 것이기도 하다. 아리스토텔레스는 "우리의 반복적인 행동이 바로 우리가 누구인지를 말해 준다. 따라서 중요한 것은 행위가 아니라 습관이다."라고 말했다. 내일은 오늘의 또 다른 모습이다. 우리는 일상 속에서 주어진 하루하루를 소중히 대하여 이를 끈기 있게 이어가야 할 것이다.

- How to combat the natural tendency to procrastinate

  부제 인생은 어찌 보면 언젠가 미룬 숙제를 벼락치기하듯 살아가는 것이 아닐까라는 생각을 하게 된다. 흥미로운 점은, 우리가 결정을 할 때 동기를 깊게 고려하거나 결심을 통해서 성취할 결과를 심도 있게 예측하는 것은 극히 드물며, 실제로는 마음속에 내재되어 있는 신경회로에 의해서 거의 무의식적으로 결정하는 것이 일반적이라는 것이다. 따라서 미루는 경향의 자연스러움, 즉 선천적 특성을 파악하고 이를 어떻게 극복해 가는지에 대해서 소개할 것이라는 것을 이 부제를 통해서 예측해 볼 수 있다.

【부제를 통한 예상 논점 정리】

1. 미룬다는 것을 자연적인 성향이라고 볼 수 있는 이유가 무엇인가. (원인 규명)
2. 미루는 성향을 만들어내는 구체적인 원인이 무엇인가. (원인 규명)
3. 미루는 경향을 해결할 수 있는 방안은 무엇인가. (해결 방안)
4. 미루는 경향을 근절할 수 있는 것인가, 완화할 수 있는 것인가. (타당성 검증, 대안 제시)

New-year irresolution

 **BEGINNING**

1 EACH New Year's Day lots of people make plans to do **more** exercise or give up smoking. **But** by January 2nd many of them have not moved from the sofa or are lighting another cigarette. Such triumphs of optimism over experience are common enough. *But like* other examples of repeated procrastination, they are hard to explain using standard economic models.

단어 **give up** 포기하다　**triumph** 승리, 환희　**optimism** 낙관론, 낙천주의
procrastination 미루는 성향, 지연, 연기

서론에서는 우리가 흔히 겪는 딜레마를 소개하면서 미루는 성향에 대해서 소개하고 있다. 새해에 운동을 하겠다든지 금연을 하겠다든지 하는 결심이 그 다음날 수포로 돌아가는 우리가 흔히 겪는 경험을 도입부에 제시하면서, 이러한 게으름을 경제모델로 설명하려는 시도가 있다고 소개하면서 논의를 시작하고 있다.

 **대조** CONSTRAST   **예시** EXAMPLE   **열거** LISTING

Key Point do more exercise, do exercise more 모두 가능한 표현이지만 영어에서는 명사를 수식하는 형용사를 더 선호하는 경향이 있다. 특히 기본동사 make, have, do, take 등으로 이루어지는 표현은 결합하는 목적어 명사를 형용사로 수식하여 표현한다. (e.g. make a tremendous effort, make a careful choice, do the quick translation) 영어는 명사를 중심으로 형용사, 동사, 전치사가 발달했으며, 형용사, 동사, 전치사는 실질적으로 명사를 주어삼아 서술어 역할을 한다는 것이 영어 문장을 대하는 대원칙이다.

Focused Reading 낙관주의가 승리한다는 것이 바로 미루는 것의 본질임을 보여주고 있다. 다시 말해서 경험, 행동보다 어떤 감정, 기분에 기대게 될 때 결심은 수포로 돌아간다는 것이다. 무언가를 시작할 때 가지는 마음에 일어나는 흥분되는 감정에 기대게 되면 그 감정이 사라질 때 문제가 된다. 즉, 어떤 결심이 감정, 낙관적인 생각과 결합하게 되면 이 감정에 의해서 그 결심은 그 다음날 운동을 하지 않고 소파에서 뒹굴거린다는 것이다. 이러한 낙관주의의 승리를 경제학 표준 모델로 설명하는 데 난점이 있다고 이야기하면서 미루는 성향에 대한 이론적 규명을 시도할 것임을 서론에서 보여주고 있다.

해석 매년 1월 1일 새해 첫날이 되면 많은 사람들이 운동을 더 해야겠다든지, 담배를 끊겠다는 계획을 세운다. 하지만 바로 다음날엔 이러한 계획을 세웠던 사람들 중 다수가 소파에서 꼼짝도 하지 않거나 또다시 담배에 불을 붙이고 만다. 이렇게 굳게 세웠던 계획을 낙관주의가 허물어 버리는 경험들은 주변에서 흔히 겪는 일들이다. 이렇게 자꾸 할 일을 미루는 경향을 보여주는 다른 사례들은 반복적으로 일어나지만, 이러한 현상을 표준 경제모델을 사용하여 설명하기는 어렵다.

I never think of the future.
It comes soon enough.

나는 미래를 미리 생각하지 않는다. 너무 빨리 오니까. –앨버트 아인슈타인

 MIDDLE

2 These models recognise that people prefer to put off unpleasant things until the future **rather than** do them today. Asked on January 1st to pick a date for that first session in the gym, **say**, you may well choose to start in two weeks' time **rather than** tomorrow. **But** the standard models **also** assume that your choices about future actions are "time-consistent"—they do not **depend on** when you are asked to make the choice. By January 14th, in other words, you **should** still be committed to going to the gym the next day. **In the real world**, **however**, you may well choose to delay your start-date again.

단어
recognize 알아보다, 인지하다
put off 취소하다, 연기하다, 미루다
may well 당연하다
assume 추정하다, 생각하다, 추측하다
time-consistent 시간 지속성
in other words 다르게 말하면
be committed to …에 전념하다, 헌신하다
delay 미루다, 늦추다

3 In a 1999 paper on the economics of procrastination, Ted O'Donoghue and Matthew Rabin pointed out that people are often unrealistically optimistic about their own future likelihood of doing things—**such as** exercise or saving—that involve costs at the time they are done, **but** whose benefits lie even further ahead. Mr O'Donoghue and Mr Rabin showed that this sort of behaviour can **be explained** if people are time-inconsistent. "Present-biased" preferences mean that people will always tend to put off unpleasant things until tomorrow, **even if** the immediate cost involved is tiny. **As long as** they are unsure of the precise extent of this bias, they believe (incorrectly) that they will in fact "do it tomorrow". **But since** they feel this way at each point in time, tomorrow never quite comes. Such a model can **therefore** explain endless procrastination.

단어
procrastination 미루는 성향, 지연, 연기
point out 지적하다, 가리키다, 주목하다
optimistic 낙관적인, 낙천적인
likelihood 가능성, 공산
involve 수반하다, 포함하다
put off 취소하다, 연기하다, 미루다
as long as …하는 한
extent 정도, 규모
bias 편견, 편향

본론에서는 모델링을 통해 사람이 왜 미루게 되는지, 어떻게 미루는지, 그리고 어떤 변인을 통해서 미루는 성향을 조정할 수 있는지를 자세하게 소개하고 있다. 미루는 성향에 대한 이론적 규명이 지금까지는 쉽지 않았지만, 금번 연구를 통해서 사람이 자신이 미루는 것을 알고 있음에도 계속 미루게 되는 이유가 무엇인지, 그리고 이를 개선하기 위한 유인책이 무엇인지 소개하는 부분이 흥미롭다.

2 진술방식   대조 CONSTRAST   예시 EXAMPLE   열거 LISTING

Key Point may well은 '당연하다'라는 의미이다. 여기서 당연하다는 것은 가능성의 정도가 높다는 뜻이다. 즉 well은 조동사 may, can, could, might 등과 함께 쓰여서 가능성이 높다는 의미를 더해 주는 부사이다. 흔히 혼동되는 것이 might as well인데, 이는 제안을 하는 표현으로 '…하는 게 낫다'라는 뜻이다.

Focused Reading 행동 경제학의 이론인 현재 편향 선호present-biased preference에서 사람들의 경향을 파악할 수 있다고 한다. time-consistent, 즉 현재와 미래의 가치를 동일하게 평가해야 하지만, 실제로는 동태적 비일관성으로 현재의 가치를 지나치게 중시하고 미래의 가치를 지나치게 폄하한다는 것이다. 다시 말해서 현재 편향 선호로 인해서 미래의 가치를 평가 절하하기 때문에 사람들이 미루게 된다는 설명이다.

해석 이러한 경제모델에서는 사람들이 하고 싶지 않은 일들은 지금 하는 것보다는 나중으로 미루고 싶어 하는 사실을 반영한다. 이를테면, 헬스장에서 새해 첫날인 1월 1일에 사람들에게 운동 시작일을 고르라고 요청하면, 바로 다음날인 1월 2일보다는 2주 후를 고르는 것이 당연할 수 있다는 것이다. 하지만 동시에 표준 경제모델에서는 미래에 하게 되는 행동들에 대한 결정에는 "동태적 일관성"이 있다고 가정한다. 다시 말해서, 이론적으로는 1월 14일이 되면 다음날에도 헬스장으로 가야겠다고 여전히 확신하고 있는 상태여야 한다. 하지만 현실에서는 14일이 되면 운동을 시작하는 날을 미루고 싶어 하는 것이 당연하다는 것이다.

3 진술방식   인과 CAUSE&EFFECT   대조 CONTRAST   예시 EXAMPLE

Key Point as long as는 '…하는 한'이라는 조건을 나타내는 표현이다. 본문에서 미루는 성향에 대해서 정확한 한계치를 확신하지 못한다는 것은 광의로 인과관계로 볼 수 있다. 즉, 정확한 한계치를 확신하지 못하기 때문에 결국 미루게 된다는 설명이다.

Focused Reading 사람의 현재 편향 선호로 미래의 일에 대해서 지나치게 낙관적으로 생각하고 이는 인지 부조화로 이어져 내일로 미루는 경향이 매일 있게 되므로 결국 내일은 오지 않는다는 설명이다. 시간의 흐름에 따라서 가치 판단이 일관되게 유지time-consistent되는 것이 아니기 때문에, 미래에 대해서 지나치게 낙관적이거나 미래의 가치를 지나치게 폄하한다는 것이다. 특히 현재 치러야 할 대가가 아주 작더라도 반갑지 않은 일은 내일로 미룬다는 설명이 뼈아프다. 동시에 미루는 것에 대한 인간의 합리화에 대한 탁월한 설명이다.

해석 테드 오도노휴와 메튜 라빈은 이런 미루는 성향의 경제학적 측면에 대한 1999년의 보고서에서, 사람들이 운동이나 저축을 하는 것처럼 일을 끝낼 때 감수할 비용이나 대가가 어느 정도 뒤따르게 된다는 것을 알지만, 그에 따른 이익 또는 혜택이 한참 뒤에 나타나는 일에 대해선 미래에 하게 될 행동들에 대해 현실감각을 잃고 자주 낙천적인 태도를 보인다고 지적했다. 오도노휴와 라빈은 이러한 종류의 행동이 만약 사람들이 동태적으로 비일관적인 태도를 가진다면 설명이 가능하다고 증명했다. "현재 편향" 선호란, 사람들이 바로 일을 처리하면 나중보다 치를 대가가 매우 적다고 하더라도 하기 싫은 일은 내일로 미루려고 하는 경향이 있다는 것을 의미한다. 사람들은 이렇게 현재 편향적으로 생각하는 한계에 대해서 분명하게 확신이 없는 한, 본인들이 실제로 "내일 할" 것이라고 (잘못) 인식한다. 하지만 시간이 흐르면서 매 순간 이렇게 느끼기 때문에, 실행에 옮겨야 하는 내일은 절대로 오지 않는다. 그러므로 이 모델을 통해 사람들이 끊임없이 나태해지는 현상에 대해 설명할 수 있다.

4 *It can also suggest ways to change behaviour.* A recent NBER paper by Esther Duflo, Michael Kremer and Jonathan Robinson argues that a tendency to procrastinate may explain why so few African farmers use fertiliser, despite knowing that it raises yields and profits. In trials on the farms of maize farmers in western Kenya, the three economists found that using half a teaspoon of fertiliser per plant increased seasonal profits by an average of 36% per acre, even if farmers made no other changes to their farming techniques. Doing so after it was clear that the seeds had sprouted eliminated most of the risk of paying for fertiliser in a year of poor weather. Only 9% of the farmers believed fertiliser would not increase their profits. Yet only 29% had used any in either of the two preceding seasons.

5 When asked why, almost four-fifths of farmers said that they did not have enough money to buy fertiliser for the land they farmed. Yet fertiliser was readily available in multiples of a kilogram, so even poor farmers earned enough to buy fertiliser for at least a fraction of their fields. Better intentions made little difference: virtually all farmers said they planned to use fertiliser the following season, but only 37% actually did so.

단어
tendency 경향, 성향
procrastinate 지연시키다
fertilizer 비료
yield 수확률, 양보하다, 굴복하다
trial 시도
maize 옥수수, 황색
seasonal 계절의, 주기적인
sprout 싹, 새싹, 내다
eliminate 제거하다, 없애다, 죽이다
preceding 선행하는, 앞서는
readily 쉽게, 기꺼이, 즉시
available 가능한, 이용한, 이용할 수 있는
fraction 일부, 분수, 파편
intention 의도, 의향
virtually 사실상, 거의, 실질적으로

4-5 진술방식   예시 EXAMPLE   인과 CAUSE&EFFECT   대조 CONTRAST

Key Point

When asked why의 원래 문장은 When they were [had been] asked why인데 여기서 주어와 be동사가 생략된 것이다. 문장의 공통관계에 의한 생략은 언어의 경제성 원칙 때문에 이루어진다. 영어뿐 아니라 언어 자체는 자연히 경제성을 추구하게 되어 있다. 물론 이러한 경제성은 문법이라는 규칙에서 실현되는 것이다. 본문에서는 주어가 일치하고 있기 때문에 수동의 의미의 과거분사만 제시하더라도 행위의 주체, 시제, 주체와 객체의 관계가 맥락 안에서 이해되므로 생략된 것이다. 단순히 생략되었다고 이해할 것이 아니라 어떠한 규칙에 의해서 생략되었는지를 파악하는 것이 더욱 중요하다.

Focused Reading

미국 경제 연구소 보고서에 실린 논문에 따르면, 미루는 성향으로 인해서 농부들이 수익성이 보장되는 비료의 사용을 미루는 경향을 나타낸다고 밝히고 있다. 비료의 사용이 실제로 수확량의 증가에 직결되지만, 비료를 사용하지 않은 농부들이 훨씬 많다는 것은 무엇을 의미하는가를 생각해 보아야 한다. 즉, 비료의 사용이 생산성에 직결됨에도 불구하고 비료 사용량이 차이를 보이지 않는 이유는 과연 비료의 중요성을 몰라서일까, 아니면 다른 이유가 있어서일까.

해석 또한 이 모델은 사람들의 행동 양식을 바꿀 방법도 제안할 수 있다. 에스테르 뒤플로, 마이클 크레머와 조나단 로빈슨의 최근 NBER(미국 경제 연구소) 보고서에서는 미루려는 성향을 통해서 아프리카 농부들이 왜 비료를 사용하면 수확량과 수익이 증가할지 알면서도 사용하지 않는지에 대해 설명할 수 있다고 주장한다. 케냐 서부의 옥수수 농장의 사례에서, 세 명의 경제학자들은 작물당 0.5 티스푼 분량의 비료 사용만으로 다른 농사 기술 변경 없이 계절에 따른 수익이 에이커당 평균 36%까지 증가한다는 사실을 발견했다. 씨앗이 발아했는지 확인한 후에 이렇게 비료를 사용하면 흉년인 해에 비료를 낭비하게 되는 위험을 대부분 줄일 수 있다. 비료가 수익에 도움이 되지 않는다고 믿는 농부는 9%에 불과했다. 그러나 지난 2년의 농사 기간 동안 한 번이라도 농사 시기에 맞춰 비료를 사용한 농부는 29%에 불과했다.

왜 비료를 쓰지 않았는지에 대해 질문을 하니 약 80% 정도의 농부는 본인이 땅에 사용할 비료를 살 만큼의 충분한 자금이 없어서라고 답했다. 하지만 사실 비료는 킬로그램 단위로 손쉽게 구할 수 있기 때문에 아무리 형편이 어려운 농부들이라도 마음만 먹으면 최소한 농경지의 일부에서 쓸 수 있는 정도의 양은 구입할 수 있다. 아무리 좋은 의도의 정책도 실행 의지가 없으면 결과물을 만들어낼 수 없었다. 사실상 거의 모든 농부들이 다음 시즌에는 비료를 사용할 계획이라고 밝혔지만 37%만이 실제로 이를 행동에 옮겼다.

6 *The reason for this gap between intent and action, the economists argue, is that many farmers are present-biased and procrastinate repeatedly.* Right after the harvest, when farmers are cash-rich, most can afford to buy fertiliser. **But** going to town to buy it imposes a small cost: a half-hour walk, say, or a bus ticket. **So** farmers postpone the purchase, believing they will **make** it later. **But** they overestimate their ability to put aside enough money to do that, ensuring that their plans to buy fertiliser meet much the same fate as a typical new-year resolution.

단어
present-biased 현재에 편향된
cash-rich 보유 자금이 풍부한
afford 여유가 되다, 할 수 있다
impose 부과하다, 제한하다, 강요하다
postpone 연기하다, 미루다
overestimate 과대평가하다
put aside 저축하다, 시간을 비워 두다
fate 운명
typical 전형적인
resolution 결심, 결의, 계획

7 *A model of such preferences generates several interesting predictions.* It suggests that a tiny discount—enough to make up for the small costs associated with buying fertiliser—**should induce** present-biased farmers **to** make the purchase. The model **also** suggests that a given discount would be **more** effective if offered immediately after the harvest **rather than** just before the next planting period, by which time it would be useful only for those farmers who had no problems with saving money.

단어
preference 선호, 편애, 우선권
generate 창출하다, 발생시키다, 생산하다
prediction 예측, 예견
make up for 벌충하다
induce 설득하다, 유도하다

6 진술방식 | 인과 CAUSE&EFFECT | 예시 EXAMPLE | 대조 CONTRAST

Key Point 본문에서 present-biased, cash-rich 등은 명사와 형용사를 하이픈으로 연결해서 기존의 어휘를 새로운 어휘로 만들어내는 영어의 독특한 표현법이다. '명사+명사'의 표현(e.g. front-page politician, Monday-morning meeting), '명사+형용사'의 표현(e.g. odor-free cosmetics, schedule-tight week), '명사+수동태'의 표현(e.g. cheese-filled sandwich, blue-coated pills) 등이 있다. 이외에도 하이픈으로 전치사구를 하나로 표현하여 명사를 수식하기도 하고(e.g. between-you-and-me talk, over-my-head session), 동사구나 문장 전체를 하이픈으로 이어서 표현하기도 한다. 모든 말들을 하이픈으로 이어서 말을 만들 수야 있겠지만, 세련되거나 정확한 표현과는 거리가 있으므로 다양한 매체를 통해서 감각을 익히는 것이 좋다.

Focused Reading 농부들이 미루게 되는 이유는 앞서 논의한 대로 현재 편향적인 성향 때문에 개선의 여지가 없이 반복적으로 계속 미루는 것이라고 한다. 시내로 나가기 위해서 30분을 걷거나 버스를 타고 갈 작은 희생을 치루지 않고 충분히 돈을 벌 것이라고 자신의 미래에 대해서 지나치게 낙관하게 된다는 것이다. 이렇게 자신의 미래에 대한 낙관으로 인해서 실제로는 생산성이 떨어지게 될 것이 자명하지만, 인간이 그렇게 현명한 존재가 아니지 않던가. 인간은 똑같은 실수를 반복하는 존재, 그래서 그 안에서 오류를 수정하며 개선하고 발전하는 존재가 아니던가.

해석 경제학자들은 의지와 행동 사이에 이러한 차이가 있는 이유는 농부들이 현재 편향적이며 반복적으로 미루기 때문이라고 주장한다. 수확 직후 농부들이 현금이 풍족해졌을 때는 대부분의 농가에선 비료를 살 만큼 경제적으로 여유로워진다. 하지만 비료를 사기 위해 시내로 나가는 데는 작은 대가가 필요하다. 30분 정도 걸어 나간다거나 버스표 구매와 같은 일들이다. 그래서 농부들은 나중에 할 수 있을 것이라고 생각하며 비료 구매를 미루게 된다. 하지만 결국 앞에서 다루었던 전형적인 새해 다짐의 모습처럼 본인들이 필요한 양만큼의 비료를 살 자금을 따로 남겨둘 것이라고 스스로를 과대평가한다.

7 진술방식 | 인과 CAUSE&EFFECT | 예시 EXAMPLE | 열거 LISTING

Key Point 가정법과거는 대안의 잠재적 결과를 나타내기 위해서 쓰인 것이다. 할인을 제공하는 시기를 비교함으로써, 어떤 대안이 더 효과적인지, 그 대안이 갖게 되는 결과는 무엇일지에 대해 가정법과거를 통해서 논하고 있다. 가정법과거는 가정의 상황을 설정하여 여러 대안을 비교하거나 그 대안이 가지는 잠재력을 논할 수 있는 중요한 장치임을 기억하자.

Focused Reading 비료를 할인해 주는 것이 유인책이라는 해결 방안을 제시하고 있다. 현재 가치를 중시하는 농부들에게 비료의 가격을 할인해 줌으로써 구매를 유도한다는 것이다. 또한 그 할인은 파종 직전보다 수확 후에 바로 제공될 때 의미가 있다는 것이 흥미롭다. 이 부분이 연구의 핵심적인 부분 중 하나라고 생각된다. 유인책이 제공되는 시점도 타임라인 선상에서 생각을 해서 할인 프로모션의 시점을 달리 제시한 부분 역시 시간에 대한 인식의 편향, 편견을 반영한 것이다. 유인책 역시 현재 가치를 중시하는 시점에서 이루어지는 게 바람직하다는 것이다.

해석 이러한 선호에 대한 모델은 다양한 흥미로운 예측을 가능하게 한다. 비료를 사는 것에 수반되는 작은 희생을 채워주는 것의 일환으로 비료 가격 할인을 해주는 것이 현재 편향적인 농부들이 구매를 하도록 유도한다. 또한 이 모델에서 일정 수준의 할인이 주어질 때, 비료를 구입할 자금을 비축하는 데 아무 문제가 없는 농부들만 구입 가능한 시기인 다음 파종기 직전보다는 수확 직후에 제공되어야 더 효과적일 것이라고 제안한다.

Solving St Augustine
성 아우구스티누스를 해결하다

⁸ The economists devised a scheme in which farmers paid the full market price for fertiliser, but had it delivered to their homes by a non-governmental organisation at no additional cost. A subset received this "discount" at harvest time, while **another** [열거] group were also offered free delivery, but only when planting time was imminent. **Still others** [열거] were offered a 50% subsidy on the market price, an approach commonly taken by governments to encourage fertiliser use. As the model of time-inconsistent preferences predicted, the offer of free delivery early in the season pushed up usage of fertiliser by 11 percentage points over a control group who were not offered anything. The same discount late in the season, **however**, had a statistically [대조] insignificant effect. A 50% subsidy later in the season, a much costlier policy than free delivery, pushed up usage by about as much as the early discount.

⁹ Interestingly, nearly half of a group of farmers who were offered a choice picked early **rather than** late free delivery. Early [대조] delivery means advance payment, with any interest that might have been earned in the interim being forgone. Many farmers, it seemed, were well aware of their own tendency to procrastinate and were looking for a way to force themselves to buy fertiliser.

단어
devise 고안하다, 마련하다, 추진하다
scheme 계획, 음모, 조직
imminent 절박한, 일촉즉발의
subsidy 보조금, 기부금
approach 접근하다, 다가오다
control group 대조군
insignificant 미미한, 중요하지 않은
usage 사용, 용법
advance payment 선불
interim 잠시, 중간의
forgo 없이 지내다, 삼가다, 버리다
be aware of 인지하다
look for …을 찾다

| 8~9 진술방식 | 예시 EXAMPLE | 대조 CONTRAST | 열거 LISTING |

Key Point

still others는 some, others, still others 순으로 열거할 때 쓰이는 표현이다. might have been earned에서 주의해야 할 것은 'may/might+have+p.p.' 구문이 과거 사실의 반대라는 일반적인 가정법과거완료의 의미로도 쓰이지만 과거 사실에 대한 추측에도 사용된다는 것이다. 과거 사실에 대한 진위 여부는 파악할 수 없지만 막연한 추측을 할 때도 사용된다는 것이다.

Focused Reading

농부들이 제값을 내고 비료를 구매하게 하기 위해서 파종기에 임박한 할인과 수확 이후의 할인을 구별해서 실험을 수행했다. 흥미로운 점은 후기 배달보다 초기 배달을 선택하게 되는 농부들의 대안 선택이다. 초기와 후기 사이에 발생할 수 있는 이자 수익을 포기하고 스스로 미루는 성향을 인지하여 미리 선구매를 하도록 스스로를 몰아가는 방식을 채택한다는 점이다. 즉, 미루는 성향을 스스로가 몰라서 미루기 때문이 아니라 알고도 미루는 인지 부조화를 실험을 통해서 반증하고 있다.

해석 경제학자들은 농부들이 제값을 내고 비료를 사는 대신 구매한 비료를 비정부기관(NGO) 측이 추가 비용 부담 없이 집까지 배송해 주는 방안을 고안해냈다. 한 그룹은 이러한 "할인", 즉 무료 배송을 수확기에 받았고, 반면 다른 그룹은 무료 배송을 파종기가 임박했을 때에만 제공했으며, 또 다른 그룹은 비료 사용 장려 정책의 일환으로써 흔히 사용되는 방법으로써 정상 가격의 50%를 지원받았다. 동태적 비일관성 선호 모델에서 예측한 바와 같이, 파종기 초반에 제공하는 무료 배송 서비스는 아무것도 제공받지 않았던 통제 집단에 비해 비료 사용률이 11%까지 상승했다. 하지만 같은 할인이라도 수확기 후에 받는 가격 할인은 통계적으로 눈에 띌 만한 효과가 거의 없었다. 수확기 후반 50%의 자금 지원 정책은 무료 배송보다 지원 자금은 훨씬 더 들면서 비료 사용량의 증가는 파종기 초반 무료 배송과 거의 차이가 없는 정책으로 나타났다.

흥미롭게도, 비료 무료 배송의 시기를 골랐던 농부들의 절반 가까이가 무료 배송을 수확기 후보다는 파종기 전으로 골랐다. 파종기 전 배송은 그 사이에 있을 이자 등을 포기하게 되는 선지불을 의미한다. 많은 농부들이 스스로 실천을 미루게 되는 성향을 알고서 어떻게든 스스로 비료를 살 수밖에 없도록 만들 방법을 찾고 있는 것처럼 보인다.

People do not lack strength, they lack will.

강인함이 부족한 것이 아니라 의지가 부족한 것이다. −빅토르 위고

10 *Such devices can help other procrastinators, too.* In recent field trials in the Philippines some smokers who wanted to quit were offered a "commitment contract". Those who signed up put money into a zero-interest bank account. If they passed a test certifying that they were nicotine-free six months later, they got their money back. If not, it went to charity. The contract increased the likelihood of quitting by over 30% over a control group. Those new-year resolutions need not turn to ash.

단어

field trials 현장 검사
commitment 약속, 위임
bank account 은행 계좌
certify 증명하다, 확신시키다
charity 자선, 자애, 구호
likelihood 가능성
resolution 결의안, 결심
turn to ash 재로 돌아가다, 수포로 돌아가다

10 진술방식　　예시 EXAMPLE　　인과 CAUSE&EFFECT　　열거 LISTING

Key Point　접속사 외에도 접속사 역할을 하는 것이 바로 지시형용사, 대명사이다. such, this, that, those, these 등의 지시형용사가 있고 정관사 the도 같은 역할을 한다. 글쓰기의 단조로움을 피하고 글의 활력을 더하기 위해서 쓰는 환언을 통해서 다루어지고 있는 주제, 핵심어를 파악할 수 있다는 것이 영어 독해의 묘미이다. 그리고 이러한 다양한 변형을 통해서 글 안에서의 논리는 점점 단단해져 간다는 것을 느낄 수 있어야 한다. 그것이 영어 독해의 풍미이며 즐거움이다.

Focused Reading　필리핀의 금연 프로그램 사례를 소개하고 있다. 금연을 원하는 사람들에게 먼저 은행 계좌에 돈을 입금하게 한 다음 6개월 뒤에 니코틴 검출 테스트에 합격하면 입금했던 돈을 돌려받고 불합격하면 자선 단체에 기부하게 된다. 이는 스스로에 대한 강제적인 규제가 자극을 주고 보상을 기대하게 하는 열망을 준다는 것이다. 자기 실현적 예언처럼 미래의 자신과 교섭하는 방법은 결국 스스로와의 약속 외에는 다른 대안이 없다는 것이 재미있는 것이 아닐까. 물론 이 글에서는 프로모션 할인이나 자선 단체에 대해 자의 반, 타의 반으로 기부하는 등등 경제적인 유인책이 등장하기는 하지만, 결국은 자신과의 약속을 어떻게 지키느냐를 정교하게 개발함으로써 조금이나마 미루는 성향을 극복하는 수밖에 없다는 것이 이 글의 취지이다. 인간은 자신에 대해서 잘 알고 있다는 것이 장점이자 단점인 셈이다.

해석 이러한 유인 정책은 사람들의 다른 분야에서 나타나는 미루는 성향에 대해서도 도움이 될 수 있다. 최근 필리핀에서 유인 정책을 직접 현장 실험을 하면서 시범적으로 적용했던 사례를 통해, 금연을 원하는 사람들에게 "약속 지키기 계약"을 제공했다. 참가자들은 무이자 은행 계좌에 돈을 입금한다. 만약 6개월 후에 니코틴 검출 테스트를 통과하면, 이들은 입금했던 돈을 돌려받는다. 하지만 만약 실패한다면, 입금액은 자선 단체에 기부하게 된다. 이 계약은 통제 집단과 비교하여 금연 가능성을 30%까지 상승시켰다. 이런 방식으로 새해에 금연 결의를 하면 실패로 돌아갈 확률이 줄어들 것이다.

LOGIC ANALYSIS

> 문제 상황 ⇨ 원인 분석 ⇨ 대안 평가 ⇨ 최적 대안

문제 상황 (EFFECT)
사람들은 현재 편향적이며 계속 미루는 성향이 있다.

원인 분석 (CAUSE)
사람들은 자신의 미래의 가망성에 대해서 비현실적으로 낙천적이다.

기존 대안 (EXISTING ALTERNATIVE)
N/A (기존 대안이 제시되지 않고 바로 필자의 주장이 제시되고 있음)

대안 평가 (EVALUATION)
❶ 비록 당장 드는 대가가 적다고 하더라도 불쾌한 일일 경우 내일까지 미루게 되는 현재 편향적 선호를 가지게 된다.
❷ 당장의 현재의 유인책을 마련(e.g. 비료 할인, 약속 지키기 계약 작성)해서 의사결정을 미래로 미루지 않고 현재에 하도록 강제한다.
❸ 사람들은 대부분 자신이 미루는 성향을 알고 있기 때문에 스스로를 몰아가는 방법을 선택하는 것으로 보인다.

최적 대안 (OPTIMIZED ALTERNATIVE)
우리는 우리가 미루는 성향에 대해서 잘 알고 있기 때문에 미루지 않도록 강제할 수 있는 방법을 찾아야 한다.

STATEMENT ANALYSIS

무엇이 사실인가? (FACTUAL)
사람들은 현재 편향적이며 계속 미루는 성향이 있다.

Many of us are present-biased and procrastinate repeatedly.

어디에 가치가 있는가? (EVALUATION)
사람들은 자신의 미래 가망성에 대해서 비현실적으로 낙천적이다. 이는 비록 당장 드는 대가가 작다고 하더라도 불쾌한 일일 경우 내일까지 미루게 되는 현재 편향 선호 때문이다.

People are often unrealistically optimistic about their own future likelihood of doing thing due to present-biased preferences which mean that people will always tend to put off unpleasant things until tomorrow, even if the immediate cost involved is tiny.

어떻게 해야 하는가? (DOS AND DON'TS)
우리는 우리가 미루는 성향에 대해서 잘 알고 있기 때문에 미루지 않도록 강제할 수 있는 방법을 찾아야 한다.

Aware of our own tendency to procrastinate, we should look for a way to force ourselves not to procrastinate.

Henmania

멍청한 사람을 일컫는 비속어 중 '닭대가리'라는 말이 있다. '대가리'라는 말을 쓰는 것이 부합하는 표현이겠지만, 닭과 대가리가 조합된 의미의 상승작용, 아니 하강작용은 실로 막강하다. 닭이 인간에게 가장 각광을 받는 식재료이기도 하기 때문에 "Familiarity breeds contempt.(친해지면 싫어지기 마련이다.)"라는 말처럼 가까워지면 예의, 아니 개념을 상실하게 되는 것일까. 친할수록 예의 있게 대하라는 역설적인 주문처럼 이제 닭이라는 존재를 다시 예의를 갖추고서 괄목상대하여 눈을 비비고 만나보아야 할 것이다.

- Chicken is set to rule the roost in the global meat market

  부제 닭고기가 다른 육류에 비해 여러 이점이 있기 때문에 전 세계적으로 각광을 받고 있다는 것이 이 글의 취지이다. 글 자체가 대립하는 쟁점을 다루는 설득적인 글이 아니라 사실 보도의 스트레이트 기사이므로 이해하는 데 어려움이 없을 것이다.

【부제를 통한 예상 논점 정리】

1. 닭고기가 부각되는 배경이 무엇인가. (현상 설명)
2. 닭고기가 가지는 상대적인 장점이 무엇인가. (원인 규명)
3. 닭고기 교역이 해결해야 할 문제는 무엇인가. (원인 규명)
4. 향후 닭고기 교역이 어떤 방향으로 전개될 것인가. (예측 전망)

Henmania

 **BEGINNING**

1 ROASTED, fried or served with noodles, chicken is on its way to becoming the world's favourite meat. Diners currently chomp through more pork—some 114m tonnes a year compared with 106m tonnes for poultry. *But chicken consumption is growing faster*—by 2.5% a year **compared with** 1.5% for pig meat—and is on track to overtake pork before 2020. *And much more chicken is traded across borders*: some 13.3m tonnes a year **compared with** 8.6m tonnes of beef and 7.2m tonnes of pork, according to the UN's Food and Agriculture Organisation. Chicken is on a roll.

단어 on one's way to … 도중에, …에 가는 길에   chomp through 음식을 쩝쩝거리며 먹다
on track 제대로 진행되고 있는, 궤도에 올라 있는   overtake 추월하다, 앞지르다
across borders 국경을 넘어, 국제적으로   on a roll 순조롭다, 승승장구하다

서론에서는 세계적인 닭고기 열풍에 대해 소개하고 있다. 1위를 점하고 있는 돼지고기 소비와 비교함으로써 닭고기 시장의 성장세를 소개하고 있다.

| 진술방식 | 대조 CONTRAST | 예시 EXAMPLE | 열거 LISTING |

Key Point 첫 번째 단락에서 나오는 현재진행시제는 최근의 추세, 변화, 경향, 발달 상황을 나타낸다. 닭고기 소비가 전 세계적으로 주목받고 있는 상황을 현재진행시제로 표현하고 있다. 영어에서는 논의하고자 하는 이야기의 배경, 분위기를 나타낼 때 현재진행시제를 사용하는 경우가 많다. 변화, 추세를 나타낼 수 있으니 당연하지 않을까.

Focused Reading 돼지고기와 닭고기의 소비량과 소비 증가율을 비교함으로써 향후에 닭고기가 부제에 나타난 대로 글로벌 육류 시장에 가장 강력한 영향력을 행사할 것rule the roost이라고 서두에서 밝히고 있다. 특히 경기나 도박과 관련한 표현이 나오는 것에 주목할 필요가 있다. 이 기사의 제목인 Henmaina는 영국의 유명 테니스 선수 팀 헨만의 열성적인 이른바 '팬심'을 반영한 단어이다. 언어유희로 제목을 정했기 때문에 경기나 도박 관련 표현들이 줄지어서 나오고 있음에 주목하자.

해석 통닭, 프라이드치킨, 닭고기 국수 등 닭고기는 전 세계에서 가장 사랑받는 육류가 되고 있다. 사람들은 닭고기보다 돼지고기를 더 많이 먹고 있다. 닭고기 연간 소비량이 1억6백만 톤인 데 반해서 돼지고기는 1억1천4백만 톤이 소비되고 있다. 그러나 닭고기 소비는 더 빠르게 증가하고 있다. 돼지고기가 연간 1.5% 소비 성장 추세를 보이는 반면, 닭고기 소비는 2.5% 늘고 있다. 다가오는 2020년 전에 닭고기 소비가 돼지고기 소비를 추월할 것으로 보인다. 그리고 훨씬 더 많은 닭고기의 국제 무역이 이루어지고 있다. 유엔 식량농업기구의 조사에 따르면, 소고기와 돼지고기의 연간 무역량이 각각 860만 톤, 720만 톤인 데 반해서 닭고기는 연간 1330만 톤을 소화하고 있다. 그야말로 닭고기는 잘나가고 있는 중이다.

Don't mistake pleasures for happiness.
They are a different breed of dog.
기쁨을 행복으로 착각하지 마라. 둘은 완전 별개의 것이다. −조시 빌링스

본론에서는 닭고기 시장 성장의 견인 역할을 하는 요인을 주로 다루고 있다. 서론에서 소개한 닭고기 시장의 전 세계적인 인기를 다각도로 분석하고 있다. 특히 무역이 일어나는 요인에 대해서 밝힘으로써 상호 무역 요인이 발생하기 때문에 전 세계적으로 닭고기가 각광받을 수 있다는 점을 분명히 밝혀 두고 있다.

2 *The growing taste for fowl is a* **result** *of increasing prosperity in emerging markets*, meaning that people can afford to put **more** meat on the table. Chicken tops the pecking order as the most affordable. It takes **far less** feed to produce a kilo of chicken than the equivalent amount of pork or beef. **And** religious strictures that bar beef and pork from cooking pots around the world do not apply to poultry.

단어
prosperity 번영, 풍요, 풍족
top 1위를 하다, 우승을 하다
affordable 저렴한, 입수 가능한, 알맞은
feed 먹이, 사료
equivalent 동등한, 상당하는, 대응하는
strictures 제한, 구속, 제약
apply to 적용되다, 해당하다

3 The taste for chicken will boost production to 128m tonnes a year by 2020, according to Rabobank, a Dutch bank. The proportion hitting global markets will grow **too**, from around 14% to 17% of total output. *The main* **impediments** *to faster cross-border growth are consumers' preferences for fresh chicken and government policies to protect domestic agriculture*, **but** *rising food prices should stoke the appetite for* **cheaper**, *imported meat*.

단어
boost 신장시키다, 늘리다, 부양하다
impediment 방해, 저해 요인
preference 선호, 선호도, 애호
stoke 부추기다, 돋우다, 불을 지피다
appetite 식욕, 욕구

2 진술방식 　　인과 CAUSE&EFFECT　　대조 CONTRAST　　열거 LISTING

Key Point 첫 번째 문장 The growing taste for fowl의 경우 '닭고기에 대한 늘어나는 기호 및 취향'이라고 번역하기보다 '닭고기를 선호하는 현상이 늘어나고 있다'인 The taste for fowl has been growing으로 번역을 하는 것이 더 정확하다. 평소에 한국어와 영어의 mentality의 변별적인 차이를 알아야 영어를 영어답게, 한국어를 모국어답게 구사할 수 있을 것이다. 본문에서 top은 동사로 쓰였다. 우리가 명사로 알고 있는 단어 중에 이렇게 동사로도 활용되는 것들이 있다는 것을 알아 두어야 합니다.

Focused Reading 닭고기가 각광받는 요인을 크게 세 가지로 구별해서 소개하고 있다. 첫 번째는 이머징 마켓에서 큰 인기를 끌고 있다는 점, 두 번째로는 사료가 소고기, 돼지고기 생산에 비해서 훨씬 적게 들어간다는 점, 마지막으로는 종교적 규제에서 자유롭다는 점이다. 물론 여기서 가장 중요한 요인은 이머징 마켓에서의 인기이다. 닭고기 소비를 세계적으로 이끌고 있는 것은 개발도상국이라고 소개하면서 선진국과의 차이를 언급하고 있다. 즉, 경제적 이유, 사회·문화·종교적 이유를 들면서 전 세계적으로 닭고기 소비가 급부상하고 있는 인과관계를 분석하고 있다.

해석 닭고기에 대한 선호도가 점점 더 늘어나고 있는 것은 이머징 마켓이 부상하고 있기 때문이다. 이는 사람들이 식사할 때 고기를 더 많이 먹을 수 있음을 의미한다. 육류 소비에 있어서 닭고기가 차지하는 비중이 가장 높다. 고기 1kg당 돼지나 소를 키우는 데 드는 사료보다 닭고기를 사육하는 데 필요한 사료가 훨씬 적게 든다. 그리고 전 세계적으로 소고기나 돼지고기 먹는 것을 금하는 종교 규율이 닭고기에는 해당되지 않는다.

3 진술방식 　　대조 CONTRAST　　인과 CAUSE&EFFECT　　열거 LISTING

Key Point 명사는 크게 서술적 의미를 가지는 명사(e.g. David's brilliance)와 타동사적 의미(e.g. Hero's dominance over the world)를 가지는 명사로 나누어 볼 수 있다. 본문에서 나온 faster cross-border growth의 경우 '국제적으로 교역이 빠르게 성장하고 있다'라는 의미로 growth를 서술적 의미로 받아들여야 한다. 즉, grow faster라고 이해해야 한국어의 의미에 가깝게 이해하는 것이다. consumers' preferences for fresh chicken의 경우도 '소비자들이 신선한 닭고기를 선호한다'라고 동사적으로 해석을 해야 한다. 이때 목적어인 명사와 연결되는 특정 전치사는 무작위로 연결되는 것이 아니라 함께 쓰이는 전치사가 정해져 있음을 알아 두어야 한다. 영어가 명사 중심의 언어이기 때문에 서술적, 동사적 의미를 얼마든지 명사로 표현할 수 있는 것이다.

Focused Reading 닭고기 소비 성장의 방해 요인으로 신선한 닭고기를 소비자들이 더 좋아한다는 점과 자국 내 농업을 보호하는 정부 정책의 두 가지를 소개하고 있다. 그러나 국제 식량 가격 상승 요인으로 인해서 더 저렴한 수입육에 대한 수요가 높아질 것stoke the appetite이 자명하다는 설명이다. 조동사 should는 논리적으로 타당한 판단을 내릴 때 쓸 수 있다는 것을 알아 두자.

해석 닭고기를 선호하는 현상으로 인해서 2020년까지 연간 닭고기 생산량이 1억2800만 톤으로 늘어나게 될 것이라고 네덜란드 최대 은행인 라보뱅크는 전망했다. 전 세계에서 차지하는 비중 또한 전체 생산량에서 약 14%에서 17%로 증가할 것이다. 전 세계적으로 닭고기 교역량이 늘어나는 것에 있어서 주된 방해 요소는 신선한 닭을 선호하는 소비자 심리와 자국 내 농업을 보호하려는 정부 정책이다. 그러나 물가 상승 요소가 더 저렴한 수입육에 대한 소비 심리를 부추길 것이다.

4 *The business of raising chicken is generally concentrated in countries where grain is plentiful.* Canny chicken farmers have **also** focused on places like Brazil where poor infrastructure **makes** it **harder** for grain producers to get their goods to market and to fetch global prices. That **suppresses** feed prices, which make up 50-70% of total costs. Production costs in America and Brazil, the world's biggest producers, which between them provide two-thirds of chicken exports, are 30% below those in Europe and China, according to Nan-Dirk Mulder of Rabobank.

단어
concentrated 집중된, 편중된, 모여 있는
plentiful 풍부한, 많은, 풍족한
fetch 특정 가격에 팔리다
make up 차지하다, 해당되다
provide 제공하다, 공급하다

5 Trading chicken is far **more** complicated **than** merely plucking, freezing and dispatching the birds. Chickens don't get sold whole; exporters have to optimise the "break-up value" of their fowl. The Western palate much **prefers** white breast meat. Asian consumers prize the **more** flavoursome brown meat from the thigh and leg. White meat may fetch four times **more than** brown in the West **but** costs much the same in China. *Europe, a net exporter of chicken, sends legs and feet to Asia but imports white meat.*

단어
merely 한낱, 그저, 단지
pluck 털을 뽑다
dispatch 파견하다, 보내다, 배송하다
optimise 최적화하다
break-up value 분할 통합 가치
palate 미각, 감식력, 알아보는 센스
prize 소중하게 생각하다, 가치를 두다

Nothing is so infectious as example.
모범만큼 그렇게 전염성이 강한 것은 없다. –프랑수아 드 라 로슈푸코

4 진술방식 | 인과 CAUSE&EFFECT | 예시 EXAMPLE | 열거 LISTING

Key Point
동일한 대상을 비교할 때 that이나 those 같은 지시대명사를 쓸 수 있다. 본문에서 미국, 브라질에서의 닭고기 생산 비용과 유럽, 중국에서의 생산 비용을 비교하고 있으므로 those를 사용했다. 한국어에서는 미국, 브라질의 생산 비용보다 유럽, 중국이 더 저렴하다는 식으로 표현한다. 오히려 유럽, 중국의 '그것'이라고 번역하면 어색하다.

Focused Reading
양계 시장이 지역적으로 편중되는 이유에 대해서 설명하고 있다. 곡물 가격이 닭을 사육하는 데 큰 비중을 차지하게 되는데 이 사료 비용을 어떻게 절감하느냐가 관건이라는 것을 설명하고 있다.

해석 양계업은 일반적으로 곡물이 풍부한 곳에 집중되어 있다. 영리한 양계업자들은 인프라가 취약하여 양곡 생산업자들이 자신들의 수확물을 국제 가격에 준하는 제값을 받기가 어려운 브라질과 같은 영세한 국가들에 주목하고 있다. 이러한 현상은 사료 값을 압박하게 되는데 사료 비용은 전체 비용의 50~70%의 비중을 차지한다. 전 세계 닭고기 수출의 2/3를 담당하는 미국, 브라질과 같은 국가에서의 생산 비용은 유럽이나 중국의 생산 비용에 비해 30% 미만의 수준이라고 라보뱅크의 난 더크 멀더는 전하고 있다.

---

5 진술방식 | 대조 CONTRAST | 예시 EXAMPLE | 열거 LISTING

Key Point
영어에서는 반복적인 표현을 피하기 위한 여러 가지 용법이 발달해 있다. 대명사, 지시형용사 등이 가장 대표적이며, 유의어를 통한 환언도 그중 하나이다. 본문에서 prefer라는 표현이 다음에 prize라는 표현으로 바뀐 것을 유념하자. 영어 실력, 나아가 독해 실력을 좌우하는 것은 풍부한 어휘력이다. 그 이유는, 영어는 동어 반복을 세련되게 회피하는 다양한 유의어와 반의어가 발달되어 있기 때문이다.

Focused Reading
닭고기가 소비되는 과정에서 분할통합가치로 인해 교역이 일어나고 있다는 설명이다. 전 세계적으로 선호하는 부위가 다르기 때문에 닭고기 부위별로 수출입이 일어나고 있다는 설명이다. 각 국가별로 생산에 적합한 제반 조건, 특히 비용을 분석함으로써 상대적으로 교역이 일어나게 된다는 무역 원리는 데이비드 리카도가 비교생산비설에서 일찍이 주장한 내용이다.

해석 닭고기를 수출하고 수입하는 문제는 단순히 털을 뽑고 냉동시키고 보내는 문제보다 훨씬 더 복잡하다. 닭고기는 한 마리로 팔지 않는다. 수출업자는 닭의 "분할 통합 가치"를 최적화해야 한다. 서양 사람들은 닭 가슴살을 훨씬 선호한다. 아시아에서는 허벅지, 다리 부위의 갈변육을 더 선호한다. 닭 가슴살의 경우 서양에서는 갈변육보다 가격이 4배 비싸지만, 중국에서는 가격이 거의 동일하다. 닭고기 순수 수출국인 유럽의 경우 아시아로 닭다리와 닭발을 수출하고 닭 가슴살을 수입한다.

⑥ Wings, irritatingly limited by evolution to two per bird, are in short supply worldwide and prices are high. McDonald's is rumoured to have been stockpiling them in preparation for the roll-out, which began this week, of its "Mighty Wings" range in America. *But the dynamics of the global market is good news for rich-world consumers.* 【대조】 The growth in Asian demand for chicken should **mean** 【인과】 a glut of white meat and **lower** 【대조】 prices in years to come.

단어
irritatingly 짜증스럽게, 자극하여
stockpile 비축하다, 쌓아두다
roll-out 신상품 발표회
dynamics 역학관계
glut 과잉, 과잉 공급, 범람

결론에서는 맥도날드의 마이티 윙을 소개하면서 닭 날개의 인기에 대해서 이야기하고 있다. 자연스럽게 논의의 전개가 수요, 공급 측면에서 가장 인기 있는 닭의 부위를 다룸으로써 비용 절감 문제가 양계 시장의 핵심 이슈라는 것을 강조하면서 마무리하고 있다.

6 진술방식   대조 CONTRAST   인과 CAUSE&EFFECT   예시 EXAMPLE

Key Point   irritatingly limited는 '짜증스럽게 제한되어 있다'라고 해석하는 게 일반적이지만, 여기서는 '제한되어 있어서 짜증난다'로 서술어와 서술어로 해석하는 것이 훨씬 자연스럽다. 일정한 시간, 나아가 상당한 시간의 경과를 나타내기 위해서 현재완료진행시제를 사용한다는 것을 기억해 두어야 한다. 특히 상당한 시간이 지난 다음 일정한 원인, 이유가 어떠한 결과를 낳는다는 발상을 하게 될 때 현재완료진행시제는 유용하게 사용될 수 있다. 본문에서는 닭 날개 재고를 상당히 쌓아두었다는 의미를 전달하고 있다. 조동사 should는 논리적으로 타당한 판단을 내릴 때 쓸 수 있다는 것을 알아 두자.

Focused Reading   아시아에서 닭에 대한 수요가 많아지면 자연히 닭 가슴살 생산이 많아질 것이며 따라서 과잉 공급으로 인해서 비용이 조절될 것이라는 전망이다. 본문 맨 마지막 문장에서 mean은 실제로는 인과관계의 신호어임을 알아야 한다. 아시아 지역에서 닭에 대한 수요 증가가 곧 닭 가슴살 생산 증가와 비용 조절을 가능하게 할 것이라는 의미로 해석해야 한다.

해석 새 한 마리당 고작 두 개만 있도록 진화되어 짜증스러운 닭 날개의 경우 전 세계적으로 공급 부족에 시달리고 있으며 이에 따라 가격이 높게 형성되어 있다. 맥도날드는 미국에서 "마이티 윙"을 이번 주 출시 준비를 하면서 재고를 따로 쌓아 두고 있다는 루머가 있었다. 그러나 글로벌 마켓의 역학 관계는 선진국 소비자들에게는 희소식이 될 것이다. 아시아에서 닭에 대한 수요가 늘어나고 있다는 것은 결국 닭 가슴살이 과잉 공급될 것이며 수년 안에 가격 하락 요인으로 작용할 것이기 때문이다.

The man who goes the farthest is generally the one who is willing to do and dare.

일반적으로 성공하는 자는 기꺼이 과감하게 도전하는 자이다. –데일 카네기

LOGIC ANALYSIS

▶ 문제 상황 ⇨ 원인 분석 ⇨ 대안 평가 ⇨ 최적 대안

문제 상황 (EFFECT)	닭고기는 전 세계적으로 각광받고 있다.
원인 분석 (CAUSE)	닭고기가 전 세계적으로 인기가 많아지고 있는 것은 이머징 마켓에서 인기를 끌고 있기 때문이다.
기존 대안 (EXISTING ALTERNATIVE)	돼지고기, 소고기 등도 육류 소비에서 큰 비중을 차지한다.
대안 평가 (EVALUATION)	❶ 이머징 마켓에서의 닭고기의 큰 인기는 일시적인 유행이 아니다. ❷ 사료가 다른 고기들에 비해서 상대적으로 저렴하다. ❸ 종교적인 규제에서 자유롭다.
최적 대안 (OPTIMIZED ALTERNATIVE)	아시아 공급 증가를 통해서 전 세계적으로 닭 가슴살 가격이 하락함에 따라 닭고기 생산 비용 문제가 해결될 것이다.

STATEMENT ANALYSIS

무엇이 사실인가? (FACTUAL)	닭고기 소비가 빠르게 증가하고 있다. Chicken consumption is growing faster.
어디에 가치가 있는가? (EVALUATION)	닭고기는 한 마리로 팔리는 것이 아니라 "분할 통합 가치"로 나뉘어서 판매되기 때문에 수출국은 이를 최적화하여야 한다. Chickens don't get sold whole; exporters have to optimise the "break-up value" of their fowl.
어떻게 해야 하는가? (DOS AND DON'TS)	아시아에서의 닭고기 수요 증가로 인해 닭 가슴살 공급이 늘어나서 생산 비용이 낮아질 것이다. The growth in Asian demand for chicken should mean a glut of white meat and lower prices in years to come.

Careful what you write

의사와 환자의 관계는 긴장과 안도의 연속이다. 웨어러블 디바이스를 통해서 자신의 건강을 체크하고 이를 데이터화하는 것이 익숙한 시대가 되었다. 의료 산업은 의료 데이터를 실시간으로 체크하고 빅데이터를 구축하는 데 총력을 기울이고 있다. 과거에는 청진기와 수진을 통해서 의사와 환자가 주로 교감을 했었다면, 이제는 메모, 즉 정보를 통해서 자신의 질환을 확인하고 병력을 확인하는 데 익숙한 시대가 되었다. 이제 환자와 의사는 새로운 관계를 형성해 나가고 있는 것이다.

- More patients are getting to read their doctors' scribblings

  부제 환자들이 점점 의사들이 끄적거리는 것을 읽게 된다고 한다. 환자의 정보에 대해서 환자 스스로가 이를 읽어내고 참고한다는 의미일 것으로 짐작된다. 현재진행시제를 통해서 보여주는 변화가 나타난 배경과 그 이유를 중심으로 글을 읽어나가면 되겠다.

【부제를 통한 예상 논점 정리】

1. 의사의 메모가 의미하는 바는 무엇인가. (현상 설명)
2. 의사의 메모가 주목받게 된 배경은 무엇인가. (원인 규명)
3. 환자들이 의사의 메모를 어떻게 활용하는가. (원인 규명)
4. 향후 의사의 기록이 어떤 방식으로 활용될 것인가. (타당성 입증)

Careful what you write

 **BEGINNING**

[1] A DOCTOR who sees a child with an odd appearance might write "FLK" in his notes. Short for "funny-looking kid", it is meant not as an insult, but as a reminder to watch for slow growth and mental retardation, which can accompany physical abnormalities. Later he may add "FLD": funny-looking dads tend to have funny-looking offspring. *But such candour may become a thing of the past as more hospitals and clinics make doctors' notes available to patients and their guardians.*

---

insult 모욕, 공격   **reminder** 상기시키는 것, 메모, 독촉장, 편지   **retardation** 지체
accompany 동반하다, 동행하다   **abnormality** 기형, 이상   **candour** 솔직함, 직설적인 화법, 허심탄회

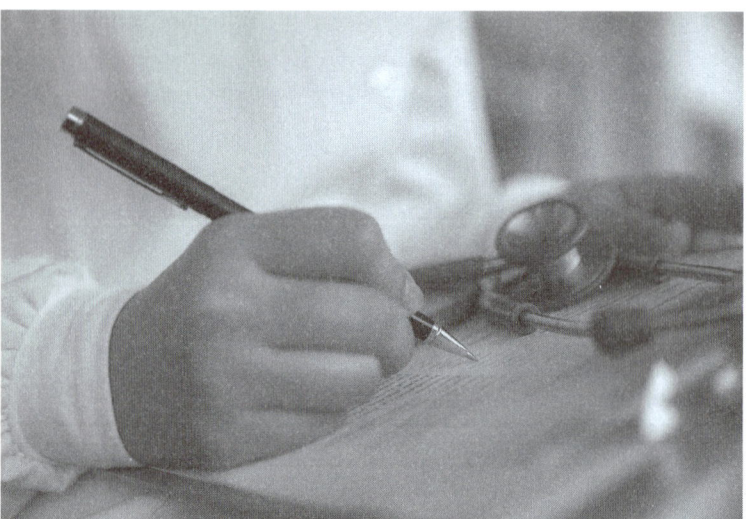

서론에서는 환자에 대한 의사의 메모를 소개하고 있다. 의사가 소견을 간단히 메모하는 것이 환자와 보호자에게 점차 공개되는 추세라는 설명이다.

| 1 진술방식 | 대조 CONTRAST | 예시 EXAMPLE | 인과 CAUSE&EFFECT |

Key Point   본문에서 조동사 might, can, may가 나오는데 각각의 의미를 바로 이해해야 한다. might의 경우, '어떤 의사가 어떤 메모를 할 수 있다'라는 상황을 가정했기 때문에 가장 희박한 가능성을 나타내는 might가 쓰인 것이다. can의 경우 could가 쓰이지 않은 것은 성장 지연과 정신 지체가 실제로 신체적 기형을 유발할 수 있는 실질적 가능성이 있기 때문이다. 또한 can은 may에 비해 이론적 가능성이 있을 때 쓰인다. 따라서 다음의 may는 실제적 가능성을 나타낸다. 조동사는 다양한 문맥에서 접하며 익혀 두는 것이 중요하지만, 문법서에 나온 용례를 중심으로 이론 적용을 공부해 둘 필요가 있다.

Focused Reading   의사의 메모가 환자, 보호자에 공개됨에 따라서 앞으로의 환자, 보호자와 의사와의 관계를 추측해 볼 수 있다. 환자에 대한 개인적인 기록을 남기는 솔직함은 오늘날 보기 힘든 과거의 일이 될 수도 있다는 추측, 전망을 하고 있다. 비교급을 사용함으로써 과거와 현재, 그리고 미래를 비교하면서 앞으로 의사들이 남기는 개인적인 기록에 대해 다루게 될 것을 예고하고 있다. 본문에서 FLK라는 약자를 기록으로 남겨 두는 것이 '웃기게 생긴 아이'라고 의사가 낙서를 하는 것이 아니라는 것에 유의해야 한다. 의사가 환자를 관찰하여 약자로 남긴 의료 기록이다. 이러한 예시를 통해서 앞으로 의사의 메모에 관한 논의가 이어질 것을 예상해 볼 수 있다.

해석   이상한 외모를 지닌 아이를 진찰하고 의사가 노트에 "FLK"라고 적는다. "웃기게 생긴 아이"라는 뜻의 줄임말인데 이는 모욕적인 의미를 지니는 것이 아니라, 신체적 이상을 수반할 수 있는 성장 지연과 정신 지체를 지켜보기 위한 메모이다. 이후에는 "FLD"라고 덧붙일 수 있다. 이상한 외모를 가진 아버지의 자녀들이 아버지의 외모와 닮는 경향을 나타낸다는 의미이다. 그러나 이러한 솔직한 표현은 병원과 클리닉이 의사의 진찰 기록을 환자들과 보호자들에게 더 많이 공개하게 됨에 따라서 과거의 일이 되고 있다.

The best way to become acquainted with a subject is to write a book about it.

어떤 분야에 대해서 정통하게 되는 최고의 방법은 그 분야에 대해 책을 집필하는 것이다. -벤자민 디즈레일리

 MIDDLE

² *The trailblazers see open notes as a way to engage patients in their treatment, and to keep their other carers informed.* A study in 2012 in the Annals of Internal Medicine of 105 American doctors who shared their notes with 20,000 patients backs this position. Over four-fifths of the patients who visited their doctors in the following year had looked at their notes. In a survey, about three-quarters said they felt more in control of their care. Few said the notes were confusing, offensive or worrisome; nearly all wanted access to continue.

³ The doctors who took part reported little change in their behaviour and little extra work, **though** some did alter the way they wrote about charged topics such as cancer, mental health, substance abuse and obesity. As for FLK and other medics' slang, Tom Delbanco, one of the study's authors, says: "Good doctors don't label things; good doctors describe things."

단어

trailblazer 개척자, 선구자
engage 관여시키다, 끌어들이다
in control of 관리하고 있는, 제어하고 있는
confusing 혼란스러운
offensive 모욕적인, 불쾌한, 공격적인
worrisome 걱정스러운, 귀찮은
alter 변경하다
abuse 오용, 남용
label 부당하게 꼬리표를 붙이다

본론에서는 의사의 메모가 환자가 진찰에 참여하는 기회를 제공한다고 소개하고 있다. 실제로 환자들은 자신의 진찰 결과에 대해서 매우 궁금해 한다는 점에서 이른바 양방향 진료가 가능하다는 설명이다.

2-3 진술방식 　　　**프로세스 PROCESS**　　　**예시 EXAMPLE**　　　**대조 LISTING**

 **Key Point**
see A as B는 'A를 B라고 여기다'라는 뜻으로 think of, regard, look upon 등과 비슷한 표현이다. 목적어 A가 주어가 될 때는 A be thought of as B의 형태가 되는데, 전치사가 연이어 나오는 부분을 해석할 때 혼동이 없도록 주의해야 한다. 영어와 한국어의 가장 큰 차이 중 하나는 한국어는 서술어만 부정할 수 있는 반면, 영어는 명사 중심의 언어이기 때문에 서술어 외에도 주어, 목적어를 부정할 수 있다는 것이다. few said를 직역하면 '거의 없는 사람들이 말했다'라는 이상한 표현이 되어 버린다. 중·고등학교 때 no, few, little 등은 나누어서 해석하라고 배운 이유가, 바로 영어는 명사 중심의 언어여서 명사를 직접 부정할 수 있으므로 한국어와 의미 차이가 발생하기 때문이다. 영어에서는 실로 다양한 부정 표현이 있고 한국어에서는 찾아보기 어려운 표현이 많기 때문에 여러 문장을 접하면서 익혀야 한다.

 **Focused Reading**
환자들을 치료에 참여시킬 수 있는 방법으로 의사의 메모를 활용하는 가능성에 대해서 언급하고 있다. 방법, 절차에 대해서 논하고 있으므로 진술방식은 프로세스로 보아야 한다. 진찰 기록을 공개함으로써 환자들이 적극적으로 치료에 참여할 수 있는 길이 열릴 수 있다고 소개하고 있다. 특히나 주목해야 할 점은 의사가 남기는 메모가 진찰하는 사람들에게 꼬리표를 붙인다고 부정적으로 판단하는 것이 아니라 중립적으로 묘사함으로써 치료에 도움이 되도록 한다고 평가한 점이다. 당위적으로 주장을 하기 전에는 반드시 일정한 가치 판단이 이루어져야 한다. 훌륭한 의사가 환자를 묘사하는 방법으로 메모가 기능한다는 점을 소견 논거를 통해서 소개하고 있다.

해석 선구자들은 공개된 진찰 기록을 통해서 환자들을 자신들의 치료에 참여하게 하고 다른 보호자들에게 고지하고 있다. 자신들의 진료 기록을 2만 명의 환자들과 공유한 105명의 미국 의사들이 간행한 2012 내과 연보에 따르면 이러한 입장을 확인할 수 있다. 4/5가 넘는 환자들이 이듬해 병원에 방문해서 진료 기록을 확인했다. 조사에서 밝혀진 바로는 3/4의 환자가 자신들의 진료를 더 잘 파악하고 있다고 느낀다고 응답했다. 진료 기록이 혼란스럽다거나 공격적이거나 걱정이 된다고 응답한 환자들은 거의 없었으며 거의 모든 환자들이 계속 확인하고 싶다고 답했다.
조사에 참여한 의사들은 자신들의 행동에는 변화가 거의 없었고 추가적으로 작업할 것이 없었다고 답했다. 비록 일부 의사들은 암, 정신 건강, 약물 오·남용, 비만 등의 어려운 주제를 다루게 될 때에는 방식을 바꾸었지만 말이다. 연구 저자인 톰 델빙코는 FLK와 그 외 의사들이 쓰는 슬랭의 경우 "훌륭한 의사들은 꼬리표를 붙이지 않습니다. 훌륭한 의사는 묘사를 할 뿐이죠."라고 말한다.

All life is an experiment.
인생은 실험이다. –랄프 왈도 에머슨

4 Some 3m American patients now have easy access to their doctors' notes, **including** those at leading institutions such as the Cleveland and Mayo clinics, and 1m of those cared for by the Department of Veterans Affairs. *This is good business as well as good medicine.* Patients with Kaiser Permanente Northwest must register on its website **in order to** read their doctors' notes, which **makes** their care **easier** to manage and lowers the chance that they will switch to a competitor.

care for 돌보다, 보살피다
lower 낮추다
chance 가능성, 확률
switch to 바꾸다, 전환하다

결론에서는 영국의 사례를 소개하면서 앞으로의 전망을 소개하고 있다. 향후에는 환자들이 자신들의 의료 기록에 기여할 것이라는 것이다.

5 Health administrators elsewhere are watching with interest. **Some** British doctors have already opened their notes and more are likely to follow suit if the National Health Service keeps its promise to give all patients online access to their records by next year. *The next step, says Dr Delbanco, is getting patients to contribute to their records. Funny-looking doctors take note.*

with interest 흥미를 가지고서
follow suit 선례를 따르다
contribute to …에 기여하다
take note 주목하다, 알아채다, 주의하다

| 4 진술방식 | 예시 EXAMPLE | 인과 CAUSE&EFFECT | 열거 LISTING |

 **Key Point** 보통 '…하는 사람들'이라고 알고 있는 those who 표현은 who 이하의 관계대명사절이 대명사인 those를 수식하는 형용사절이므로 형용사구, 전치사구, 과거분사구 등이 쓰일 수 있다. 따라서 본문의 those cared for라는 표현은 '간병을 받는 사람들'이라는 뜻으로, care for의 수동태인 being cared for에서 being이 생략되었다.

Focused Reading 자본의 논리를 긍정하는 〈이코노미스트〉답게 이는 훌륭한 의술일 뿐만 아니라 돈이 되는 비즈니스라는 소개를 하고 있다. 즉, 자신들의 치료를 더욱 용이하게 한다는 점은 훌륭한 의술에 대한 설명이 되고 다른 병원으로의 이탈 가능성을 낮출 수 있다는 것은 좋은 비즈니스가 된다는 설명이다. 가치명제와 당위명제는 암수 한 몸처럼 함께 생각해야 한다. 즉, 좋은 비즈니스라는 것은 의사가 메모를 적극적으로 활용해서 환자들을 자신들의 치료에 참여시켜야 한다는 의미로 받아들여야 한다.

해석 약 3백만 명의 미국 환자들이 손쉽게 자신들의 의료 기록을 확인할 수 있다. 여기에는 클리브랜드 클리닉, 메이오 클리닉과 같은 선구적인 병원들과 재향군인회에 있는 1백만 명의 환자들이 포함된 수치이다. 이러한 분위기는 훌륭한 의술일 뿐만 아니라 좋은 비즈니스가 된다. 카이저 퍼머넌트 노스웨스트 환자들은 의사의 진료 기록을 확인하기 위해서 웹사이트에 가입을 해야 한다. 이를 통해서 진료 관리가 더욱 수월해지고 환자들이 다른 병원으로 옮기게 될 확률을 낮추게 된다.

| 5 진술방식 | 프로세스 PROCESS | 인과 CAUSE&EFFECT | 예시 EXAMPLE |

 **Key Point** 현재진행시제는 가까운 미래, 비교적 확실한 미래에 일어날 일을 나타낼 때 사용된다. 다음 단계가 곧 임박했다는 것을 의미한다. 실은 현재진행시제는 변화, 추세, 발달 등을 나타내므로 가까운 미래를 향해 진행된다고 할 때 본질적인 의미가 같다고 할 수 있다.

 **Focused Reading** 이 글은 의사와 환자가 진료에 참여하는 방법, 절차, 과정을 소개하고 있기 때문에 주된 진술방식은 프로세스로 보아야 한다. 논쟁적인 글은 아니기 때문에 특정 쟁점이 있어서 찬반으로 갈리는 글은 아니다. 따라서 마지막 단락에서는 향후의 전망을 소개하면서 마무리하고 있다. 이제는 환자가 자신에 대해서 기록한 것을 데이터로 구축하여 의사와 공유하게 될 것이라는 전망을 하고 있다. 실제로 다양한 모바일 기기, 웨어러블 디바이스를 통해서 자신의 건강 상태를 체크하고 운동을 설계하는 사람들이 점점 늘고 있다. 이러한 환자들의 정보가 의사에게 기여하는 바가 클 것이라고 예측하면서 논의를 유머러스하게 마무리하고 있다. 마지막 문장에 Funny-looking doctors는 첫 번째 단락에 나오는 FLK라는 표현과 대응해서 필자가 쓴 표현이다. 실제로 웃기게 생긴 의사들을 이야기하는 것이 아니라, 환자도 의사를 볼 때 이러한 기록을 남기게 될 수도 있다는 것을 상상해서 재치있게 표현한 것이다.

해석 다른 의료 기관들도 이를 흥미롭게 지켜보고 있다. 일부 영국 의료진들은 자신들의 의료 기록을 공개하여 내년에 모든 환자들에게 의료 기록을 온라인 상에서 확인할 수 있게 하겠다는 영국의 국민 보건 서비스의 약속이 지켜지면 선례를 따를 확률이 높다. 델방코 박사의 말대로 다음 단계는 환자들이 의료 기록에 기여를 하게 될 것이다. 우스꽝스럽게 생긴 의사들은 이를 주목해야 한다.

LOGIC ANALYSIS

▶ 문제 상황 ⇨ 원인 분석 ⇨ 대안 평가 ⇨ 최적 대안

문제 상황
(EFFECT)
환자에 대한 의사의 솔직한 표현은 앞으로 기대하기 어려울지도 모른다.

원인 분석
(CAUSE)
의사가 환자에 대해서 판단한 기록이 환자와 보호자들에게 점차 공개되고 있기 때문이다.

기존 대안
(EXISTING ALTERNATIVE)
의사들은 환자에 레이블링을 하는 것으로 진단했다.

대안 평가
(EVALUATION)
❶ 치료 내용을 환자와 보호자에게 알림으로써 환자도 치료에 참여하게 하는 것에 대해서 환자 스스로 혼란스러워하거나 불쾌감, 걱정을 느끼지 않으며 계속 정보를 접하기를 원한다.

❷ 치료 내용을 환자와 공유하는 것은 의사에게도 훌륭한 비즈니스가 된다.

최적 대안
(OPTIMIZED ALTERNATIVE)
앞으로는 환자가 자신에 대해서 기록한 내용이 의사의 진단에 도움이 될 것이다.

 STATEMENT ANALYSIS

무엇이 사실인가?
(FACTUAL)
환자들은 의료 기록에 쉽게 접근할 수 있다.
Patients now have easy access to their doctors' notes.

어디에 가치가 있는가?
(EVALUATION)
환자가 의료 기록을 확인하는 것은 훌륭한 의술인 동시에 좋은 비즈니스 모델이 된다.
This is good business as well as good medicine.

어떻게 해야 하는가?
(DOS AND DON'TS)
앞으로는 환자가 진료 기록에 기여할 수 있게 하여야 한다.
The next step is getting patients to contribute to their records.

영자신문으로
잉글리시
파워리딩
트레이닝

이코노미스트 칼럼으로 영문 독해 훈련